CLARISSA FITZGERALD

# Feuerkokon

## JENSEITS VON ANGST UND VERLUST, MEINE REISE IN DIE FREIHEIT VIA MITTELERDE



CT&L Books

Titel Bild:
Tone Stockenström: The Picolino Circus Project, Salvador, Brazil
Umschlaggestaltung: Hans Bennewitz, Leftheri Miadis
Satz: Riswane Abdurachmanov, Wuppertal

Im Original erschienen und registriert bei:
The Library of Congress Catalogue-in-Publication Data:
Fitzgerald, Clarissa.
Color Me Bold– A Life Between Margins and Notions, TXu001873533/ 2013-07-29
They Call Me Salt, TXu001871683 / 2013-06-04

Herausgeberin: Clarissa Fitzgerald
Verlag: CT&L Books, A Coffee, Tea and Literature Company
ISBN 978-3-00-053001-2

Hergestellt in Deutschland.

## Inhaltsverzeichnis

## Widmung

Für alle, die eine Mutter geliebt und verloren haben, für jede Frau, die sich je missverstanden gefühlt hat, für jeden Träumer, der einmal fast gestorben wäre, für jedes Mädchen und für jeden Jungen, die sich je fehl am Platz gefühlt haben, für jeden Prinz und jede Prinzessin, denen man sagte, sie würden nie den Thron besteigen, für jeden Athleten, dem man sagte, er könne nicht laufen, jede Ballerina, der man sagte, sie dürfe nicht tanzen und für jedes Mädchen und jeden Jungen, die je auf ihre Hautfarbe oder Herkunft reduziert wurden und für jede Frau, die je unköniglich behandelt wurde. Möge jede Lüge unausgesprochen werden, die Schande genommen, Eure Herzen geheilt und Euer Geist für immer befreit werden!

In Gedenken an Britta & Matthias, Mario und Magdalena, die viel zu jung für soviel Schmerz waren; Sascha, Patrick & Daniel, Thorsten, Emilian und Jolina – ihr seid nicht vergessen.

In Sympathie und Solidarität für meine ehemaligen Klassenkameraden, Sandra, Nina, Katrin, Henrich, Stefan und deren Angehörige, sowie meine Brüder, Lucas und M.J., die auch durchs Feuer gehen mussten.

Vertraut darauf, dass uns die Liebe in unseren dunkelsten Momenten und Orten im Leben finden wird. Selbst wenn eine Familie, so wie meine, von Krebs, geistiger Erkrankung, Scheidung, kulturellem Druck, körperlichen und verbalen Übergriffen, Selbsthass und Tod zerstört wurde – ja, selbst dann, wenn wir nichts als Schmerz und Hass in unseren Herzen fühlen – Liebe wird uns niemals aufgeben.

Selbst wenn Du nie ein weiteres Wort aus diesem Buch liest, bitte wisse, dass es jemanden gibt, der Dich aus tiefstem Herzen liebt – genau jetzt, genauso wie Du bist.

## Vorwort

Egal ob es unsere Herkunft, unsere Hautfarbe, unser persönlicher „Weirdness-faktor", unser soziales Umfeld, unsere Bildung, unser Übergewicht, unreine Haut, schlechte Augen, oder was auch immer sonst es ist, das uns von anderen unterscheidet, uns manchmal plagt oder zu einer negativen Besessenheit wird ... Wir alle wissen, das Zurückweisung etwas ist, auf das wir alle am liebsten ein Leben lang verzichten würden und viele von uns wissen, was es tief in unserem Innern mit uns anstellt wenn das Gefühl gar nicht mehr weggeht. Mindestens genauso viele von uns wissen, wie sehr es uns trifft wenn wir den Verlust eines uns nahe stehenden und geliebten Menschen erleben. Krankheit, Krieg und Terror scheinen eine immer größere Rolle zu spielen – egal ob irgendwo am anderen Ende der Welt, in unserem Umfeld oder in unserer eigenen Familie. Dabei werden viele unserer Familien oft zum Schauplatz der größten Herausforderungen unseres Lebens. Was die Angst vor Zurückweisung und Verlust gemeinsam haben ist, dass sie uns davon abhalten, uns anderen verbunden zu fühlen und von ihnen gesehen oder gekannt, geschweige denn wertgeschätzt zu werden. Stattdessen fühlen wir uns isoliert. Wir verstricken uns immer tiefer in Dingen die uns schaden, leben wie in einem Kokon und bleiben für jeden, der uns vielleicht sogar um unser selbst Willen erreichen möchte, unerreichbar. Innerlich stehen wir dann wie in Flammen und der Tod erscheint zugleich bedrohlich und erlösend.

Im Alter von 20 Jahren war ich mir nicht immer so sicher, dass ich mich je aus diesem Gefängnis befreien könnte und nach einer vermeintlichen „Verpuppung“ wirklich Flügel wachsen würden – manchmal gab ich die Hoffnung darauf auch auf ... Heute, ca.14 Jahre später, bin ich froh, dass ich den mürbemachenden Stimmen von Verlust und Angst in diesem Kokon nie bis zum Ende folgte. Dieses Buch ist das Resultat eines 10 Jahre dauernden Prozesses, der ein Leben auf der Suche nach einem Ausweg auf besondere, fast filmische, jedoch nicht fiktionale Weise wiedergibt.

„Du interessierst keinen und dein Verlust erst recht nicht!“, schien mich die Welt anzuschreien als meine Mutter starb und drehte sich weiter. Dass meine Oma, die mich zusammen mit meiner Mutter aufgezogen hatte, acht Wochen vorher ebenfalls an Krebs verstorben war, hatte der Schwerkraft auch keinen Abbruch getan.

Meine Welt schien allerdings schon immer eher um sich selbst zu eiern als in geregelten Bahnen zu laufen: Der erste Mann meiner Oma diente unter Hitler; mein Vater war ein U.S. Army Soldat. Meine Mutter war blond, blauäugig und kam aus Soest; mein Vater ist Afroamerikaner mit dunkler Haut und braunen Augen. Ich wurde in Chicago geboren und wuchs als sogenanntes „Mischlingskind“ oder Kind mit gewissem Migrations-Hintergrund in Deutschland auf – lange, ohne mich anders als meine Freunde zu fühlen. Doch dann wurde ich zum Scheidungskind, zur „Krebswaise“, zu einer jungen Frau mit brauner Haut, die im ständigen Spagat zwischen Europa, Neuseeland und den USA, zwischen den Märchen der Gebrüder Grimm und den manchmal immer noch unerreichbar scheinenden Träumen von Dr. Martin Luther King Jr. und letztlich zwischen Schwarz und Weiß lebte. Mit 20 saß ich fest – vollkommen verstrickt in diese ganzen Label und Gegensätze – und stand ohne Familie da. Was mir blieb waren jede Menge Fragen und zwei Reisepässe – ein deutscher und ein amerikanischer. Zusammen wurde daraus ein Ausweg aus meiner Welt, die nichts als Tod, Zerfall und Zurückweisung zu bieten hatte. Aber es sollte eine sehr holprige Reise werden mit jeder Menge „Sex, Drugs and Rock 'n' Hip Hop" als Studentin in den USA. Hier zeigte sich Rassismus in einem nie zuvor erlebten Gewand, dass mir schließlich erlaubte meine Kindheit in Deutschland näher zu betrachten und dieses Buch zu schreiben. In einem Wust aus Herausforderungen und Emotionen zweier komplett unterschiedlicher Welten und zweier tiefer Wunden fand ich eines Tages tatsächlich einen Weg, wie ich meinem feurigen Kokon für immer entkommen konnte. Wie sich zeigen sollte, ist es nicht das Schlimmste, in dieser Welt zu leben und sich ihr doch immer etwas entrückt zu wissen ... und die Dinge, die das Feuer überstehen, haben für immer Bestand. Das hier sind die Erinnerungen an meinen Weg, der mich durch ein alles veränderndes Feuer hinaus in die Freiheit führte. Möge meine Geschichte Dir auf Deinem Weg Gesellschaft leisten ... egal ob im Zug, im Lieblings Coffee-Shop, auf dem Weg zur Arbeit und vor allem auch dann, wenn Du Dich vielleicht gar nicht mehr aus dem Bett traust. Hoffentlich erinnert Dich meine Stimme an die, von jemandem viel wichtiger als ich ...

„Mein Herz bebt,
Todesangst überfällt mich.
Furcht und Zittern setzt mir zu,
das Grauen droht mich zu ersticken.

Darum rufe ich: Ach hätte ich doch Flügel wie eine Taube!
Ich würde davonfliegen und mich in Sicherheit bringen.
Ja, weit weg würde ich fliehen
und in der Wüste einen Ort zum Ausruhen suchen.“[1]

–König David, c.1040-970 BC

---

1 Psalm 55: 5-8 NGU-DE

# 1. Einleitung: Vergiss Peter Pan

Mama starb und ich vergaß wie man lebt. Vielleicht hatte ich nie gelernt wirklich zu leben; kam nie in den Genuss all der süßen Dinge, von denen ich ganz genau wusste, dass sie in meinen Kinderbüchern existierten. Peter Pan musste sich beeilen, wenn er mich tatsächlich noch in meinem Kinderzimmer abholen wollte, bevor ich vollends zu schwer und zu alt zum Fliegen werden würde. Und sollte er es nicht schaffen, dann doch wenigstens mein Ritter in schillernder Rüstung – bevorzugter Weise, ebenfalls noch bevor ich zu unansehnlich wurde.

Ich saß wartend auf der Fensterbank meines Schlafzimmers im zweiten Stock und rückte wie gewohnt die einsam und verlassen herabhängenden Vorhänge zur Seite, um einen sehnsüchtigen Blick auf den Bürgersteig vor unserem Haus zu werfen. Ich hatte kein langes goldenes Haar, das ich meinem Prinzen zum Raufklettern hätte hinabwerfen können. Ich hatte dunkle Locken, die mir gerade mal bis zu den Schultern reichten, und weil ich bestimmt viel zu schwer war um mit Peter davon zu fliegen, saß ich dort fest.

Ich war sechzehn, als Mama auf einmal einen Sprung in der Schüssel zu haben schien, ich war zwanzig als sie starb. Ich hatte nie Gelegenheit in meine erste eigene Wohnung zu ziehen, um herauszufinden, wie sich ein Leben - ohne sie ständig an meiner Seite zu haben - irgendwann einmal anfühlen würde. Die meisten Eltern leben ja noch, wenn wir in unsere erste eigene Wohnung ziehen. Ich wurde dieser Erfahrung beraubt und somit gab es auch nie eine solche Entscheidung für mich zu treffen. Stattdessen entschied der Tod und machte mich im Handumdrehen zur wahren Antithese von Peter Pan – zu einem Erwachsenen.

Während ich auf meinem Bett in unserem alten Haus hockte, hielt ich auffallend mühelos meinen Atem an. Ich starrte vor mich hin, verunsichert, was ich als nächstes machen könnte. Zuerst vergingen Wochen, dann schließlich Monate, in denen sich mein Bedürfnis zu atmen auf rekordverdächtigem Minuskurs befand und sich mein Brustkorb kaum noch nach oben bewegte, wenn ich notgedrungen Luft holte.

Ich saß einfach nur da und schaute aus dem Fenster. Die Nacht war schon vor Stunden hineingebrochen. Das Rauschen trockener Blätter und der gelegentliche qualerfüllte Aufschrei, der aus dem benachbarten Altersheim kam, glitten durch die Stille. Ich lungerte auf meiner Bettkante wie ein altes Bettlaken, das entweder hergerichtet oder in die Wäsche geschmissen werden musste. Der Gedanke, dass ein ferner Gott uns geschaffen und dann auch noch mit autonomen Atemwegen ausgestattet haben sollte, erschien mir grausamer als die Einsamkeit und Verlassenheit, die ich in mir spürte.

Hätte mir dieser Gott damals einen Wunsch gewährt, so hätte ich mir gewünscht, dass dieser lebenserhaltende Reflex einfach ausblieb. Wenn ich gleich mehrere Wünsche frei gehabt hätte, hätte ich erbeten in eine Welt hineingeboren worden zu sein, in der meine Hautfarbe niemandem wichtig war oder in der mein Dad uns nicht ohne Vorwarnung sitzengelassen hätte; eine Welt in der sich meine Eltern nicht hätten scheiden lassen; oder wo meine Oma, die mit uns lebte und mich mit aufzog, nicht bereits zwei Monate vor meiner Mutter an Krebs verstorben wäre. Ich hätte mir eine Welt gewünscht, wo der erste Mann meiner Oma kein Nazioffizier gewesen wäre oder besser noch, wo Hitler zu lieben gelernt hätte. Eine Welt, in der mein kleiner Bruder nicht unter meiner Vormundschaft gewesen wäre (wenn auch nur kurzzeitig), wo ich nie den Übergriff durch einen Nahestehenden erlebt hätte und wo ich das Versprechen auf eine bessere Zukunft hätte ergreifen können. Eine Welt, in der mir nie wieder etwas Schlimmes geschehen würde, weil ich meinen Soll schon erfüllt hatte, bevor ich meinen Abschluss an der Universität machte.

Schließlich presste sich wieder Luft zurück in meine Lungen – ohne Gnade oder weiteren Aufschub und machte so ein unschlagbares Argument: Gott oder kein Gott, ich hatte keine Wünsche frei. Hätte mir jemand erzählt, dass das Leben irgendwann einmal schön werden würde, weniger schmerzhaft und etwas einfacher, als es für mich am Anfang war, hätte ich sie oder ihn in eine geschlossene Anstalt einweisen lassen – so wie ich es zweimal mit meiner Mutter hatte machen müssen, wenn auch aus anderen Gründen. Angesichts des ganz normalen Wahnsinns, hätte ich die verheißungsvollen Lippen jener Leute, die Besserung versprachen, ungläubig studiert. Hätte man mich jedoch an einem richtig grauenhaftem Scheißtag erwischt, hätte ich ihnen gesagt, dass sie zur Hölle gehen und mich auf ihrem Weg dorthin mal am Arsch lecken könnten.

Hätte ich jedoch geglaubt was ich da hörte, und jemand anderes hätte mir dann gesagt, dass dieses andere Leben, angeblich eines voll von Liebe und Licht, nicht zu haben sei ohne zunächst einen sehr, sehr schmalen Weg zu gehen ... dann hätte ich mein Bett vielleicht nie wieder verlassen. Ich hätte meine Verluste, Märchen, Träume und das Leben, das ich nie ausleben durfte, weiterhin betrauert. Ich hatte nun begriffen, dass der Verlust dessen, was meine Mutter in mir sah – Dinge, die sie an mir liebte und von denen nur sie wusste, dass ich sie konnte oder die Person, von der sie genau wusste, dass diese in mir steckte – mich wesentlich mehr lähmte als ihr eigentlicher Tod.

Ich bin dankbar dafür, dass ich damals nicht wusste, was ich heute weiß. So vielleicht wie du heute, hörte ich damals nur, was ich auch ertragen konnte. Ein Flüstern versprach, dass das „Licht am Ende“ es wert sei, durchzuhalten und dies sickerte in mein

Herz. Ähnlich wie die Brotkrumen in Hänsel & Gretel, lag frische Hoffnung, die meine Sinne berauschte und neuen Lebenshunger gab, wie Salz über den Weg gestreut. Das erste Mal als ich so ein kleines Salzkorn entdeckte, war in dieser besagten Nacht, während ich auf meiner „Bettkannte lungerte wie ein altes Bettlaken, das entweder hergerichtet oder in die Wäsche geschmissen werden musste". Aber es war schon fast zu spät. Mit dem Gesicht zum Boden, auf dem alle schmutzigen Laken irgendwann landeten, rutschte ich weiter und weiter ab. Noch gerade rechtzeitig erspähte ich aus meinem Augenwinkel ein Salzkorn Hoffnung und Leben auf meinem Fernsehbildschirm und nahm einen ganz tiefen Atemzug. Dann noch einen ... und noch einen ... und dann noch einen – und packte meine Koffer.

# 2. Der Weltkrieg in mir

«Du kannst hier bleiben und sterben oder Du kannst jetzt in den Flieger steigen. Andere Optionen gibt es nicht. Such es dir aus ... »

Kaltes Wasser tropfe mir von der Nase und von meinem Gesicht. Eine innere Stimme stichelte weiter, «Und?»

Als ich in den Spiegel hochschaute, sah ich ein zu früh gealtertes Gesicht – mit 21 Jahren hatte das Leben (besonders um die Augen herum) bereits tiefe Spuren hinterlassen. Lachfältchen umschrieben nun einen verfinsterten Blick – nicht allzu auffällig, dezent genug, um für jeden unbedarften Fremden einfach als Strenge durchzugehen.

Ich stürzte mich in eine der unbenutzten Kabinen und kletterte schnellstmöglich aus meiner Strumpfhose, die so eng war, dass ich sie mir schon fast Stück für Stück vom Bein schälen musste und warf sie erleichtert in die Mülltonne.

Die Farbe wich aus meinen Lippen und Wangen - wie heiß-fließender Wachs aus einem umgeworfenen Teelicht. Meine Knie gaben nach und ich sank auf die Toilette. Ich lehnte mich nach vorn und vergrub meinen Kopf zwischen meinen Armen und dachte, *Ich halte dieses Fiepen nicht mehr aus! Mach, dass es aufhört!*

Jedes Mal, wenn dieses irritierende Geräusch über mich kam, übertönte es alles andere und klang so wie man es aus Filmen kennt wenn jemandem gerade eins mit der Eisenstange übergebraten wurde. Dieses Fiepen verdonnerte mich hinter ein dickes Glass, durch welches nichts und niemand zu mir durchdringen konnte.

Mein Atem verlangsamte sich, meine Sicht verschwamm und meine Arme und Beine fingen an zu kribbeln – genauso wie sie es immer taten, bevor ich ohnmächtig wurde. Ich hörte wieder diese Stimme, »Du kannst hier bleiben und sterben, oder Du kannst in den Flieger steigen. «

Mein Puls zuckte unter meiner Haut am Hals. *Immer diese Unfähigkeit mich zu entscheiden, da kann ich genauso gut russisches Roulette – !* «Jetzt Clarissa!», unterbrach jemand meinen Gedankengang.

Augenblicklich setzte sich alles wieder in Bewegung. Ich warf mich aus der Kabine, suchte schnell mein Handgepäck zusammen und zwängte mich schwer beladen aus der Damentoilette hinaus – vorbei an hineindrängenden Frauen mit Koffern, quengelnden Kindern und Kinderwagen – zurück in die Flughafenflure. Verzweifelt schaute ich mich nach etwas um, das mir bekannt vorkam. Währenddessen rauschten fremden Stimmen an mir vorbei. Die holländische königliche Airline, KLM, dominierte alles – soweit das Auge reichte – mit ihren weißen Buchstaben und ihrem typischen Blau. Ich drehte mich um, rannte ein paar Schritte in jede Richtung. Nichts. Ich hatte nicht die geringste Erinnerung daran, wie ich eigentlich zur Toilette gekommen war.

Das Erwachen an den letzten 388 Tagen kam mir vor wie „Groundhog Day“, also wie ein einziges Déjà-Vu. Jedes Mal öffnete ich meine Augen, blinzelte wie jemand, der befürchtete jeden Moment eine Ohrfeige zu bekommen, und nur Sekunden später fiel es mir wieder ein: Mama ist tot. Was ich nicht zu vergessen vermochte und mit Schrecken erwartete wenn ich meine Augen öffnete, war also meine neue unanfechtbare Realität.

Als sie starb, war es das für *sie*: die Vollendung des Übergangs von einer Welt in die nächste. Aber *ich* starb jeden Tag neu. Bislang *dreihundertachtundachtzigmal.* Jedes Mal wenn eine schläfrige Sonne über dem Lotusbaum vor unserem Haus in Bad Sassendorf aufging, bedrückte mich ein Gedanke: Meine Seele würde sich jetzt mit einer verzagten knospenhaften Hoffnung auf Trost öffnen, nur um wieder zu kollabieren, noch bevor die Sterne am Himmel herauskamen. Ich war zurückgelassen, um den Tod zu betrauern – ihren, Omas, den meiner Brüder, möglicherweise den meines Vaters und jetzt sogar meinen eigenen – bildlich gesprochen.

Ihr Tod hinterließ ein Loch in meinem Herzen. Ich erkannte andere Menschen wie mich daran, dass ihr Herz auch so ein Loch hatte, das selbst aus kilometerweiter Entfernung zu sehen war, als gehörten wir zu irgendeiner Geheimgesellschaft. Ich konnte sie bequem von der anderen Seite des Zimmers aus identifizieren, oder gegenüber von mir auf den Fluren irgendwelcher Büros, Bürgersteigen und Flughäfen erkennen. Dafür brauchten wir nicht mal ein einziges Wort miteinander wechseln – manchmal nicht einmal aufzuschauen. Wir waren vom selben Schmerz gezeichnet. Ich inspizierte dieses Loch in meiner Brust, wie ein „Borderliner" die Narben an seinen Handgelenken. Die Linien waren nicht tief genug um der Trauer ein Ende zu setzen, nicht unbedeutend genug, als das man den Schmerz, der durch jede Ader pulsierte, verleugnen konnte. Ganz sicher zu intensiv, um ihn einfach von der Hand zu weisen und das eigene Weiterleben in Angriff zu nehmen.

Krieg tobte schon seit Jahren in mir. Das Leben war eine schmutzige Bombe die irgendwann losgehen würde – oder auch nicht. Ab und zu begegnete ich einem Fremden, der wild drauflos schoss: «Oh, als Mulattin in Deutschland aufzuwachsen, muss schlimm gewesen sein!?»

Ich hasste es so genannt zu werden. Die Leute, die dieses Wort benutzten, hatten immer eine bestimmte Art an sich – so als müsste ich mich auf ein Verständnis oder gar Loyalität anmaßendes Zwinkern gefasst machen. Das Einzige was schlimmer gewesen wäre? Ein doppeltes Zwinkern, das darauf hindeutete, dass der Fremde zur Belohnung für „politische Korrektheit" ein Schulterklopfen erwartete.

„Mula", dem spanischen Ursprung des Wortes nach als „Maultier" übersetzt, war mir immer schon, um es mal milde auszudrücken, unangenehm. Hauptsächlich, weil es auf eine Hybridisierung, bzw. Kreuzung zweier unterschiedlicher Arten (in diesem Fall zwischen Pferd und Esel) verwies. Es gefiel mir zudem nicht, dass *eine* Art als wertvoller als die andere galt. Eine wurde trainiert und vorgeführt, während die andere lediglich zur Arbeit taugte. Egal wie klein ich auch war, so wusste ich doch eines ganz genau, «Mama und Papa sind doch beide gleich. Sie sind beide Mensch.»

Heute sehe ich natürlich, wie manche Leute immer wieder Unterscheidungen machen wollen und deswegen versuchen, Menschen wie Tiere nach Rassen aufzuteilen – und das obwohl es ja nur einen *Homo sapiens* gibt. Aber mal ehrlich, wie soll man einerseits ernsthaft behaupten, «Kind, du kannst alles werden, was du willst. *The sky is the limit!* », weil man an eine uns innewohnende, alles überwindende Kraft glaubt, die nur uns Menschen vorbehalten ist. Andererseits aber sagen, dass man dem zwar prinzipiell zustimme, aber doch Grenzen ziehen müsse. Schließlich käme es dazu, dass genau dieses unbezwingbare Element, das uns zum Menschen macht, die ein oder andere Hautfarbe, Religion, Körperbau oder Gesichtsform von Natur aus überspringt.

„Nazi", „Nigger" ... über die Jahre sind mir verschiedene Beleidigungen um die Ohren geflogen ... allerdings erst als ich schon älter war ... und so dachte ich als Kind nur sehr selten an meine multiethnische Identität, als ich in einem kleinen deutschen Vorort aufwuchs. Ich hatte keinen Kontakt zur afroamerikanischen Verwandtschaft väterlicherseits in Chicago, noch zu meinem Vater, nach der Scheidung meiner Eltern. Ich wurde zwar 1981 in Chicago geboren, wuchs jedoch als die Tochter meiner blonden und blauäugigen Mutter auf.

Meine Oma, Klara Dobberstein, hatte aber noch einen weitaus größeren Einfluss auf mich. Sie wurde im Morgengrauen des Ersten Weltkriegs geboren und überlebte diesen Krieg, genau wie den Zweiten Weltkrieg und insgesamt drei Ehemänner. Sie verkörperte geradezu die Essenz all jener Frauen, die man damals Trümmerfrauen nannte.

Dieses Wort, Trümmerfrau, weckte schon zu Universitäts-Zeiten ein besonderes Interesse in mir, weil es so wunderbar doppeldeutig ist. Es bezeichnet eine überaus wichtige, dennoch selten erwähnte Bevölkerungsgruppe in Deutschland, unmittelbar nach dem Zweiten Weltkrieg. Hitler hatte es in seiner Tyrannei nicht nur darauf abgesehen Juden, Schwarze, Schwache, Kranke und Minderheiten – die nicht in sein Konzept der Weltbeherrschung durch die allen anderen überlegenen „arischen Rasse" passten – auszuradieren, sondern hatte auch den körperlich fittesten Teil der Bevölkerung im Krieg verheizt. Hitler selbst war bekanntermaßen ein dunkelhaariger kleiner Österreicher, der bei einem Blick in den Spiegel oder auf seine persönlichen Laster eigentlich hätte merken müssen, dass er selbst seinen fanatischen Idealen nicht gerecht werden konnte.

Seine Herrschaft hinterließ eine verwüstete Nation, deren von Bomben in Schutt und Asche gelegten Städte an die Kraterlandschaften des Mondes erinnerten. Für die Überlebenden wurde Deutschland zur Gruft. Diejenigen, die zwischen Ruinen und vergossenem Blut umherstolperten, um leblose Körper und Bombenhülsen von einem Ort zum nächsten zu karren, waren überwiegend Frauen. Sie gaben ihr Bestes alles zu sichern, was eventuell für einen Wiederaufbau neuen Lebens, in einer von Alliierten regierten Nation, brauchbar sein könnte. 1946 gab es sieben Millionen Frauen mehr als Männer in Deutschland und als Resultat fiel diese unvorstellbar harte Arbeit auf alle Frauen, zwischen 15 und 50 Jahre alt. Dabei standen ihnen nur die eigenen Hände und Spitzäxte zur Verfügung, weil es galt, so viel Bausubstanz wie möglich für neue Gebäude zu bewahren. Sie formten Reihen, um die Trümmerteile durchzureichen und diese dann in Schubkarren abzutransportieren – so bekamen sie ihren Namen, *Trümmerfrauen.*

Omi wurde mit ca. 30 Jahren zur Witwe, genau wie viele andere Trümmerfrauen. Ihr erster Mann war ein Offizier unter Hitlers Regime und fiel dem Krieg zum Opfer. Ich kann lediglich versuchen mir vorzustellen, was für ein emotionales Chaos in diesen Frauen vorging – nicht nur in Deutschland, sondern überall in Europa: Eine wertlose deutsche Währung, ein Viertel aller Häuser zerstört und Trümmer, welche die Städte wie ein schwerer Teppich bedeckten ... oder wie schmutziger Schnee nachdem gerade eine Lawine durch ein Dorf raste. Ehemänner, Brüder und Söhne gingen darin verloren, und es gab nur wenig Hoffnung auf einen vollständigen Wiederaufbau, der den einstigen Komfort, den sie gekannt hatten, bevor der Staub und Schutt alles verschluckte, wiederbeleben würde. Diese Frauen mussten eine Masse zwischen 800 und 1,000 Tonnen Schutt mobilisieren. Zusammen mit der körperlichen Belastung übertrafen die emotionalen Auswirkungen sicherlich alles, was irgendjemand auf natürliche Weise durchstehen kann.

Ich hatte lange Zeit nicht die geringste Ahnung, woher Omi ihre Stärke genommen hatte, immer weiter zu machen. Wie kann es sein, dass sich eine ganze Bevölkerung in unermüdliche Ameisen verwandelt und jeden Tag leibhaftige Wunder vollbringt, scheinbar unlösbare Aufgaben bewältigt? Wenn ich mir vorstelle, ich hätte damals Seite an Seite mit Omi geschuftet, um alles Zerbrochene wiederherzustellen, dann hätte ich, glaube ich, gar nicht anders gekonnt, als mich vollends vom Leben betrogen zu fühlen.

Zwei Dinge wurden mir allerdings klar: Wir Deutschen sind diesen Frauen viel schuldig – nicht nur die Ehre, die Ihnen gebührt, sondern auch das, wofür sie kämpften, zu erhalten. Was lag alles unter den Trümmern begraben? Wer kümmerte sich um die emotionale Landschaft dieser Frauen? Wer war da, um die Krater hoffnungsloser Herzen wieder aufzuschütten, die Körper, die sich unter der Wucht kolossaler Ungewissheit schon gekrümmt hatten, wieder aufzurichten; und wer war da, die Gesichter der für immer Alleingelassenen behutsam mit seinen Händen zu umschließen und ihre Tränen mit einem sanften Atemstoß zu trocknen? Es scheint mir einfach unvorstellbar, dass viele von denen, die den Zweiten Weltkrieg überlebten, bereits den Ersten Weltkrieg überwunden hatten und sich dennoch ein zweites Mal aus den Trümmern kämpften. Ich frage mich manchmal, ob sie sich möglicherweise glücklich schätzten, noch am Leben zu sein, obwohl dies bedeutete ein Dasein zu fristen, das von jeder erdenklichen Form von Anfeindung, Zerstörung und Tod gezeichnet war.

Hätte ich als Kind bereits den Mut gehabt, der einem wohl erst ab einer gewissen Reife zusteht, dann hätte ich Omi über dieses Kapitel in der Geschichte, also *ihrer* Lebensgeschichte, befragt. In Anbetracht dessen, dass sie sozusagen einen Logenplatz hatte, hätte Omi sicher einiges aus „Pandoras Büchse", bzw. aus dem Nähkästchen plaudern können. Meine erste Frage lautete dann, wie es ihr möglich gewesen war, im Chaos die nötige Ruhe und den Frieden zum Weitermachen zu finden. Zumindest nehme ich an, dass sie das irgendwie hinbekam, weil sie fast immer zufrieden war und ausgelassen feiern konnte. Aber die Leute ihrer Generation redeten leider nicht viel vom Krieg oder dem, was einst mal war. Die meisten bis heute nicht. Falls es doch mal vorkommt, dass mir eine Freundin von einem Gespräch mit ihren Großeltern berichtet, scheinen deren Erzählungen oft zu einem Spießrutenlauf zu werden. Die Großeltern suchen nach sicherem Geleit zwischen traumatischen Erinnerungen von Kriegsheimkehrern, die auf wundersame Art und Weise ihre Gefangenschaft überlebten, und fast nostalgischen Sehnsüchten, die sie immer wieder und wieder dazu verführten alte Fotos hervorzuholen und zu bestaunen.

Statt solcher Stories gab es zwei Dinge, auf die Omi stets beharrte: «Mach ma' deine Augen zu. Das, was du dann siehst gehört wirklich dir.»

Dicht gefolgt von diesem Teil ihrer unerwähnten Überlebensstrategie: «Sei für alles dankbar.»

Omi hat mir nie ausdrücklich aus Kriegszeiten erzählt, mit Ausnahme von einer Geschichte. Gott weiß, warum ausgerechnet diese. Omi stand am Herd und rührte gedankenverloren in den Töpfen, als sie, mehr zu sich selbst als zu mir, sagte, «Wir waren schon stundenlang unterwegs und liefen immer noch weiter. Wir wollten uns im Wald verstecken ... oben beim Möhnesee. Den kennste doch ... Ich hatte nur mein liebstes Schmuckstück bei mir.» Sie lächelte, «Es war so eine wunderschöne Kette mit einem großen Amulett aus Amethyst.»

Von Zeit zu Zeit kam die Sprache immer wieder auf besagtes Schmuckstück – in der Regel während sie und ich uns für die Kirche fertig machten, «Ach wie schade, mein schöner Anhänger.»

Sie erzählte davon, wie gerne sie ihn noch einmal gesehen, ihn zurückbekommen hätte, ihren Amethyst. Meine Oma hatte viele, viele Ringe, Ketten und Ohrringe, die ich als Kind ausgiebig bestaunte. Es war also als kleines Mädchen nur schwer zu verstehen, was eigentlich der Grund zur anhaltenden Klage war.

Als junge Erwachsene erfuhr ich später, dass russische Soldaten, die den Wald patrouillierten, Omi und ihre Freundinnen an jedem Tag überfallen hatten. Es sollte das letzte Mal gewesen sein, dass Omi ihre Kette noch einmal sah, bevor man ihr diesen Schatz für immer entriss. Verloren zwischen Büschen ... in den Rücken gestochen von einem Bett aus Tannennadeln und zerbrochenen Ästen. Dann verstand ich endlich, dass der Name *Trümmerfrau* sich nicht nur auf die körperliche Arbeit, welche sie täglich erbringen mussten, bezog, sondern auch auf die emotionalen Narben, mit denen die Überlebenden weiterleben mussten.

Wie die „Golden Girls“, hatte meine Oma Klara eine Gruppe von Freundinnen, die ihr sehr lieb waren. Fast alle von ihnen waren Witwen, aber auch das zog als Kind irgendwie an mir vorüber. Die Waffel- und Kuchenrezepte, die ab und zu unter den „Golden Girls“ ausgetauscht wurden, jedoch keineswegs.

Omi hatte noch zwei weitere Male geheiratet, bevor ich auf die

Welt kam. Einmal davon, war sie auch die Frau des damals amtierenden Bürgermeisters, aber die Ehe hielt nicht lange. Sie verließ ihn und zählte stattdessen auf ihre beste Freundin, die sie liebevoll „Mein Zwilling" nannte.

„Tante Lilly" war also meine zweite Oma. Die zwei waren schon insofern gleich, dass sie immer nur mit perfekt gelegter Dauerwelle und im feinsten Sonntagszwirn zur Kirche gingen. Wir waren katholisch – und Mensch! – die Zwillinge wussten vielleicht, wie man sich – mit den ansonsten in Bad Sassendorf eher selten gesehenen Pelzmänteln und schicken Hüten – in Szene setzte. Bei einer Bevölkerung von 10.000 Menschen verteilt auf zwölf Dorfschaften, betrug das durchschnittliche Alter der Einwohner ca. 50 Jahre. Während meiner Kindheit fühlte sich das allerdings oft an wie 200 Jahre. Jeden Sonntag ertrugen wir, versunken in einem weiß-grau-lila Meer aus Dauerwellen und dem ein oder anderem „Kahlschlag", die Messe. Dabei wurden wir von einem laut nach Luft schnappenden und schnaufenden „Hirten", der mich an „Emma die Lokomotive" auf ihrem Weg in Michael Endes „Lummerland" erinnerte, eher verstört als geleitet. Sehr zu meiner Freude und zur Versöhnung aller, die sich durch die Sonntagsmesse gequält hatten, trafen wir uns im Anschluss in Omis Lieblingskneipe zum Frühschoppen.

Unzählige Male muss ich dort erlebt haben, wie irgendein fremder älterer Gast meine Omi oder eine ihrer Freundinnen mit Charme und Souveränität beeindrucken wollte und dem Wirt zurief, «Zwei Bier und zwei Kurze!»

«Kommt sofort», entgegnete der Wirt gemächlich monoton, gefolgt von zwei vorbildlich gezapften Pils und zwei Korn. Die Tatsache, dass wir einen Namen für diese morgendlichen feuchtfröhlichen Treffen hatten, gab vielleicht schon einen ersten Hinweis darauf, wie ich die deutsche Kultur und Religion als Kind erlebte.

Als Trümmerfrau hatte Omi es gelernt, mit jedem Mann mithalten zu können – egal ob es darum ging Häuser wiederaufzubauen, ihre eigene Metzgerei zu führen (sie hatte das Geschäft übernommen, nachdem mein Opa, ihr zweiter Ehemann, verunglückt war) oder Kurze zu trinken. Meine Freundin Sabrina und ich haben in Erinnerungen an unseren gemeinsamen Abiball manches Mal gelacht. Ihr Vater versuchte damals vergeblich, meine Omi unter den Tisch zu trinken – Sinn des Ganzen war lediglich gewesen, herauszufinden, wer von beiden mehr vertragen konnte. Und weil der sprichwörtliche Apfel nicht weit vom Stamm fällt, zogen mich ein verheißungsvoll funkelndes Glas Sekt oder eine mit Weinbrand gefüllte Kirschpraline geradezu magisch an – und das vielleicht schon vor meiner Einschulung.

Für mich waren Omi und ihre Freundinnen der Inbegriff von Damen der Gesellschaft – sie wussten, wo es lang ging, mit all ihrem Schmuck, den Pelzmänteln, teuren Autos, in Kristallgläsern serviertem Sekt, die mit Bedacht und Finesse gemachten Häppchen, den gehäkelten Untersetzern, den Samtsofas und den schweren dunklen Holzmöbeln. Ein Wohnzimmer sah dem anderen verdächtig ähnlich, dennoch liebte ich keins so wie Omis.

Wenn ich an die Schallplatten und Kassetten denke, die wir uns damals zusammen anhörten, kann ich gar nicht anders als grinsen. Wir sangen zu „Carmen" (der Oper), Milva und Udo Jürgens – *May God rest his soul.* Möge Gott seiner Seele gnädig sein. Omi und ihre „Golden Girls" schauten sich öfter eine seiner Schallplattenhüllen an und seufzten, «Was für ein feiner Kerl.» Als das kleine Mädchen, das ich eben damals war, schüttelte ich vehement mit meinem Kopf, bis meine fluffigen Zöpfe in alle Richtungen wirbelten, wie zwei Pusteblumen im aufmüpfigem Wind, «Igittigitt!»

Die besten Zeiten waren jene, die ich mit Omi ganz alleine verbringen konnte. Dann musste ich mich nicht mit Puppen, Plastiktellern und ausgedachten Leckereien zufrieden geben, sondern durfte mich richtig verwöhnen lassen. Omi deckte dann mit ihrem Lieblingskaffeeservice – dem mit den blauen und gelben Blumen – den Tisch. Der Geruch von Kaffee und ihrem leckeren Apfelkuchen lag in der Luft. Und wenn ich richtig Glück hatte, backte Omi ihre berühmte Ananastorte. Ach, wie sehr ich jeden einzelnen Bissen davon genoss. Diese Zeit mit ihr kommt mir manchmal so vor, als läge sie nur wenige Tage zurück – genau wie ihre Schwärmerei für den Nachrichtensprecher und ihre Schwäche für deutsche Fernsehsendungen wie „Lindenstraße“ und US Seifenopern wie „California Clan“ und „Dallas“. Wenn es Zeit fürs Bett war, zog ich mir oft vor ihrem Fernseher den Schlafanzug an, damit ich auch bloß nicht das Sandmännchen verpassen würde. Omi sagte dann, «Du kleines Dummerchen! Steh’ doch nicht nackt vorm Fernseher. Wills Du denn, dass der nette Mann dir was wegguckt?» Ich sprang dann jedes Mal schnell zur Seite – schließlich hatte Omi immer Recht.

Ich erinnere mich an ihren kleinen weißen Wecker auf ihrem Nachttisch, das luftige Oberbett, das verräterische Quietschen ihres sieben-türigen Kleiderschranks, wenn ich mal wieder ihre Kleider anprobierte oder Verstecken spielte, und das Gefühl ihres hellblauen Seidenschals, der immer ein wenig kratzte. Ich kann mir immer noch den Geruch ihres Talkum Puders ins Gedächtnis rufen oder den ihrer blauen *Eubos* Seife, die sie immer aus der Apotheke im Erdgeschoss holte. Und, selbstverständlich, ihr Parfum, „Opium“, das noch lange nachdem Omi das Haus für Besorgungen bereits verlassen hatte, durchs Treppenhaus waberte. Ich erinnere mich an das Geräusch, das ihre Pantoffeln machten, wenn sich die Ledersole von ihrer Ferse trennte und anschließend in den dicken Teppich gedrückt wurde. Und an die kleine, runde Kork Box, die, wenn es sie heute noch gäbe, bestimmt immer noch nach *Wrigleys Spearmint* Kaugummi riechen würde.

Omi versuchte mir das Kochen beizubringen, sogar wie man einen Fasan rupft und zubereitet. Der Geruch horniger, abgesengter Federstiele im Anschluss ans Rupfen ist leider auch unvergesslich. Wenn es allerdings ums Backen ging, war ich immer sofort zur Stelle. Bis zu meinem zehnten Lebensjahr, also ungefähr bis zur Geburt meines jüngeren Bruders, gab es für mich nichts Besseres, als etwas mit Omi zu unternehmen oder bei ihr zu schlafen. Ganz egal, ob wir stundenlang auf ihrem Küchentisch Plätzchen ausstanzten, ob ich für sie Klavier oder Flöte spielte, oder ob wir zusammen in ihrem Wohnzimmer saßen und kichernd mitansahen, wie ein von Gabelstichen gezeichneter Pfirsich sich in einem großen Glas Sekt um sich selbst drehte.

Als Omis *Kompagnon* wurde ich der Gesellschaft vorgestellt. Und vielleicht ist dies der Grund dafür, dass ich mich immer als gleichwertigen Teil unserer fast ausnahmslos weißen Gemeinde sah. Ich ging dort zur Schule und fand dort meine beste Freundin, meine erste große Liebe und jede Menge Herzschmerz, wie jedes andere Kind auch. Erst als ich sechzehn war, nahm das Leben eine dramatische Wende.

Oberflächlich betrachtet schien ich ein gut angepasster, erwartungsgemäß unreifer und ich-bezogener Teenager zu sein, aber unter meiner Haut braute sich ein Krieg zusammen. Tief in mir drin wurde jeder Verlust, jede Zurückweisung, jeder Tod und Schmerz, den ich erfuhr, zu einem nie enden wollenden bienenstockartigen *Summen.* Ein Summen, das so machtvoll war, dass es seine eigene Atmosphäre bildete. Ich fühlte mich wie hinter einer unsichtbaren Wand gefangen, die mich von jedem isolierte. Das Summen nahm über die Jahre zu. Es wurde lauter und dominanter, bis es eines Tages zu diesem heftigen Fiepen in meinem Kopf wurde. An dem Tag nämlich, als ich in einer Damentoilette im Amsterdamer Flughafen saß und kurz davor stand ohnmächtig zu werden. Und an genau dem Zeitpunkt hatte meine große Reise begonnen.

*

Zumindest *theoretisch* hätte man annehmen können, dass ich in meinem älteren Bruder, der lange Zeit das einzige andere deutsch-afroamerikanische Kind gewesen war, einen „Alliierten" gefunden hatte. Allerdings wurde er schon bald zu meiner *Persona non grata*. Ich vertraute ihm nicht, wollte ihn ab einem bestimmten Alter nicht mehr in meiner Nähe wissen. Um sicher zu gehen, dass er das auch nicht vergaß, schrie ich ihn regelmäßig an, «Verpiss Dich endlich!» Nicht etwa, weil ich ihn so sehr hasste, sondern weil meine Umgebung durch seine Abwesenheit automatisch sicherer wurde.

Entgegen dem, was die meisten Leute über das Aufwachsen als dunkelhäutigeres Kind in einer überwiegend weißen Gemeinschaft anzunehmen scheinen, glaube ich, dass meine Hautfarbe lediglich teilweise für die Isolation, die ich fühlte, verantwortlich war. Andere – wesentlich tiefergehende Faktoren – spielten da schon eher eine Rolle. Wie zum Beispiel der *Beschuss aus eigenen Reihen,* der jeden in unserer Familie nach dem Zufallsprinzip treffen konnte. Das Feuer wurde erstmalig eröffnet, als mein Vater uns verließ, und wurde immer wieder aufgegriffen durch einen älteren Bruder, der ab einem gewissen Alter eine ständige verbale und körperliche Bedrohung für mich – und jeden oder alles, was seiner Unberechenbarkeit unterlegen war – darstellte. Aber vor allem weil ich mitansehen musste, wie die von Krankheit gezeichneten Körper meiner Mutter und meiner Oma beide verwelkten und zerfielen.

Als Kind dachte ich mir nichts dabei, dass ich in der Sonne schneller braun wurde, als meine Freunde oder meine Mutter, die eher Gefahr liefen sich einen Sonnenbrand zu holen.
Während das Haar meiner Mutter blond und seidig war, war meins störrisch und lockig. Aber die Haare und der Teint meines älteren Bruders, meines Vaters und meiner Omi waren auch jeweils unterschiedlich und somit war das Äußere eines Menschen zur Bestimmung von Zugehörigkeit eher relativ.

Wenn wir uns als Teenager in meinem Freundeskreis über unsere Kindheit unterhielten, erinnerten sich meine Freundinnen vor allem daran, wie meine Haarbänder immer farblich auf meine Kleidung abgestimmt waren, wie unser Haus immer nach Weichspüler und der Apotheke im Erdgeschoss roch. Auch ging es oft darum, dass sich mein älterer Bruder M.J. ihnen gegenüber wieder einmal total daneben benommen hatte, als er ihnen in irgendeiner Bar über den Weg gelaufen war.

Menschen, die mir im Alltag begegneten, machten mir regelmäßig Komplimente wegen meiner Haare, „meiner langen Beine“ oder meines „schönen Lächelns“. Es war mir immer unangenehm, wenn mich jemand anstarrte und dabei an einem dieser drei Attribute hängenzubleiben schien. Ich selbst hatte damals nicht besonders viel für meine Haare, meine Zahnlücken oder rundlichen Hüften und Oberschenkel übrig. Worte der Bewunderung konnte ich also gar nicht erstnehmen. Vielleicht dachte ich mir dabei, wenn es so toll ist, warum sieht sonst niemand so aus? Meistens ging ich aber davon aus, dass die Leute nur deswegen ein paar Nettigkeiten sagten, weil ich sie beim Glotzen erwischt hatte und es ihnen peinlich war. Ich wusste nicht, wie man mit dieser Art von Aufmerksamkeit, Unbeholfenheit oder tiefer Scham, die in mir heranwuchs, umging. Währenddessen fing ich gerade an, in eine immer größer werdende Welt hinaus zu ziehen ... Shopping-Trips in größere Städte, vor allem im Ruhrgebiet und Schulferien mit Klassenkameraden im Ausland.

Die Welt wurde größer und die Sachen liefen außerhalb meiner „Glaskuppel“ nicht mehr nach einem gut durchdachten Drehbuch, wie sie es bisher á la „Truman Show“ immer getan hatten – aber später mehr dazu. Ein Jahr ging ich an Karneval mit ein paar meiner Freundinnen als Pimps and hoes – als Zuhälter und Prostituierte also. (Ich gebe zu, dass das nicht besonders geistreich war, aber das ist beim Karneval auch eher selten gefragt.) Eine Klassenkameradin, mit der ich lange nicht zurechtkam, sah uns auf der Party und fauchte mich an, «Sieht aus, als hättest du dich gar nicht verkleidet.»

Einige Leute fanden dies so witzig, dass ihr Spruch in der Abizeitung landete, während andere sich über diese, wie sie fanden, rassistische Bemerkung aufregten. Ob diese Beleidigung ihrer Meinung nach andeutete, dass ich leicht zu haben war, meine ethnische Herkunft anfeindete oder beides, konnte ich nicht mit Sicherheit sagen. Interessanterweise war ich bis zur Abizeitung und dem damit verbundenen Feedback nicht von selbst darauf gekommen, dass sich das Gesagte auf meine Herkunft beziehen könnte.

Ich fing damit an Unsicherheiten zu entwickeln, ließ den Rassismus, den ich bisher nicht verstand und auch nur schwer zu erkennen dachte, außen vor. Aber Unwissenheit schütze mich nicht vor Schaden ... Ich begann zu glauben, dass mein Charakter, meine Persönlichkeit und mein Äußeres schuld daran waren, wie ich mich fühlte. Mein Bruder und ich hatten keine „schwarze Gemeinschaft“ oder ein richtiges Konzept für unsere afroamerikanische Herkunft. Wir wussten, glaube ich, nicht einmal, dass es schwarze Gemeinschaften, also ein ethnisches und kulturelles Netzwerk, irgendwo in Deutschland gab. Ich konnte den inneren Konflikt, den der Kampf um einen Platz in der Welt in mir auslöste, nicht verstehen. Ich glaube, dass wir erst dann unseren Fokus auf eine gerade identifizierte Leere in uns lenken können, wenn uns jemand eines schönen Tages darauf aufmerksam macht, uns etwas ins Ohr zischt und diesen Gedanken der Minderwertigkeit in unseren Verstand pflanzt.

Viele Jahre lang hatte ich mich nie als etwas anderes betrachtet, als „einfach nur deutsch“. In den USA wäre das vergleichsweise schwieriger für mich gewesen. Dort ist es so gut wie unmöglich, irgendeinen Fragebogen oder eine Bewerbung auszufüllen, ohne sich selbst einem der Kästchen, die Rasse bzw. ethnische Herkunft benennen, zuzuordnen. Erst 1980 fügte das US

Census Bureau ein „other" (übersetzt: andere) Kästchen hinzu, um eine weniger häufigere Rasse zu signalisieren. Irgendwann landete dieses Kästchen in der Standardbewerbung. Heute gibt es in der Regel auch ein Kästchen für mixed, also „gemischtrassig", als auch für hispanisch/lateinamerikanisch/spanisch und weiß/nicht hispanisch, schwarz, amerikanischer (indianischer)/Alaska-Ureinwohner, asiatisch, oder hawaiianischer Ureinwohner/Pazifikinsulaner, um nur ein paar aufzuzählen. Zugegeben, anfangs war ich von der Idee fasziniert, dass ich nun endlich ein Kästchen fand, in das ich mich einigermaßen hineinzwängen konnte, weil es mich halbwegs präzise als „gemischtrassig" bezeichnete. Aber es ist und bleibt letzten Endes eine Schublade, die dazu dient an (Rassen-) Unterschieden festzuhalten, die es wie gesagt gar nicht gibt, und somit ziehe ich es mittlerweile vor, gar nichts anzukreuzen.

Weil diese Methode in den USA zur üblichen Praxis gehört, erscheint sie einem als Amerikaner vielleicht als völlig normal. Es war für mich lange unvorstellbar, dass man in einem Land mit einer Geschichte, wie der deutschen, Menschen ebenfalls dazu auffordert, Angaben zu ihrer Rasse und ethnischem Hintergrund zu machen, aber auch hier gibt es inzwischen private Unternehmen und Personalvermittlungen, die genau das tun. Ob sich die USA mit „Jim Crow", der für ein System der staatlich zugelassenen Rassenunterdrückung und -trennung bis Mitte der 60'er Jahre stand, da besser abschneidet, kann man wohl nicht gerade behaupten.

In Deutschland hörte man im kleinen Bad Sassendorf jedenfalls nichts von einer afroamerikanischen oder schwarzen Kultur. Ich kam also auch nicht bewusst auf die Idee, meine Erfahrungen durch ein ethnospezifisches Raster zu betrachten. Deswegen bemühe ich mich noch immer, nicht mit den Augen zu Rollen, wenn jemand seinen Kopf mitleidig zur Seite neigt und zu mir sagt, «Das Aufwachsen als Schwarze in Deutschland muss doch echt hart gewesen sein ... also als Mulattin und so.»

„Als Schwarze in Deutschland aufzuwachsen" hat mich nicht dazu gebracht Rassismus und Intoleranz als Teil meines Alltags zu erwarten. Meinem damaligen Empfinden nach, bin ich eher als Weiße aufgewachsen und die Kultur in der ich bis ins Teenageralter hinein lebte, prägte mich wesentlich stärker als die Pigmente meiner Haut. Deutsch-sein schien für mich lange Zeit nichts mit Hautfarbe zu tun zu haben. Wenn ich heute jedoch, nach mehr als 14 Jahren als deutsche Afroamerikanerin, die ihren Hauptwohnsitz lange in den USA hatte, nach Deutschland zurückkomme und angesichts der jüngsten Flüchtlingswelle von fast einer Millionen Menschen die Emotionen der Bürger vielerorts hochkochen, bin ich mir bewusst, dass das leider längst nicht jeder so sieht. Während Angela Merkel mit Trümmerfrau-ähnlicher Unbeirrbarkeit und Courage voranschreitet, wundere ich mich gelegentlich, warum nicht mehr Prominente und Künstler von ihrem meinungsbildenden Einfluss Gebrauch machen und angesichts der rechten Stimmungsmache schweigen.

Die wenigen Mischlingskinder, die ich im Laufe meiner Kindheit traf, wuchsen normalerweise mit einer alleinerziehenden weißen Mutter auf. Unsere Väter afrikanischer oder afroamerikanischer Herkunft trugen die Kulturschätze, die es eigentlich von uns zu erkunden galt, in sich und weit davon. Als unsere Väter uns verließen, nahmen sie unser Erbe und die darin verborgenen Möglichkeiten mit sich.

Wir können nicht um etwas bitten, das außerhalb unserer Vorstellungskraft liegt. Nicht, bis wir alt genug sind, ein noch undefiniertes Verlangen, eine unbeantwortete Frage in den Tiefen unserer Seele wahrzunehmen ... diesen unerforschten Dingen auf den Grund zu gehen. Wir Kinder konnten viele Fragen nicht stellen, weil uns die Worte dafür fehlten, uns nie hätten träumen lassen, dass eine Welt voller Labels, Kästchen und Schubladen auf uns wartete. Eine komplette Sprachwelt wuchs in den noch unzugänglichen Schatten des Erwachsenseins heran. Sie versuchte ständig, uns einen Namen zu geben, der darauf hinwies, was wir waren; zu definieren, wer wir zukünftig werden durften und manchmal auch, um zu verbergen, dass es einige Mitbürger gab, die unfähig oder Unwillens waren, uns als gleichwertig zu betrachten.

Ich wuchs in einer Familie auf, die mir trotz unserer Schwierigkeiten zu nahe stand, als dass sie Unterschiede thematisiert hätte. Ich lebte inmitten einer Gesellschaft, die sich als Ganzes betrachtet, vehement von ihrer radikalen und faschistischen Vergangenheit distanzierte. Somit blieb mein Umfeld stumm und meine Kindheit definierte sich durch eine Zwickmühle, die sich daraus ergab, dass ich als dunkelhäutigeres Mädchen dennoch als Weiße aufwuchs. So lange wir deutsch-afroamerikanischen Kids nicht in die Pubertät kamen, waren wir niedliche, liebenswerte, kleine Zwerge mit lustig gelocktem Haar. Doch was kam danach? Die Antworten lagen tief vergraben zwischen Bruchstücken aus der Kultur unserer Väter und unseren Identitäten, die (wie bei jedem anderen Menschen auch) zu komplex waren, um sie auf stereotype Mediaclips von Frauen mit übersteigerter Sexualität und übermäßig gewalttätigen Männer zu reduzieren. Hinzu kamen Bilder von dem, was wir mögen oder ablehnen sollten, wie wir auszusehen hatten, was wir anzuziehen oder zu essen und welchen Stellenwert wir unserer Hautfarbe zuzuordnen hatten. Unsere Seelen wurden von ein paar amerikanischen Musikvideos wortlos geformt und wir konnten entweder versuchen eigenständig nach der Bedeutung unserer Wurzeln zu suchen, totales Desinteresse zeigen oder die Dinge so annehmen, wie sie uns vorgesetzt wurden.

Wenn ich heute zurückschaue, sehe ich, dass wir indem wir ohne unser kulturelles Erbe zu kennen aufwuchsen, die Chance verpassten, all das anzuerkennen, was uns ausmachte oder was wir einmal werden konnten. Auch trug es wahrscheinlich unbewusst dazu bei, dass ich mich als Teenager zunehmend isoliert, irgendwie inkomplett fühlte und es verstärkte mein bereits geringes

Selbstwertgefühl. Es gab ein Tabu in meinem Leben – wenn auch vielleicht mit ursprünglich guten Absichten. Als ich in die Pubertät kam, fiel mir allmählich auf, dass mein Spiegelbild keinem anderen besonders ähnelte und ich begann zu denken, Vielleicht passe ich doch nicht so gut hier hin. Ich sah nicht so aus, wie die Frauen und Mädchen in den Magazinen und Katalogen, die ich durchzublättern liebte. Meine komplizierten Teenagerjahre waren der Preis für eine „normale" Kindheit, in der meine Herkunft fast nie Thema gewesen war. Omi und meine Mutter zogen mich so auf, wie sie es konnten und für richtig hielten. Ansonsten las ich viele Bücher über jede Kultur, die mich als Kind ins Staunen versetzte. Lange Zeit war ich von den Bräuchen und der Geschichte der historischen Ägypter und Ureinwohner Amerikas richtig verzaubert. Ich hatte ja keine Ahnung, dass sich darin ein weiterer Teil meiner eigenen kulturellen Identität verbarg, aber dieser sollte noch für Jahrzehnte unentdeckt bleiben.

Die Jahre meiner frühesten Kindheit sind mir als überwiegend sorglos in Erinnerung geblieben. Mir fehlte nichts, ich hatte alles was ich brauchte und bekam fast alles, was ich mir wünschte. Ich genoss, was ich heute als Privileg und Überfluss ansehen würde, was mir als Teenager bestimmt charakterlich ein Laster war.

Je älter ich wurde, je mehr ich reiste und dabei die Welt alleine erforschte, desto mehr stellte ich zu meiner großen Überraschung fest, dass die meisten Leute, die ich unterwegs traf, mich nicht als Weiße ansahen. Es hört sich vielleicht komisch und seltsam naiv an, aber es brachte mich vollkommen durcheinander und machte das besagte Fiepen nur noch lauter. Plötzlich teilten mir alle um mich herum mit, wer ich denn sei und wie ich aussah, ausschließlich basierend auf dem, was sie in mir sahen oder an meinem Äußeren festmachten. Durch meine Zwanziger hinweg begegnete ich vielen Menschen, die ihrer Fantasie hinsichtlich meiner Herkunft freien Lauf ließen: Marokkanerin, Mexikanerin, Samoanerin, Puerto-Ricanerin, Kolumbianerin ... Dann wurden sie oft frustriert und gingen direkt ins Eingemachte über, «Was bist du denn dann?» Ab und zu kam es auch vor, dass jemand richtig riet, aber eigentlich nur dann, wenn die Person selbst den gleichen Background hatte. Meinen Kokon, mein elterliches Nest zu verlassen war in vielerlei Hinsicht ein Realitäts-Check auf den ich nicht vorbereitet war.

In Bad Sassendorf aufzuwachsen fühlte sich oft an, als wäre ich Teil des Films „Die Truman Show“ mit Jim Carrey. Als wuchs ich unter einer Glaskuppel auf, unter der das Leben von unsichtbarer Hand orchestriert wurde und jeder außer mir selbst wusste, dass ich anders war. Wie in jedem Dorf, in dem jeder alles über jeden zu wissen glaubt – Gutes und Schlechtes, Richtiges und Falsches – und immer um eine höfliche Fassade bemüht ist. Es machte mein Leben außergewöhnlich surreal. Ich lebte in einer zerbrechlichen Hülle, die wahrscheinlich nicht hätte existieren können, wenn auch nur einer der Faktoren – die Menschen, der Ort, meine Eltern – anders gewesen wäre. Die Menschen, mit denen ich Umgang hatte, kannte ich bereits seit dem Kindergarten oder der Grundschule, mindestens aber seit der Gymnasialzeit. Ich fühlte mich in die gutbürgerliche weiße Gemeinschaft integriert, wie jeder andere auch. Und doch blieb mir meine vollständige Identität noch lange verborgen.

So sehr sich mein deutsches Umfeld auch um ein fortschrittliches, also toleranteres Denken als unter Hitler, bemühte, konnte mich das nicht vor Unwissenheit und mangelnder Sensibilität schützen. So hieß eins der Spiele, die wir im Kindergarten spielten „Wer hat Angst vorm schwarzen Mann“. Zunächst musste die Erzieherin ein Kind als „schwarzen Mann“ auswählen. Dieses Kind rief dann, «Wer hat Angst vorm schwarzen Mann?» Der Rest der Kinder rief dann zurück, «Niemand!», «Und wenn er kommt?», «Dann laufen wir!» Damit liefen alle Kinder so schnell sie nur konnten in alle möglichen Richtungen. Währenddessen rannte das „schwarze-Mann-Kind“ ihnen hinterher, um sie alle zu fangen. Mein Kinderherz interessierte sich nur dafür, wie sehr ich es liebte, zu rennen und ob ich es schaffen würde, schneller zu rennen, als alle anderen. Also quiekte ich jedes Mal voller Freude, «Wer hat Angst vorm schwarzen Mann?»

Das letzte Mal an das ich mich erinnere dieses Spiel gespielt zu haben, schaffte ich es tatsächlich, alle Kinder in meiner Klasse zu fangen. Keiner durfte sich bewegen, nachdem ich sie gefangen hatte, waren sie raus – niemand war mehr übrig, der sie hätte befreien können und sie standen kreuz und quer in der Sporthalle herum. Nach einem Kampf, in dem es „ich gegen sie“ gestanden hatte, sah ich mich um, und schnupperte für einen kurzen Moment die Siegesluft. Aber dann fragte ich mich, ob die anderen Kinder wirklich vor jemandem aufgrund seiner Hautfarbe weglaufen würden. Der einzige schwarze Mann, den ich kannte, war mein Vater und ich konnte nichts Furchterregendes an ihm entdecken. Ich spielte und spielte den Gedanken in meinem Kopf durch, bis die kurzlebige Siegesluft, die ich gerade noch genossen hatte, faul roch. Ich wunderte mich, Wenn die Kinder vor meinem Papa Angst haben, haben sie dann auch vor mir Angst? Und mit diesem Geistesblitz manövrierte ich mich selbst ins „Aus“.

Ich erinnere mich an den Tag, an dem die Glaskuppel, unter der ich heranwuchs, ihren ersten Riss bekam: Es war der Foto-Tag in der 4. Klasse. Wie immer waren meine Haarbänder farblich auf meine Anziehsachen abgestimmt. Zöpfe, immer Zöpfe ... was anderes gab's auch für mich nicht. Wir warteten alle, bis wir jeweils an der Reihe waren, fotografiert zu werden und mir fiel auf, wie hübsch die anderen Mädchen aussahen. Ihre langen Haare waren glatt und es fiel ihnen wie Seide über die Schultern –mit meinen dicken Zöpfen hatte das nichts gemein. Panik ergriff mein Herz und ich rannte aus dem Klassenzimmer und die leeren Flure entlang, während die anderen immer noch ihrem großen Moment entgegenfieberten. Ich wetzte durch die Eingangshalle, vorbei an den riesigen Fenstern, die mit schwarzen Vogelaufklebern versehen waren, um die Spatzen und Krähen aus den umliegenden Roggen- und Weizenfeldern davon abzuhalten, gegen die Scheiben zu donnern.

Ich rannte auf die Mädchentoilette, zog meine Haarbänder heraus und fing an, meine Zöpfe zu entflechten. Ich konnte kaum atmen, als ich mich im Spiegel betrachtete – mit einem Blick war alles klar. Mein wuscheliges Haar war nicht wie das der anderen Klassenkameradinnen. Verzweifelt wünschte ich mir, mein Haar wieder bändigen zu können und mein Herz klagte laut, «Wieso ist mein Haar nicht auch glatt? Warum bin ich so anders?»

Ich verhörte mein Spiegelbild, um eine Antwort auf diese Frage zu bekommen aber „Struwwelpeter“, der sich genauso zurückgewiesen und grotesk vorkam wie ich, rückte nicht mit der Sprache heraus. Eine andere Geschichte von Heinrich Hoffman, „Die Geschichte von den Schwarzen Buben“, handelt von drei Jungen, die zur Strafe in ein Fass schwarzer Tinte getunkt werden. Sie hatten zuvor einen „kohlpechrabenschwarzen Mohr“, der auch Locken hatte, wegen seiner Hautfarbe gehänselt. Als ich so in den Spiegel schaute, fühlte ich den gleichen Schmerz – den, des „Mohrens“ und den der drei Buben. Auch wenn man Heinrich Hoffman nicht mit Heinrich Heimann, der in Hitlers Waffen-SS war, verwechseln sollte, so war die Argumentation in seinen Geschichten nicht wirklich eindeutig. Einerseits verurteilte er, dass ein dunkelhäutiger Mann gehänselt wurde, und andererseits war die schlimmste Strafe, die er sich für die drei Jungs denken konnte, dass sie nicht länger weiß, sondern pechschwarz, waren. Ich finde das, in Anbetracht der Tatsache, dass Hoffman eigentlich ein praktizierender Psychiater war, der sich auf Schizophrenie spezialisierte, ... eher beunruhigend.

Meine Trostlosigkeit wuchs, je länger ich in den Spiegel starrte. So sehr ich es auch versuchte, ich konnte das unzähmbare Durcheinander, das ich selbst verursacht hatte, nicht wieder zusammenbinden. Ich flüchtete in die widerhallenden Flure, durch den Haupteingang hinaus, den Feldweg entlang, am Fußballfeld und am Sportplatz vorbei bis zur Bushaltestelle. Es wurde mir jedoch schnell bewusst, dass kein Schulbus kommen würde und ich brach in Tränen aus. Ich wünschte mir meine Mutter herbei, um meine Haare zu flechten. Aber stattdessen musste ich den ganzen Weg wieder zurück zur Schule laufen, um meine Klassenlehrerin, Frau Kneisel, zu finden und sie zu bitten in Anbetracht der Dinge ihr Bestes zu geben. Mein Foto wurde letzten Endes doch noch geknipst – auch wenn ich eher der stacheligen Schale einer Kastanie glich, als ihrer begehrten, glatt schimmernden Frucht. Die Wichtigkeit der Haare in der weiblichen Welt, vor allem für schwarze Frauen, war in meiner persönlichen Version der Truman Show bisher nicht diskutiert worden. Irgendwie musste ich dennoch damit leben lernen. Erst als Teenager ging es langsam, Schritt für Schritt voran und ich lernte, wie man meine Locken zähmt. Zum Beispiel fand ich heraus, dass es einfach keine gute Idee war, meine Haare noch vor dem Waschen zu kämmen – es sei denn, ich war an einem „Afro“ interessiert. Ich rackerte mich ab, um mein Haar weniger kraus, aber dafür definierter und glänzender aussehen zu lassen. Gelegentlich träumte ich davon, genauso Rasta, bzw. Microbraids, wie Terence Trent D'Arby auf seinem Plattencover zu seiner Hitsingle „Sign Your Name Across My Heart“ trug oder wie Denise Huckstable aus der „Bill Cosby Show“ zu haben. Aber ich kannte niemanden, der meine Haare so flechten konnte.

Als wir zum Shoppen in die größeren Städte fuhren, sah ich dort zum ersten Mal Afroshops, Geschäfte mit Haarprodukten für krauses Haar und Perücken, die ich vollkommen befremdlich fand. Ich sah mich nicht als „Farbige“, die so manchen Schatz in einem afrikanischen Friseursalon hätte entdecken können. Ich hatte bereits andere Sorgen, als meine Hautfarbe – meinen Verstand, zum Beispiel – ... Mein Vater war ausgezogen, ohne meinem älteren Bruder und mir auch nur ein Wort davon zu sagen. Er hinterließ nicht nur eine Lücke, die gefüllt werden wollte, sondern einen tiefen Herzensbruch, an dem wir alle verzweifelten. Die Scheidung meiner Eltern brachte meine Familie komplett aus dem Gleichgewicht. Die Ängste und Schmerzen, die keiner von uns ansprechen wollte, führten zu täglichen Machtkämpfen. Rumschreien, Streiten, gelegentliche Rangeleien – bis hin zu einem nicht ungefährlichem körperlichen Übergriff ... wir alle mussten ein gewisses Maß an Verlassenheit, Einsamkeit und Lieblosigkeit gespürt haben.

In unserem Leben gab es künftig kein Glücklich-sein, von dem wir instinktiv wussten, dass es in gesunden Familien existierte. Je trüber es um uns herum wurde, desto isolierter fühlte ich mich unter meiner Glaskuppel. Die Luft wurde langsam dünn. Immer mehr Menschen verließen mich, wurden krank und starben. Das Stigma der ehemals faschistischen oder rassistischen deutschen Nation stellte keine Bedrohung dar. Die täglichen Machtkämpfe und die Ungewissheit darüber, wer ich denn eigentlich war, aber sehr wohl.

# 3. Gedächtnisbrücke

Meine Tante Ella schaffte es gerade noch rechtzeitig, uns in Deutschland zu besuchen, um sich von meiner Mutter zu verabschieden. Ella war das erste Familienmitglied aus Chicago, dem ich je begegnete – zumindest wenn man die Zeit, die ich als Neugeborenes in Chicago verbrachte, außen vor lässt. Ich war immer schon neugierig gewesen, was meine Familie betraf – vor allem meine Großeltern. Ich schrieb Briefe auf Englisch an meine Familie, sobald ich mir die nötigen Grundkenntnisse dafür im Gymnasium angeeignet hatte. Aber ich bekam nie eine Antwort. Ich erinnere mich an ein oder zwei Anrufe. Einen davon gab es an meinem sechzehnten Geburtstag, um meine Eltern wissen zu lassen, dass einer der Brüder meines Vaters, Onkel Jimmy, verstorben war.

In unserer ersten Unterhaltung sagte mir Ella, «Das ist ja ein interessantes kleines Auto, das du da fährst. Ich wüsste nicht, dass ich schon einmal in einem so kleinen Wagen gesessen hätte.»

«Danke.... Gefällt es Dir, Tante Ella?»

«Yeah», grinste sie. «Erinnert mich irgendwie an *Great America.*»

«Was ist denn das?»

«Naja, weißt du ... *it's a fair.*»

«Sorry, aber ich versteh' nicht, was du meinst.»

«*Well, kinda like Disney World, you know.* Darfst du damit so schnell fahren?»

«Ja, klar. Keine Sorge», runzelte ich meine Stirn, versuchte die Frage einzuordnen. «Bei uns in Deutschland gibt es keine Geschwindigkeitsbegrenzung. Der kleine Flitzer schafft bis zu 210km/h ohne Probleme. It's a Diesel.»

«A Diesel? Wie ein Traktor?»

«Ich glaub schon...Viele Leute in Deutschland fahren Diesel, weil es billiger ist ... Also, was bringt dich nach Deutschland?»

«*Well, I have never been to Europe before ...* », ihr Blick verlor sich im vorbeifliegenden Autobahnpanorama, «Es schien mir genau die richtige Zeit ein wenig aus Chicago rauszukommen.»

«Mama und ich freuen uns jedenfalls total dich kennenzulernen. Ich meine, ich freue mich. Nicht sie », meine Worte überschlugen sich, «Ich meine, sie freut sich natürlich darauf, dich *wieder*zusehen.»

Als ich anhielt um nachzutanken fragte sie mich, ob ich ihr ein Soda mitbringen könnte, «*Could you get me a soda, please?*»

«*Yes, of course.*» Ja, klar.

Einige Kilometer später bemerkte ich, «*Excuse me.* Mir ist aufgefallen, dass du kaum etwas von deinem Soda getrunken hast.»

«*Oh! Yes, well. It tastes more like club soda?* »

«Ja, war das nicht das Richtige?» War Club Soda und Soda nicht das Gleiche?

«No. Ich dachte eigentlich an so etwas wie Sprite oder Cola», entgegnete sie mir auf Englisch. Bis auf „Guten Tag“ und Dankeschön“ sprach sie kein Deutsch.

«Aber du hast *Soda* gesagt, oder?»

«Wir nennen das so in den Staaten.»

«Aaaach so!», ich lief rot an, «Das tut mir wirklich leid. Ich hatte ja keine Ahnung!»

Nach einem recht unangenehmen Moment des Schweigens meinte ich zu ihr, «Wie kommt es eigentlich, dass deine Augen so eine interessante blaue Farbe haben?»

«Oh, das sind nur Kontaktlinsen, Baby», kicherte sie.

«Oh!», ich lief wieder rot an, «Gibt's die auch in grün?»

«Klar. Wir haben die in allen möglichen Farben.»

«Echt? Wie cool!»

«Ich wusste nicht, dass das was Außergewöhnliches ist ... So, erzähl' mal von deiner Mutter. Wie geht's ihr denn so?»

Ihre letzte Frage verscheuchte jede Freude über ihren Besuch aus meinem Herzen und raus aus meinem kleinen VW. Ich fühlte mich, als fiele meine Welt nach einem kurzen Moment langersehnter Ablenkung wieder in sich zusammen, wie ein Heißluftballon nachdem sein Korb zurück auf den Erdboden prallt.

«Also, weißt Du ... es geht ihr nicht besonders gut.»

«Ja, hat dein Vater mir auch erzählt. Welche Art Krebs hat sie denn eigentlich?»

«Ich weiß leider nicht, wie man das auf Englisch sagt. Es hat was damit zu tun, wie wir Insulin produzieren und so.»

«*Thyroid?*»

«No.» Es war nicht die Schilddrüse.

«*Pancreatic cancer?*»

«Ja ... das klingt richtig», hoffte ich das Ratespiel zu beenden. Es war tatsächlich die Bauchspeicheldrüse.

«Na, es wird ihr bestimmt bald besser gehen. Da bin ich mir sicher.»

Ich wusste nicht, was ich dazu sagen sollte. Ella bohrte, «Meinst du nicht?»

«Es geht ihr nicht gut. Ich weiß nicht einmal, ob du sie wiedererkennen wirst.»

«*Oh, of course, darling.* Deine Mutter ist eine der schönsten Frauen, die ich kenne. Ich würde sie immer wieder erkennen.»

Und so ritt meine Tante auf einer Welle ihres scheinbar typischen Enthusiasmus' in das Krankenhauszimmer meiner Mutter, direkt bis an ihr Bett heran. Sie fielen einander um den Hals. Sie lachten bis sich der ganze Raum mit Leben füllte. Es dauerte nicht lange, bis Ella bewusst wurde, was ich ihr, noch während der Fahrt, schonend zu erklären versucht hatte. Dunkle Wolken zogen über Ellas Kopf herein und warfen einen tiefen Schatten über das Gemüt meiner Mutter. Ein blass schimmerndes Licht kam sanft durch die dünnen weißen Vorhänge hindurch und hellte das Krankenzimmer auf. Das Kopfteil vom Bett meiner Mutter war zum Sitzen aufgerichtet, um ihre schwindende Hoffnung und ihren entkräfteten Körper zu unterstützen. Zwischen den Laken und Decken viel sie kaum auf ... verblichen und von der Schwere ihrer Krankheit erdrückt.

Als ich mir meine Tante so ansah, sorgte ich mich um sie, *So hast du dir das bestimmt nicht vorgestellt, oder?*

Katheter steckten im Hals und im linken Arm meiner Mutter, um ihr Schmerzmittel und Nährstoffe durch die zum Zerreißen dünne Haut zuzuführen. Es machte mich aggressiv, *Dagegen kommen deine Nostalgie und Sentimentalitäten auch nicht an, Ella. Oder?*

Ella wich zurück und ließ Mama in ein Bett des Schweigens hinuntergleiten. Meine Mutter, die für einen kurzen Moment den unnachgiebigen Auswirkungen von Zeit und Krankheit endlich zu entkommen schien, sank zurück in ihren Kissenberg wie ein gefallener Engel durch dicke Wolken.

Auf dem Nachhauseweg wechselten Ella und ich kaum ein Wort. Ich schaute in den Rückspiegel, richtete mich ein wenig auf und grübelte, welche Kontaktlinsen-Farbe mir wohl am besten stehen könnte. Letzen Endes hatten Ella und ich aber etwas gemeinsam, mehr als unsere dunkelbraunen Augen. Etwas anderes als die zermürbende Gewissheit, dass keiner von uns wusste, ob wir Mama jemals wiedersehen würden. Mit einem weiteren Blick in den Rückspiegel stellte ich fest, dass hier zwei afroamerikanische Frauen in meinem Auto unterwegs waren.

# 4. Sag mir wann

Nachdem meine Mutter erkrankte, driftete ich ziellos durch die Gegend. Egal wie oft ich mich davonstahl um einen klaren Kopf zu bekommen, egal wie oft ich in mein Auto stieg um zu vergessen, wer ich war und welches Leben zu Hause auf mich wartete ... ein überwältigendes gnadenloses Gefühl der Angst folgte mir auf Schritt und Tritt.

Es gab so viele Dinge, die ich einfach nicht hören wollte. Sachen, an die ich mich nicht erinnern wollte, Dinge, von denen niemand etwas wissen sollte und die ich um jeden Preis vergessen wollte.

Ich kam mir vor, wie eine Verräterin. Ich konnte meiner eigenen Mutter nicht in die Augen sehen, sie nicht einmal umarmen, ohne mich gleich befangen zu fühlen. Die Erinnerung an meinen Verrat plagte uns beide und war eine meterdicke Schlucht zwischen uns, die uns permanent voneinander trennte. Der Definition nach, beinhaltet ein „Judaskuss“ immer das Element eines absichtlichen und geplanten Verrates. Es ist ein gewollter Vertrauensbruch der verschiedene Formen annehmen kann, wie etwa die Übergabe eines vertrauten Schutz-Suchenden in feindliches Territorium. Oder wenn sich jemand, der einem nahe steht, in einer brenzligen Lage befindet, und man ihn oder sie schlicht und einfach auf sich gestellt zurücklässt. Deswegen ist es vermutlich eins der Dinge auf dieser Welt, die nur schwer zu vergeben sind. Je tiefer unser anfängliches Vertrauen und je höher unsere Wertschätzung für die Person, desto schmerzlicher wird der Verrat und die darauf folgende Distanz wird umso größer. Ich wusste nicht, wie ich diesen riesigen Graben zwischen uns überwinden könnte; wusste nicht, ob sie sich auch wünschte, dass alles zwischen uns wieder würde, wie es vorher einmal war. Die Schuld, die ich seit dem 11. September 2001 fühlte, wurde ich einfach nicht los.

Meine Lieblingsmomente, die wir in unseren letzten gemeinsamen Jahren zusammen verbrachten, waren die kalten verregneten Wintertage, an denen wir direkt vor der Heizung in der Küche saßen. Der Zigarettenrauch verfing sich unter der Dachschräge und spann, nur für einen flüchtigen Moment lang, ein Luftschloss aus Trost und Schutz. Wenn es stark genug regnete oder stürmte, hörten wir gelegentlich, wie eine der braunen, Bananen-förmigen Hülsenfrüchte, aus dem Johannisbrotbaum vor unserem Haus, durch die Äste rauschte und auf den Betonboden knallte. Sie klangen wie kleine Bücher, die jemandem aus der Tasche fielen und genau auf ihrem Rücken landeten. Wenn ich gerade vor dem Haus stand und mir eine der Früchte vor die Füße plumpste, hörte man sogar, wie die dicken Samen bei ihrem Aufprall gegen die bereits tote Haut der Bohnen klickten und klackten.

Oma Klara hatten den Brunnen, der einst vor unserem Haus gestanden hatte, kurz nachdem sie unser Grundstück gekauft hatte, zuschütten lassen. Mein älterer Bruder und ich debattierten oft stundenlang mit ihr, dass sie den Brunnen wieder aufdecken sollte. Und wenn sie schon mal dabei war, auch gleich einen Sandkasten dazusetzen und Platz für einen Rasen und Blumen schaffen.

Als kleines Mädchen sehnte ich mich nach einem eigenen Garten. Mein Herz machte immer einen kleinen Sprung wenn meine Mutter mich mitnahm, um sich um den Garten einer Freundin zu kümmern. Leider, kam das nur selten vor. Dafür ging ich regelmäßig mit Omi zum Friedhof, um frische Blumen zu pflanzen und die kleinen Buchsbaumsträucher zu stutzen. Omi hatte bereits eine Schwester, zwei Brüder, eine Großnichte, drei Ehemänner und die ein oder andere Trümmerfrau überlebt – zu tun gab es also immer was. Mir machte es nichts aus, dass ich auf den

Gräbern anderer Leute rumbuddelte – Hauptsache ich hatte etwas zu begießen, zu schnippeln, zu kehren und den Geruch frischer Erde. Omi war bestimmt froh, eine quirlige Begleitung zu haben, die sie nach getaner Arbeit wieder mit nach Hause nehmen konnte.

Wir schafften es nicht, sie dazu zu überreden, den Brunnen aufzudecken, aber glücklicherweise gab es einen Sandkasten, der so nahe gelegen war, dass Mama uns vom Küchenfenster aus sehen oder zumindest hören konnte. Die Nähe des Sandkastens entkräftete unsere ansonsten bestimmt sehr plausible Argumentation Omi gegenüber.

Aber der Sandkasten wurde zu dem Ort, an dem M.J. und ich unsere engsten Kindheitsfreunde kennlernen sollten. Sehr zum Ärger meines Bruders, bedeutete dies, dass wir dieselben Freunde hatten: Wesley, Sven und Ingo. Wesley war deutsch-britisch, Sven war deutsch-belgisch und Ingo war „nur" deutsch. M.J. und ich waren nur 14 Monate auseinander und gingen zur gleichen Schule – wenn auch in unterschiedliche Klassen. Zu seinem Leidwesen kam hinzu, dass viele der Mädchen, die ich kannte, mir zu prinzessinnenhaft waren und ich es vorzog, draußen mit den Jungs herumzubalgen. Die Barbies, die ich hatte, hatten nur eine Berufung, nämlich in ihrem roten Ferrari durch die Gegend zu rasen – und nicht etwa, in einer pompösen weißen Kutsche spazieren zu fahren.

Unsere Freundschaften hatten aber auch etwas mit Bequemlichkeit zu tun. Alle Mädchen wohnten auf der anderen Seite der Hauptstraße, die sich durch unser Dorf zog, und niemand von uns Kindern hatte die Erlaubnis, alleine über die Straße zu gehen – abgesehen von Sven, der direkt am Zebrastreifen wohnte und sich als Einziger manchmal dazu breitschlagen ließ, mit dem Ferrari zu spielen. Zusammen heckten wir alle ständig etwas aus – was auch gelegentlich mit einem spontanen Aufenthalt in der Ambulanz verbunden war. Wir kletterten über jeden Zaun in der

Nachbarschaft und erkundeten einmal sogar die Luftschächte eines nahegelegenen Parkhauses. Aber keinem von uns wäre es im Traum eingefallen, die Hauptstraße zu überqueren.

Mama passte immer auf, dass wir alle im Laufe des Tages genug zu essen hatten und kümmerte sich um die kleineren Kratzer und Prellungen, die zum draußen Spielen einfach mit dazugehörten. Oft zuckte meine Mutter dann mit den Schultern und meinte, «Wo gehobelt wird, fallen Späne.» Oder wie wir Amis sagen würden, „*You have to break an egg to make an omelet.*" Wer ein Omelett möchte, muss zuerst die Eier zerbrechen.

Mama wurde schnell zu unserer Komplizin – ein wichtiger Teil unseres „A-Teams". Ich glaube sie fand Freude an den Freiheiten, die wir als Kinder bei ihr genossen. Aus eigenen Kindertagen kannte sie so etwas jedenfalls nicht. Viele Eltern drillen ihre Kinder darauf, einmal viel zu erreichen, irgendwann einmal Sportskanone oder Topmodel zu werden, um durch die Erfolge ihres Nachwuchses verpasste Chancen nachzuleben. Mama machte im Grunde genommen das Gleiche, indem sie uns „vogelfrei" herum laufen ließ.

Daran änderte sich auch dann nichts, als wir älter wurden und ein paar Grenzen vermutlich gut gebraucht hätten. Wenn ich zu Hause blieb, weil mir der Sinn danach stand mit ihr während der Schulzeit in der Küche zu sitzen, war sie später so nett und schrieb mir eine Entschuldigung. In einem Jahr hatte ich so viele Stunden verpasst, dass ich fast das Schuljahr wiederholen musste, aber da war meine Mutter bereits krank.

Bis sie mit meinem kleinen Bruder, Lucas, schwanger war, arbeitete sie in der *Klinik am Malerwinkel*. Es gab viele dieser Rehakliniken und Physiotherapiezentren in unserem Heimatdorf – Bad Sassendorf war als Kurort bekannt.

Als die Krankenversicherungen Zuzahlungen für Patienten einführten, blieben mehr und mehr Gäste aus und letztlich entschied sich das Management dazu, die Klink in ein Heim für betreutes Wohnen umzubauen. Nach Lucas' Geburt, Anfang der 90er, war meine Mutter Alleinerziehende dreier Kinder und schien ihren Weg nicht mehr in die Arbeitswelt zurückzufinden.

Sie arbeitete kurzfristig als Schwester für einen Pflegedienst und als Nachtschwester im Kinderheim. Zwar war sie aus ihrer Liebe zu Kindern heraus Krankenschwester geworden, wusste aber nicht damit umzugehen, wenn Besserung außer Sichtweite und der Tod unausweichlich schien. Das schränkte die Auswahl eines möglichen Arbeitsplatzes weiter ein. Nachdem sie den Malerwinkel verließ, sollten die Dinge nicht mehr zur Normalität oder zu dem, was wir als solches betrachteten, zurückkehren. Wir waren auf Omis Erspartes und die Einnahmen aus der Verpachtung der Apotheke angewiesen.

Manchmal fragte ich meine Mutter um Rat, was meine Beziehungen anging, «Meinst du, *er* ist der Richtige für mich? Er ist doch total toll, findest du nicht?» Aber was ich wirklich gebraucht hätte, wären Antworten auf Fragen gewesen, von denen ich nicht wusste sie je gefragt zu haben. Die ich mich nicht erinnern konnte sie gefragt zu haben ... Was waren ihre Erwartungen an mich, ihre Erfahrungen im Leben, Ideale und Ansichten? Was malte sie sich aus, was ich mal als Erwachsene machen würde, wie ich aussehen würde? Welche Dinge bereute sie gemacht, oder auch nicht gemacht zu haben? Woher hatte sie diese Narben? Wer hatte ihr so etwas angetan? Wann? Wo? Warum? Und war jemand „total toll“ wirklich Grund genug vom Heiraten zu schwärmen?

Ich habe sie all das nicht gefragt und sie ist von selbst nicht damit herausgerückt. Alles kam immer wieder auf einen simplen und doch nur schwer umzusetzenden Punkt zurück: «Du kannst machen was du willst», sagte sie oft, «so lange es dich glücklich macht.»

An genau dieser Stelle hätte ich in mich gehen und herausfinden können, was genau mich glücklich machte, oder mal erreichen wollte. Aber nachdem sie krank wurde, war das alles woran ich dachte. Wir wussten vermutlich beide insgeheim, dass Träume bedeutungslos sind, wenn die Person, die man am Meisten liebt, nicht da sein wird, um ihr „Wahrhaftigwerden“ zu feiern. Ich weiß nicht, wessen Herz in diesen Tage mehr wehtat.

In den 70er Jahren, bevor meine Mutter meinen Vater traf, wollte sie Ärztin werden. Aber als sie Michael Senior traf, entschied sie sich anders. Sie heiratete ihn als sie 26 Jahre alt war. Eine „Mischehe“ in Deutschland, nach dem Zweiten Weltkrieg, runzelte auch Mitte der 70er noch so mancher die Stirn in Bad Sassendorf und Soest.

Ursula (von Freunden, Cousinen und Omi „Ulla“ oder „Ulle“ genannt), die Metzgerstochter, verbrachte die Jahre ihrer frühesten Kindheit in einem katholischen Internat. Die Nonnen versagten scheinbar vollkommen, wenn es darum ging, auch nur eine einzige liebevolle Erinnerung für meine Mutter zu schaffen. Stattdessen trugen sie dazu bei, dass Mama abgeschlossene Türen hasste wie die Pest. Zu blöd, dass geschlossene Türen genau das waren, was wir als Teenager verlangten. Oft schrie sie meinen Bruder und mich dann an, «Ich hab euch doch gesagt, ihr sollt nicht ständig diese verdammten Türen abschließen!»

Omi Klara, ihre Mutter, wurde direkt nach dem Zweiten Weltkrieg (ich glaube, 1950) zur Schützenkönigin von Bad Sassendorf ernannt. Nur fünf Jahre nach so einem Krieg, würde ich mir denken, dass Schüsse jeglicher Art das absolut Letzte waren, was ich nach Kriegsende hören wollte. Aber vielleicht gab es den Leuten ein Gefühl der Normalität – schließlich gab es Schützenfeste schon seit hunderten von Jahren. Mit einem starken deutschen Akzent sagte Omi uns manchmal, «*Zee show must go on.*» Die Show musste weitergehen.

Mein Opa Franz, Omis zweiter Mann, starb in einem Autounfall kurz vor dem sechsten Geburtstag meiner Mutter. Es musste ein schlimmer Unfall gewesen sein, denn angeblich erzählte man sich noch Jahre später davon. Alles was ich wirklich sicher weiß, ist, dass nicht viel von dem dunkelblauen Mercedes meines Opas übrig geblieben war. Franz war sofort gestorben.

Der Beifahrer, Großvaters bester Freund, verpflichtete sich, das Geschäft im Erdgeschoss zu pachten und machte es zu seiner Apotheke. Die gibt es heute immer noch.

Omi, die mit mir zusammen losfahren wollte, um mein erstes Auto auszusuchen, trichterte mir ein, «Ich hab dir doch gesagt, du sollst dir heute gar nicht erst ein blaues Auto ansehen.» Sie knallte die Tür ihres schwarzen BWS' hinter sich zu. «Sowas kaufe ich nicht. Das bringt Unglück!»

Mamas Jahr als Au-pair in London passte nicht so recht in ihre traditionelle, eher triste Kindheit. Doch selbst ihr Auslandsaufenthalt wurde nicht so glamourös, wie sie es sich vielleicht gewünscht hatte und wenn man sie nach ihren Erlebnissen dort fragte, schloss sie sich in zwei knappen Sätzen kurz. Entweder antwortete sie, «Nicht so toll» oder «Ich mochte die Kinder, kam aber nicht mit ihrer Familie zurecht.»

Als Mama meinen Dad heiratete, diente er noch in der US Army. Er war in Echtrop stationiert. Die Kaserne lag in der Nähe vom Möhnesee – dem Stausee, an dem meiner Oma ihr geliebter Amethyst-Anhänger entrissen worden war. Im Zweiten Weltkrieg gelangte die Möhne aufgrund der „*Operation Chastise*" zu schmählichem Ruhm. In der Nacht vom 16. auf den 17. Mai 1943 feuerten britische Bomber der 617. Staffel der *Royal Air Force* eine ihrer brandneu erfundenen „Humpty-Dumpty" Rollbomben auf den Staudamm. In jener Nacht wurden fünf weitere Staumauern im heutigen Nordrhein-Westfalen und Hessen unter *Operation Chastise* bombadiert. Die Briten hatten bereits mehrmals vergeblich versucht, die Dämme aus strategischen Gründen zu zerstören und einen für die deutsche Rüstung verheerenden Schlag zu liefern. Aber erst die revolutionäre Humpty-Dumpty-Bombe vermochte es, den gewünschten Schaden anzurichten. Sie tänzelte erst übers Wasser, wich dabei den Torpedonetzen aus, die zum Schutz der

Staumauer installiert worden waren, und detonierte nach ihrem Absinken auf zehn Meter unterhalb der Wasseroberfläche mit solcher Wucht, dass sie ein 76 mal 20 Meter großes Loch in die Mauer riss. Die britischen Soldaten, die an dieser militärischen Operation beteiligt waren, wurden später als „The Dam Busters" bekannt. Jene Soldaten, die den ausgeführten Angriff überlebten, wurden für ihren Einsatz vom König ausgezeichnet. Die 617. Staffel existiert heute noch unter dem gleichen Namen, mit dem Motto „Après moi le déluge" – nach mir die Sintflut.

Mehr als 1500 Menschen starben in jener Nacht. Die Flutwelle, die der Explosion folgte, machte dutzende von Fabriken, die an der Waffenherstellung beteiligt waren und hunderte von Häusern die ebenfalls unterhalb des Staudamms lagen, dem Erdboden gleich. Hunderte russischer Frauen, die dort in Arbeitercamps festgehalten wurden, sanken in ein feuchtes Grab hinab.

Operation Todt, benannt nach dem Nazi Fritz Todt, der hauptverantwortlich für die Ausbreitung der Autobahn war, widmete sich sofort dem Wiederaufbau der Staumauer – natürlich mit Hilfe von Zwangsarbeitern, die von dem Projekt Atlantikwall abgezogen wurden. Wenn heute der Wasserstand des Stausees während der heißeren Sommermonate besonders tief fällt, kann man eine Kirchturmspitze aus dem See emporstechen sehen.

Meine Mutter erwähnte nichts von offenen Anfeindungen und von Vorurteilen, die ihr entgegengebracht wurden als sie meinen Dad zu sich nach Hause brachte. Ich bin mir allerdings sicher, dass die meisten Einwohner Bad Sassendorfs noch nie einen „leibhaftigen" Afroamerikaner gesehen hatten. Um die Sache noch interessanter zu machen, gehörte er zum fremden Militär ...
Es dauerte nicht lange und mein Dad brachte meine Mutter in sein „Königreich" in Chicago, das nur darauf wartete von ihr erkundet zu werden. Ich erinnere mich gut an ihr Hochzeitsbild: Dad sah cool aus, in seinem schwarzen Smoking mit Schlaghose, Pilotenbrille und kurz gehaltenem „Afro". Auf dem Bild steht

er hinter meiner Mutter, hat seine Hände um ihre Taille gelegt. Mama trug ein langes, weißes, enger anliegendes Kleid mit leichten Trompetenärmeln und dazu einen großen weißen Hut.

Meiner Mutter stand der Sinn immer nach Abenteuer, Reisen, anderen Kulturen, neuen Sprachen, fremden Kochrezepten und Kunst – vor allem Gemälde, Architektur und Musik. Ich kann mir lebhaft vorstellen, dass sie nur allzu gern die Gelegenheit beim Schopf gepackt hat und mit meinem Dad, dem Mann den sie liebte, eine Reise nach Übersee anzutreten, um dort ein neues Leben aufzubauen. Sie muss sich so gefreut haben als sie zusammen in ihr Haus in Bolingbrook, Illinois, zogen um voller Euphorie eine gemeinsame Zukunft in Angriff zu nehmen. Nachdem sie ihr ganzes Leben lang Einzelkind gewesen war, hatte Mama nun eine riesige Familie, war umgeben von den sieben Geschwistern meines Vaters, ihrer Schwiegermutter und hatte nun einen überwiegend afroamerikanischen Freundeskreis.

„Das Land der unbegrenzten Möglichkeiten“ wurde nach wenigen Monaten schon zu einem Fluch. Mein Dad wurde spielsüchtig und setzte dabei, im wahrsten Sinne des Wortes, immer auf das falsche Pferd. Meine Mutter blieb lange an seiner Seite – trotz der Sucht und allem anderen Drama. Sie erlitt eine Fehlgeburt; 1979 wurde dann mein Bruder M.J. geboren. 14 Monate später, 1981, erblickte ich das gleißende Licht der City of Chicago. Pünktlich für einen historischen Blizzard Winter mit eisigen Windtemperaturen von bis zu -43°C. Kurz vor meinem ersten Geburtstag hatte meine Mutter, Dank der Probleme meines Vaters, wieder einmal keine Milch mehr für uns im Kühlschrank und der Entschluss nach Deutschland zurückzukehren war damit für sie besiegelt. Mein Dad kam auch mit und wir zogen alle bei Omi ein.

Weitere neun Jahre später reichte meine Mutter die Scheidung ein. Mein Bruder M.J. und ich staunten eines Tages nicht schlecht, als wir nach der Schule nach Hause kamen und unser Dad einfach verschwunden war. Das war irgendwann zwischen 1990 und

1991. Ich weiß nicht, wie das bei M.J. war, aber ich hatte nichts davon mitbekommen, dass sich unsere Eltern stritten. Es gab keine Warnung, kein „Auf Wiedersehen", und bald darauf keine Spur mehr von ihm. Dad packte einfach irgendwann seine sieben Sachen und machte sich aus dem Staub als wir im Unterricht saßen. Bis dahin waren M.J. und ich es gewohnt, dass sich Dad, wenn er nach der Arbeit nach Hause kam, in sein kleines Arbeitszimmer einschloss, um für die Prüfung zum Elektriker zu büffeln. Er kam nur dann zum Vorschein wenn M.J. und ich uns stritten oder zu laut sangen und spielten. «Musst du wirklich überall wo du gehst und stehst summen und singen!», fuhr er mich einmal an.

Wie jedes Kind, konnte ich nicht wirklich etwas dagegen tun, wie ich nun einmal war. So wie Dad halt auch manchmal nichts für das konnte, was er tat ... Manchmal holte er dann seinen Gürtel aus dem Schrank, nahm ihn doppelt und zog ihn stramm bis das Leder laut in der Luft knallte bevor es auf unseren „unartigen" Hinterteilen widerhallte. Mamas Job war es, unsere vier Buchstaben anschließend mit kalten Waschlappen zu kühlen bis die roten Striemen verblassten.

M.J. bekam den Gürtel öfter ab als ich, weil er lauter und tollpatschiger war. Ich kann mich noch bildhaft an einen bestimmten Samstagmorgen erinnern: Wie an den meisten Wochenenden, gab es frische Brötchen von unserer Lieblingsbäckerei. Obwohl M.J. schon ein paar Brötchen vertilgt hatte, schlug er Dads Warnungen, sich nicht zu überfressen, in den Wind und aß mein Frühstück gleich mit auf. Wir hatten noch unsere Schlafanzüge an, als ich zu meinem Dad marschierte, um meinen Bruder zu verpetzen. Dad ging hoch wie eine Rakete und stauchte meinen Bruder zusammen, «Hab ich dir nicht gesagt, du sollst dich nicht vollstopfen?»

Schnell versteckte ich mich hinter unserem Hochbett, sah von dort aus mit an, wie M.J. die Tracht Prügel seines Lebens bekam. Die linke Schulter seines babyblauen Frottee-Schlafanzugs und sein weißes Unterhemd bekamen dabei einen Riss.

«Papa, ist schon gut», flüsterte ich. «Ich will das dumme Brötchen gar nicht mehr haben.»

Mein Bruder schaute mich vorwurfsvoll an. Krokodilstränen strömten ihm aus den Augen und schlängelten sich um seine kleinen dunklen Muttermale. Dad stopfte mit der einen Hand Brot in M.J.'s Mund, und mit der anderen drückte er seine Wangen zusammen bis er aussah wie ein verwirrter Kugelfisch, der nicht wusste, ob er sich aufblasen sollte oder nicht, ob er an Land oder noch im Wasser war.

In den 80ern nahm Omi uns mit auf ihren Sommerurlaub in Bayern. Jeden Morgen rief man uns wenn es Zeit war, für das deftige Frühstück herunter zu kommen. Das Gasthaus gehörte zu einem großflächigen Bauernhof. Es gab Kühe, die frische Milch zu jeder Mahlzeit garantierten. M.J. und ich machten große Augen als die riesigen Krüge warmer Milch direkt vor unserer Nase auf den Tisch gestellt wurden.

«Igitt, Mama. Was ist denn das fürn ekliges Zeug, was da oben auf der Milch schwimmt?», platzte es laut aus meinem Bruder heraus.

Seine Augenbrauen bewegten sich aufeinander zu wie wissbegierige Raupen. Ich verschränkte meine Arme und stellte klar, «Ich trink' das nur, wenn du das wegmachst, Mama!»

«Ihr seid mir vielleicht zwei ... », Mama schüttelte nur lächelnd ihren Kopf.

Die frische Wurst und Brötchen mit hausgemachter Marmelade und Nutella waren allerdings sehr wohl nach unserem Geschmack. Als wir satt waren, ging es in den Wald, zum Wandern und um zu lernen wie man zwischen Bienen, Wespen und Hornissen unterscheidet und wie man sich vor Zecken vorsehen musste. Bis zu diesem Sommer hatte ich immer angenommen, dass die grässlichsten Kreaturen Deutschlands eklige, schwarze, dicke, knapp vier Zentimeter breite Spinnen waren. Normalerweise störten sie uns auch nur dann, wenn wir nach einem schweren Regenfall mal wieder Wasser im Keller hatten. Wie sich herausstellen sollte, war auch das in Bayern anders: Eines Morgens, ich hatte kaum meine Augen geöffnet und wollte mir gerade die Zähne putzen gehen, versetze mich etwas in Panik, das weitaus schlimmer war, als angedickte Milch. Ich schrie wie am Spieß bis die ganze Familie mir zur Hilfe eilte, «Ahhhhh! Papaaa!»

Eine Handteller-große, orange-gelb-schwarze, haarige, langbeinige Spinne saß mitten in unserem Waschbecken. Eigentlich hatte Dad nie ein Problem damit gehabt, irgendwelches Ungeziefer, das uns piesackte ohne weiteres platt zu machen. Aber dieses Mal schien er verunsichert, als wüsste er nicht genau, was er mit diesem hässlichen, uns unbekannten Viech anstellen sollte.

«Ist das eine Tarantel?», zitterte meine Stimme.

«Ja, Papa, ist das eine Tarantel?», sprang M.J. auf und ab.

Dad, der es besser wusste, schubste die Spinne nach links, nahm den Stöpsel aus der Spüle und versuchte sie den Abfluss herunter zu spülen. Das klappte aber nicht. Stattdessen, musste er die Spinne regelrecht in das Rohr stopfen.

Ich staunte, «Wow, Papa! Du hast sie wie einen Schirm zusammengeklappt.»

Das ist eine der letzten Kindheitserinnerungen, die ich mit meinem Dad habe. Einige Jahre später ließen sich meine Eltern wie gesagt scheiden. Meine Mutter heiratete nie wieder. Sie hatte aber nochmal eine Beziehung und aus der ging mein kleiner Bruder Lucas hervor. Sein Vater verließ meine Mutter, als sie ihm sagte, dass sie schwanger war. Danach gab es nur Mama, Omi, Lucas, M.J. und mich.

Als unsere Versorgerin und Matriarchin glaubte Omi unumstößlich an *Quid pro quo* – an auf Gegenleistung beruhende Leistungen. Ohne Omi hätte es keine Ferien, kein Haus, geschweige denn einen BMW in der Garage gegeben. Sie wollte nie einen Cent, besser gesagt Pfennig zurück, machte es aber deutlich, dass sie den größten Respekt, Dankbarkeit und immer das letzte Wort im Gegenzug für ihre Unterstützung erwartete. Die Dynamik, die sich daraus entwickelte, brachte meine Mutter langsam, aber sicher, auf die Palme – und als ich älter wurde, folgte ich in ihren Fußstapfen.

Als Mama krank wurde, musste sie angefangen haben zu ahnen, dass sie ohne Omis Hilfe nicht weit kommen würde. Mamas Zündschnur wurde mit jedem Tag etwas kürzer und das Verhältnis zwischen Omi und ihr immer angespannter. Ich nehme an, es war 1997 als meine Mutter auf ihren ersten Nervenzusammenbruch zusteuerte.

Nachts hörte ich ihre Schritte auf dem Küchenboden ... das Aufprallen ihrer Schlappen auf den grau-blauen Küchenfliesen. Unsere zwei weißen Katzen, Lucky und Strike, bettelten meist um Aufmerksamkeit und Futter. Über ihr Miauen hinweg, konnte ich jedes Mal hören, wie die Luft aus dem von Krallen gelöcherten Sitzkissen wich wenn Mama sich hinsetzte. Ich musste nicht im gleichen Zimmer sein um den Ablauf genau zu kennen. Ich hörte, wie eine brandneue Packung Zigaretten ausgepackt und das silberne Stück Folie herausgerissen wurde. Das Knirschen des Feuerzeugs, um eine Kerze oder noch eine Zigarette anzuzünden. Der Geruch nach heißem Wachs und Tabak fand seinen Weg zur Küche hinaus, den Flur entlang und unter meiner Schlafzimmertür hindurch.

Ich hasste es so sehr, im Dunkeln zu schlafen, dass mir das schwache Schimmern der Klavierlampe im Flur in so mancher Nacht Trost spenden musste. Wenn M.J. nicht zu Hause war, fühlte ich mich sicher genug, die Tür einen Spalt offen zu lassen.

Lucas schlich sich fast jede Nacht zu Mama ins Bett. Falls sie mal ihre Ruhe brauchte, schickte sie ihn grummelnd nach unten zu Omi, «Heute Abend nicht, Lucas. Du musst wirklich langsam lernen in deinem eigenen Bett zu schlafen.»

Ich hörte, wie sich unsere Wohnungstür schloss, gefolgt vom dumpfen Geräusch seiner die Marmortreppe hinunterstolpernden Füße. Er dachte nicht im Traum daran, das gleiche Spielchen bei mir zu versuchen.

Als Teenager hatte ich kein Mitgefühl für einen Fünfjährigen, der abends nicht in seinem Bett bleiben wollte. Vor allem dann, wenn er wie Lucas zu viel Platz einnahm und seine Beine und Arme austreckte, wie ein Seestern, der sich auf einem sonnigen Felsen räkelt. Wenn Mama vor dem Schlafengehen noch Lesen wollte, musste sie, nachdem er eingeschlafen war auf Zehenspitzen in die Küche schleichen.

Sie liebte Bücher. Deswegen hab ich mir auch erst gar nichts dabei gedacht, als sie anfing, abends stundenlang zu lesen. Der gewohnte Rhythmus ihrer hart-verdienten-aber-schwer-einzulösenden ruhigen Momente wandelte sich schnell zum Raumklang ihrer Schlaflosigkeit. Dieser Klang kam mit dem Geräusch des leicht erkennbaren Knisterns sehr dünner Seiten; meine Mutter hatte angefangen die Bibel zu lesen.

Trotz meiner traditionell katholischen Erziehung verstand ich nicht, welchen Nutzen sie darin sah. Eine persönliche Beziehung zur Bibel zu haben, schien weder mir, noch sonst jemandem, den ich damals kannte, besonders wichtig zu sein.

Meine Mutter hatte die Vorbereitungskurse für die Kommunions- und Firmungskurse beider Jahrgänge, dem von meinem Bruder und von mir, unterrichtet. Vermutlich nicht zuletzt deswegen, machte ich mir anfänglich keine Sorgen, dass sich Mama ausgerechnet dieses Buch als nächtliche Begleitlektüre ausgesucht hatte. Bis dahin dachte ich, die Einzigen, die „würdig" waren, die in der Bibel geschriebenen Worte zu lesen und fähig waren sie zu verstehen, nur unser hustender, prustender Pastor und vielleicht seine Ältesten waren. Zumindest schien es impliziert, da jeder ein neues *Hymnenbuch*, anstelle einer Bibel, zur Erstkommunion bekam. Beide hätten bei mir wahrscheinlich gleich viel Staub angesammelt.

Von Neugier getrieben, gesellte ich mich schon bald zu meiner Mutter unter die Schräge in unserer kleinen Küche dazu. Ich zündete eine Zigarette an und machte es mir gemütlich. Ich wollte wissen, was sie Nacht für Nacht wach hielt und an den Küchentisch fesselte. Manches Mal saß sie immer noch dort, wenn ich morgens um vier aus einer Bar oder einem Club nach Hause kam. Mit 14 fing ich an mit älteren Freundinnen wegzugehen und mit 16 schenkte mir eine von ihnen Kippen zum Geburtstag. Lucky und Strike, unsere Katzen, waren die Einzigen, die ihren Schlaf bekamen. Ich rutschte mehr und mehr in ihre dunkle Welt, ohne zu ahnen, dass ein Teil von mir dort gefangen bleiben würde – und das für den Rest ihres Lebens und etwas darüber hinaus.

Wer hätte gedacht, dass die Worte, die sie Spalte um Spalte und Nacht um Nacht schrieb, zu einer dünnblättrigen, gold-umrahmten These für eine vollkommen verrückte Idee werden würden. Die Nächte schienen nie dunkler als die, in denen sie anfing ihre Gedanken mit mir zu teilen, «Siehst du, jetzt macht alles Sinn. Meinem Zyklus nach, hätte ich auf gar keinen Fall schwanger werden können. Ich glaube, dein Bruder ist die Wiederkunft des Herrn.»

«Was redest Du da», kicherte ich.

Meine Mutter versicherte mir, «Doch! Doch, es macht alles Sinn ... genau wie bei Maria. Sie hätte genauso wenig schwanger werden können wie ich. Es ist ein Wunder.»

«Wieso denn das? Versteh ich nich´. Du hattest doch ’nen Freund, Mama.»

«Ich sage die Wahrheit. Schau’ mal hier.»

Sie zeigte mir ganze Passagen, die sie in der Bibel markiert hatte. Sie beharrte, «Die Bibel sagt, Jesus würde für seine Kirche zurückkommen ... das muss einfach Lucas sein.»

«Ha! Mama, das macht überhaupt keinen–»

«–Schh, wart’s nur ab.»

An manchen Nächten schmierte meine Mutter Wachs an die Fenster in unserer Wohnung. Zuerst vermutete ich, «Hat bestimmt eine unserer Katzen eine Kerze umgeschubst.»

Irgendwann sprach ich meine Mutter darauf an, weil es regelmäßig passierte, worauf sie antwortete, «Nee, das war ich. Jesus hat mir gesagt, ich soll das machen.»

Diese Überzeugung kam bestimmt von dem gleichen Fleckchen, wie die Entscheidung eines Nachts auf unserer Dachterrasse in einem Spielzelt zu übernachten. Es war eiskalt und die Wände vom Zelt meines Bruders leuchteten rot und orange wie ein kleines Iglo – das Licht kam von Lucas' St. Martins Laterne, die Mama mit ins Zelt genommen hatte. Als ich auf die Dachterrasse ging, überrumpelte mich die Erkenntnis, dass sich meine Mutter weder für die Kälte, noch für die offene Flamme im Stoffzelt zu interessieren schien. Ich bedrängte sie, «Du steckst dich noch in Brand, Mama. Warum kommst du nicht rein?»

«Keine Sorge. Gestern ... also ... letzte Nacht ... da hab ich unten direkt vor unserem Haus gezeltet. Ich weiß, was ich mache.»

«Nie im Leben, ich hätte dich doch raus gehen hören. Das hast du dir doch nur ausgedacht.»

Sie neigte ihren Kopf zur Seite und summte leise vor sich hin, als gäbe es auf der ganzen Welt keine Sorgen.

Der Gedanke allein war mir so peinlich, dass ich rot wurde. Ich konnte was sie sagte nicht einfach so stehen lassen und fragte sie, «Hat dich gestern jemand gesehen?»

«Ich glaub' nicht ... Wieso?»

«Ich verstehe einfach nicht, was mit dir los ist. Wieso gehst du im Nachthemd nach draußen wie eine Verrü–»

«–Sag das bloß nicht! Du wirst schon sehen, dass ich Recht habe. Lucas und ich müssen nur noch auf Josef warten.»

«Ach, Mann! Sag mal, geht's noch?»

«Ich habe letzte Nacht mit meiner Laterne im Park nach ihm gesucht.»

Momente wie diese verschlugen mir die Sprache. Ich konnte meine Mutter nicht einfach auslachen, konnte sie von nichts anderem überzeugen, noch konnte ich mir eingestehen, dass meine Mutter ernsthafte Probleme hatte. Stattdessen, bemühte ich mich, in dem, was sie sagte, Wahrheit zu finden. Sie zeigte mir die Bibelstellen, die sie eingekreist hatte, zusammen mit ungeordneten Notizen und versuchte mir die Zusammenhänge zwischen der Bibel und dem, was sie in den letzten Jahren durchlebt hatte zu erklären, «Siehst du? Genau dort steht es doch.»

Letzen Endes gab ich nach, «Naja, vielleicht hast du ja irgendwie Recht.»

Sie vertraute mir, ihrer auserwählten Komplizin, ihre gut behüteten Geheimnisse an. *Beep. Beeeep, Beep, Beeeep.* Der Timer am Küchenradio piepte und piepte bis ich aufwachte. Es war mitten in der Nacht als ich mich zu meiner Mutter gesellte. Der Raum war bereits voller Zigarettenqualm, der wie gewohnt unter der tiefen Schräge waberte, bevor er sich durch das mit Wachs „dekorierte“ Fenster nach draußen schlängelte.

«Wie lange bist du schon wach? Hast du überhaupt geschlafen?», wollte ich wissen, bekam aber keine Antwort.

Der Kerzenschein warf tiefe Schatten auf das Gesicht meiner Mutter, ihre hohen Wangenknochen und ihre Augen, die sie auf den Timer gerichtet hielt. Ich fragte so neutral wie möglich, «Was ist denn mit dem Radio heute Abend los?»

«Ich warte ... schhh», flüsterte sie mir zu, ohne ihre Aufregung dabei verstecken zu können, «Es ist fast soweit.»

«Ach, ja? Und worauf warten wir?»

«Darauf, dass Omi stirbt», sagte sie ohne mich anzusehen und fuhr fort, «Oh, Mann. Wir sind echt in Schwierigkeiten gewesen ... der Antichrist war die ganze Zeit direkt vor unserer Nase.»

Ich setzte mich langsam hin und sagte leise, mehr zu mir selbst, «Das wird wieder eine lange Nacht.»

Beep. Beep. Beep.

«Kannst du das vielleicht mal für einen Moment sein lassen, Mama?“

«Klar. Kein Problem. Ich hab's grad eh richtig eingestellt. Siehst du? Genau auf 06:06:06.»

«Warum denn das?»

«Die ganzen Jahre war ich auf sie angewiesen, aber jetzt wo Josef kommt, um mich und Lucas zu holen, wird endlich alles gut.»

«Aber was hat Omi denn mit der ganzen Sache zu tun?»

«Na, der ist für sie.»

«Wer jetzt?»

«Na, der Timer» , lächelte sie, «Dann wirst du mir endlich glauben.»

Meine Augen wanderten zwischen meiner Mutter und der Uhr hin und her. Währenddessen überlegte ich, welches das kleinere von zwei Übeln sei, um schnellsten wieder aus der Nummer rauszukommen, *Vielleicht ist das alles nur ein böser Traum und ich wache einfach auf, wenn der Alarm losgeht.* Ich war wie festgefroren, saß einfach in meinem Stuhl und befürchtete das Schlimmste, *Wird sie Omi was antun? Stirbt sie wirklich?*

Minuten verstrichen, ohne dass einer von uns beiden auch nur ein Wort gesagt hätte. Sie summte vor sich hin und mein ganzer Körper zuckte jedes Mal zusammen, sobald sie nur den kleinen Finger rührte. *Soll ich die Polizei rufen? Was soll ich denen denn sagen? „Hi, meine Mama ist verrückt und ich glaube sie bringt gleich meine Oma um, weil sie glaubt, sie sei der Antichrist. Danach wird sie sich meinen Bruder schnappen, der ja eigentlich Jesus ist, und brennt dann zusammen mit Josef durch. Mich und meinen anderen Bruder, der mich vielleicht auch irgendwann mal aus Versehen umbringt, lässt sie dann einfach hier.* "

Mit dem Untergang von Omi nur wenige Sekunden entfernt, also in etwa gegen 06:06:00, erklärte Mama – alias „Mutter Maria" – die ganze Aktion für gecancelt. Sie löschte den Timer und zündete ohne ein weiteres Wort eine Zigarette an.

Kurz vor Sonnenaufgang schreckte mich etwas aus dem Schlaf und ich schrie, «Mama!»

Ich saß senkrecht im Bett, kämpfte mit dem Bettlaken, schlug panisch um mich und tastete die Wand entlang auf der Suche nach dem Lichtschalter.

Plötzlich steckte meine Mutter ihren Kopf zur Tür herein und fragte, «Alles okay?»

Nie zu vor hatte ich solche Angst verspürt. Kalter Schweiß tropfte mir vom Gesicht auf meine Brust während ich stammelte, «Ich hab's gesehen. Vor ein paar Sekunden war es noch hier, ich schwör es dir! Es sah aus wie ein Drache, ein schwarzer Drache mit roten Augen. Er ... er ... er schwebte über Omis Bett! Genau hier! Genau unter meinem Zimmer! Aber dann hat er bemerkt, dass ich zuschaute und ging auf mich los. Er kam einfach durch die Decke!»

Meine Mutter jubelte, «Siehst du? Alles wird wahr! Ich hab doch gesagt, dass ich nicht die Verrückte bin!»

Einen Moment später hörte ich, wie die Luft aus dem Stuhlkissen in der Küche wich, gefolgt vom Knirschen eines bockigen Feuerzeugs, das mich in eine profunde Dunkelheit stürzte – tiefer als die, die ich in meinem Albtraum erlebt hatte. Ich erinnere mich, wie ich anfing zu zweifeln, «Vielleicht bin ich tatsächlich diejenige, die verrückt ist, und sie hatte die ganze Zeit Recht.»

Ich sprach ein paar ihrer Freundinnen und Omi darauf an, ob sie irgendwelche Veränderungen an Mama bemerkt hätten. Wochen verstrichen bevor ich den Mut aufbrachte, ihnen endlich zu sagen, warum ich überhaupt solche Fragen stellte, aber niemand glaubte mir. Renate, eine langjährige Freundin meiner Mutter, bemerkte dann doch etwas und bat ihren Hausarzt inständig vorbeizukommen, um sich Mama näher anzusehen. Der Arzt gab ihr ein paar Pillen, um ihr zu helfen Ruhe und Schlaf zu finden. Für eine kleine Weile hoffte ich, alles würde besser und vielleicht hätte ich das auch weiterhin getan, hätte ich nicht zufällig ihre Pillen im Mülleimer entdeckt, «Das ist doch echt nicht dein Ernst ...»

Ein paar Tage später erzählte mir Renate, dass man Mama dabei gesehen hatte, wie sie nachts im Kurpark umherlief, «Die Leute haben gesagt, sie war noch nicht mal richtig angezogen.»
Von da an glaubte sie mir, was ich ihr, Omi und allen anderen schon die ganze Zeit zu erklären versucht hatte. Renate sah mich mit ihren hübschen blauen Augen an, «Es tut mir wirklich leid. Ich dachte, sie ist nur erschöpft.»

Die Maske, die meine Mutter bei Tag trug, fing zwar langsam an zu bröckeln, aber ganz so leicht ließ sie sich dann doch nicht in die Karten schauen. Elendig lange Wochen des Versteckspiels folgten, fruchtlose Besuche von Freunden und Hausbesuche von Therapeuten. Irgendwann platze mir der Kragen, «Dir ist schon klar, dass dich Leute im Kurpark gesehen haben, ja? In deinem scheiß Nachthemd?»

«Oh, das glaub ich gern», wiegelte sie ab, «Ich bin ja nicht unsichtbar. Ich wollte zu Josefs Haus, aber dann dachte ich mir, es ist besser ich komm zurück–»

«– Ach ja? Dachtest du?»

«Ja, um das Auto zu holen.»

«Das Auto? Wofür brauchtest du denn das Auto?»

«Tja, mir fiel auf, dass sein Haus zu weit weg ist. Aber ich musste mich doch um seine Frau kümmern.»

«Wieso? Ist sie krank? Wovon redest du?»

«Josef! Maria musste ihn doch auch nicht mit jemandem teilen. Also bin ich hingefahren, um die Sache endgültig zu erledigen.»

Was ich hörte verschlug mir die Sprache. Ich traute mich nicht, zu fragen, was sie genau damit meinte. Wie sich herausstellte, brauchte ich das gar nicht. Sie sagte mir mit einem Lächeln, «Mach dir keine Sorgen, Mücke. Gott hat mir gesagt, ich soll das nicht machen. Er sagte er wird die Heilige Familie ohne meine Hilfe wieder zusammenbringen.»

Bis zu diesem Zeitpunkt hoffte ich, betete vielleicht sogar, dass es Mama von alleine besser gehen würde und sich das Problem in Luft auflöste. Für eine kleine Weile hingen das Leben und die Vernunft in der Schwebe – wie ein Tennisball, der, vor dem Aufschlag in die Luft geworfen, auf seinen höchsten Punkt zusteuert und im Begriff ist, wieder nach unten zu stürzen. Und obwohl ich bereit war, einige Monate in jenem Moment zu verweilen, wurde mir schließlich bewusst, dass ich keine Kontrolle darüber hatte, wo der Tennisball runterkommen würde. Ich stand unter extremen Zugzwang und machte das, was mir nötig erschien.

«Mama? Hast du Lust auf einen Ausflug?» tastete ich mich langsam vor.

«Was denn für 'nen Ausflug?»

«Also, ich glaube es gibt jemanden, der uns mit den Dingen, die du mir beibringen wolltest, behilflich sein kann.»

«Ach, ja?»

«Ja, er glaubt, ähnliche Ideen schon mal gehört zu haben.»

«Echt ... na, guck mal einer an.»

«Hast du Lust?»

Sie schien den Köder links liegen zu lassen, also bedrängte ich sie, «Ich verstehe ja, dass du und Josef zusammen gehört, aber ich hab' keine Ahnung wie ich das anstellen soll. Dieser Typ allerdings schon! Was meinst du?»

«Na, klar hab' ich dazu Lust.»

«Gut! Pack mal lieber ein paar Sachen zusammen, okay? Wer weiß, wie lange der Ausflug dauern wird ... Ich muss mal eben telefonieren.»

Ich wartete bis sie in ihrem Zimmer verschwand und schnappte mir das Telefon, «Ja! Renate, ich bin's. Ich glaube wir kriegen das hin. Kannst du bitte mit uns kommen? Ich möchte das jetzt lieber nicht alleine machen.»

Ungefähr 20 Minuten später fuhr Mamas Freundin in einem Taxi vor; keiner von uns beiden hatte einen Führerschein. Unsere Gesichter sprachen Bände, *Wenn sie was merkt, ist die Hölle los!*

Die Stadt Eickelborn war zum Synonym für die dort ansässige geschlossen Anstalt geworden – also in etwa wie die Betty Ford Klinik für David Hasselhoff und „Kuckucksnest“ für Jack Nicholson. Die Klinikgebäude waren aus braunem Ziegel und einige Stockwerke hoch, wenn ich mich richtig erinnere. Der Bereich für gefährliche und kriminelle Patienten, war von einem unbezwingbarem Plexiglaszaun umgeben.

Während unserer knapp halbstündigen Taxifahrt zur Klinik redete ich mit meiner Mutter darüber, wie sich ihre Theorien nun bald bewahrheiten würden, um sie trotz der Straßenschilder und den Schildern an den Türen der Klinik bei Laune zu halten. Irgendwann bemerkte sie aber doch, wohin wir sie gebracht hatten. Sie machte auf ihrem Absatz kehrt und sagte nur, «Ich geh’ wieder.»

Die dicken Sicherheitsglastüren hinter uns – die mich mit ihren Drähten an unsere Haustür erinnerten – blieben verschlossen, egal wie sehr sie daran rüttelte und an der Klinke zog. Plötzlich nahm die Situation eine Eigendynamik an: Bevor ich mich versah, schleppten zwei Wärter eine fluchende, schreiende und um sich tretende Ursula bei den Armen und Schultern in einen kleinen Raum. Die Pfleger hielten sie fest, fixierten sie auf einer Liege und gaben ihr etwas zur Beruhigung. Währenddessen wurden die Wärter und Pfleger mit allen nur erdenklichen Schimpfwörtern bombardiert – es war mir vorher unvorstellbar gewesen, diese Worte je aus dem Mund meiner Mutter kommen zu hören. Ich wandte mein Gesicht ab.

Ich erinnere mich nur verschwommen daran, was danach passierte ... wie die Sicherheitsglastür dann doch für Renate und mich aufging ... wie ich mit dem Taxi wieder nach Hause fuhr. Als ich ein paar Tage später zurückkehrte, um mit den Ärzten zu reden, sagten sie mir, man hätte keine Auffälligkeiten am Verhalten meiner Mutter feststellen können. Sie meinten, «Sie zeigt lediglich Anzeichen starker Erschöpfung, sonst nichts.»

Ich fühlte mich, als hatte ich versagt. Ich bettelte, «Sie spielt Ihnen etwas vor – allen von Ihnen. Sie ist Krankenschwester. Sie weiß genau, was sie sagen darf und was nicht, und Sie schicken sie einfach nach Hause?»

Einige Wochen später ließ ich meine Mutter erneut einweisen. Dieses Mal bat ich meinen damaligen Freund, mit dem ich schon mehrere Jahre zusammen war, uns zu einer Klinik zu fahren, die angeblich gründlicher war. Die Klinik behielt sie etwas länger da, aber die ganze Sache entwickelte sich schnell zu einer einzigen Farce. Nach zwei fehlgeschlagenen Versuchen hatte ich kein Ass mehr im Ärmel und Mama setzte sich wieder an unseren Küchentisch. Oft kam mir der Gedanke, *Gott, wenn es dich wirklich gibt, warum erlaubst du dann so einen Schwachsinn? Warum tust du nichts, um uns zu helfen?*

Für den Rest ihres Lebens hörte ich nicht damit auf, jedes Wort meiner Mutter genau unter die Lupe zu nehmen. Ich war immer auf der Hut nach irgendwelchen Ungereimtheiten, die möglicherweise einen weiteren „Schwächeanfall" signalisierten. Das einzige Mal, dass Mama und ich über das, was vorgefallen war sprachen, war der Tag an dem sie nach ihrem zweiten Klinikaufenthalt heim kam. Mit jedem Schritt zu unserer Wohnung hinauf, mit jeder Treppenstufe, verblasste ihr Lächeln etwas mehr – meins vermutlich auch. Als sie fast oben angelangt war, bemerkte ich, wie jeder Muskel in ihrem Körper angespannt schien. Es sah aus, als würde sie geradezu die Marmortreppen hinaufgleiten, wie ein Geist, und sie verkündete karg, «Ich vertrau' dir nie wieder!»

Ab und zu saßen wir noch auf eine Zigarette zusammen in der Küche, aber selten spät abends. Als bei ihr Krebs diagnostiziert wurde, war alles vorbei. Gelegentlich redeten wir miteinander, aber wir wussten beide, dass ich sie betrogen hatte. Ich verstand nicht, was ihr letztlich genau wiederfahren war – genau so wenig wie ich weiß, ob sie jemals wieder geistig ganz gesund wurde. Ich wusste nicht, ob sie noch die gleichen Phantasien hegte und pflegte, jedoch vorzog, sie für sich zu behalten. Jesus kam nie wieder vor, auch Josef nicht, und ihr Verhältnis zu Omi wurde wieder zu dem, was es immer gewesen war. Ich hatte keinen Grund zu der Annahme, dass meine Mutter mir für das, was ich ihr angetan hatte, vergeben könnte – egal, wie sehr ich es mir auch wünschte. Falls ich mir das überhaupt wirklich wünschte ... Die Dinge waren auf einmal so kompliziert zwischen Mama und mir. Immer wenn ich versuchte, meine Gedanken zu entwirren, wurde das bienenartige Summen unter meiner Glaskuppel so laut, dass ich fast umher schaute, um zu sehen, ob es nicht doch echt war.

*

Der 11. September 2001 kam also. Mehrere Jahre Krebs, nicht diagnostizierte Verrücktheit und totale Ungewissheit nach zahlreichen OPs und Chemotherapie hatten uns alle emotional ausgelaugt. Meine Mutter aß und trank nicht mehr viel, konnte nichts bei sich behalten und die glühenden Nikotinmomente, die wir einst zusammen genossen, waren strengstens verboten. Damit fielen die morgendlichen Stunden in der Küche mit meiner Mutter auch weg – es gab kein Morgen mehr.

Der Weg den Flur hinunter bis zum (Wohn-) Zimmer meiner Mutter war an diesem Tag wie der Weg zum elektrischen Stuhl. Ich versuchte meinen Kurs beizubehalten, *Du kannst das! Du musst es können. Es ist Zeit.* Das wilde Flackern, das vom Fernseher kam, gewann meine Aufmerksamkeit für einen Moment. Ich erinnere mich genau, wie ich dachte, *Komisch. Mama guckt doch eigentlich keine Actionfilme ... vor allem um diese Uhrzeit.* Als ich sah, wie ein Flugzeug in einen riesigen Wolkenkratzer in den USA knallte, wunderte ich mich, *Sie mag solche Filme doch gar nicht.* Ich beachtete den Bildschirm nicht weiter, wunderte mich jedoch, *Soll das New York sein? Das ist bestimmt irgendein simuliertes Szenario. Sowas passiert doch nicht ...*

In diesem Stadium ihrer Krankheit verbrachte meine Mutter das, was von ihrem Leben übrig war, im Bett – schlafend oder vom Morphin benebelt, döste sie vor sich hin. Die regelmäßigen Besuche ihres Hausarztes waren seltene Lichtblicke. Er versprach zwar, die nicht von allein enden wollenden Höllenqualen zu lindern, konnte dies aber nur zulasten weiterer Schmerzen, die nämlich eine dicke Nadel verursachte. Der sterile Stahl und der durchdringende Schmerz waren Mamas einzig gültige Währung im Austausch für vorübergehende Erleichterung – teuer kalkulierte Augenblicke der Erholung! Meine Mutter sehnte sich diesen kurzweiligen Frieden herbei und schloss ihn fest in ihre Arme – egal wie bald sie wieder loslassen müsste.

Im Vergleich zu den Visiten ihres Hausarztes, nahm die Freude meiner Mutter über die Besuche der ambulanten Schwestern stetig ab. Sie waren lärmende Eindringlinge, die kamen, um unser Haus zu überfallen, das intravenöse „Abendessen" meiner Mutter vorzubereiten und ihren Venenzugang sauber zu halten. Mama jedoch, wollte einfach in Ruhe gelassen werde.

Ich selbst hatte auch nicht viel für die Schwestern übrig. Nicht nur weil sie uns an die Endgültigkeit von Mamas Krankheit erinnerten, sondern auch, weil sie einmal eine schwere Infektion ausgelöst hatten. Meine Mutter fing sich dadurch einen Pilz ein, der sich quasi unterhalb ihrer Haut durch ihr ganzes Venennetz ausbreitete. (Der Definition nach ist ein Pilz ein Organismus, der seine Nahrung extern verarbeitet und die nahrhaften Moleküle in seine Zellen hinein absorbiert. Ziemlich ekelig, so etwas unter seiner Haut wuchern zu haben, oder?) Mamas Körper hatte unvorhergesehenen zusätzlichen Krankheiten nichts entgegen zu setzen. Es war das gleiche Krankenhaus, wo sie in den späten 60er Jahren zur Schwesternschule gegangen war und wo Lucas geboren wurde.

Mama hatte eine kleine Box mit kleinen Andenken, Dingen die ihr wichtig waren. Ich erinnere mich an Schwarzweißbilder von ihr, als Schwesternschülerin, und an ihre mit blauer Tinte sorgfältig geschriebenen Einträge. Damals strahlte sie nur so vor Energie und Leben. Sie liebte Musik, Tanzen und Menschen kennenzulernen.

Die Mutter, die ich kannte, schirmten die Ärzte wie eine seltene zarte Blume unter einem seltsam aussehenden, durchsichtigen Plastikzelt auf der Intensivstation ab. In meinem Herzen wünschte ich mir so sehr, dass man sie wieder aufpäppeln könnte, aber das war inzwischen mehr als unwahrscheinlich geworden. Die Ärzte waren sich ziemlich sicher, dass eine der ambulanten Pflegerinnen die Entzündung ausgelöst hatte, als sie ihren *Golden Retriever* in unser Haus brachte. Ich hätte jener Dame dafür am liebsten so richtig ins Gesicht geboxt. *Nicht ohne Grund hatten wir Lucky und Strike vor Mamas ersten großen OP abgeben müssen!* Ich kochte innerlich. *Und jetzt das!?*

Ich begnügte mich damit, mir wie „Ally McBeal“ vorzustellen, was ich der Pflegerin und ihrem Hund als Revanche alles antun könnte. In Gedanken trat ich beiden so heftig in den Hintern, dass sie beide zum Fenster unserer Dachwohnung hinausflogen – samt Hundeleine und ihren ganzen Taschen, voller Nadeln und Tupfern. Das bedeutet aber nicht etwa, dass ich meine Mutter besser verstand als die Pflegerinnen. Denn sie meinte nur, «Aber ich hab sie doch darum gebeten.»

Vielleicht hätte mir das ein Hinweis sein sollen, aber mit meinem halbwüchsigen Verstand kapierte ich nicht mehr viel. Ich ahnte nicht, was meine Mutter schon längst wusste. Ich saß nicht im gleichen Boot wie sie. Ich war nicht wie sie. Ich hatte noch nicht erkannt, dass die Dinge, die zu unserem täglichen Leben gehörten, langfristig keine Bedeutung mehr hatten. Nichts machte noch einen Unterschied. Keine Hunde, keine Katzen, keine Venenzugänge, keine heimlich gerauchten Zigaretten und nicht einmal die unglaubliche Geschichte von zwei Flugzeugen, die in amerikanische Wolkenkratzer gelenkt wurden, die dann in Flammen aufgingen, kollabierten und unschuldiges Leben tausendfach unter sich begruben.

Ich zögerte und meine Augen wanderten hin und her zwischen dem dunklen Rauch, der aus den Hochhäusern im Fernseher strömte und meiner Mutter, die auf der anderen Seite des Zimmers in ihrem im Bett lag. Ich hielt meinen Atem an und lauschte, ob ich den ihren hören konnte. Leise seufzend wunderte ich mich, *Wie es sich wohl anfühlt, wenn man nichts mehr machen kann?*

Die einzigen Leute, die meine Mutter um sich haben wollte, waren wir Kinder, vielleicht ein oder zwei Freundinnen, die ihren Weg bis zum Ende mitgingen. Ich sehnte mich nach Einblick, *Was siehst du in deinen Träumen, Mama? An welche Orte ziehst du dich zurück und wer trifft dich dort?*

Leider habe ich sie das nie gefragt. Unser Haus hatte sich langsam, aber drastisch, verändert. Es fehlte jedes kleinste bisschen Trost und Behaglichkeit und es war nun ein Haus totaler Gebrochenheit. Das Sonnenlicht schien durch die großzügigen Dachterrassenfenster ins Zimmer, aber auch das konnte Mama nicht mehr aufheitern. Nichts konnte dies erreichen. Manchmal bat sie mich oder Lucas, uns zu ihr zu legen, sie warm zu halten oder ihr sanft über die Wange zu streicheln. Sie liebte es so zu kuscheln. Ich dagegen gar nicht. Ich näherte mich leise ihrem Bett, als Schuldgefühle in mir hochkamen. Es fühlte sich an, als waren all meine kleinen Gedächtniszellen vollgestopft mit winzigen Mementos, die ihre Krankheit schrittweise belegten. Ich erinnerte mich an den vollkommen unsensiblen Chirurgen, der Mamas Lebertransplantation durchführte und versuchte, den Krebs, der bereits durch ihren ganzen Körper gestreut hatte, zu entfernen. Er hatte zu ihr gesagt, «Sie haben Glück, liebe Frau Hollenbeck, wenn sie das erste Jahr nach der OP überhaupt überleben.»

Meine Mutter war danach so aufgebracht, dass ihre Reaktion, getränkt von Angst und Wut mit einer Prise Verzweiflung und sarkastischem Unglauben heraussprudelte, «Das werden wir ja noch sehen! Was für ein abgebrühter Arsch.»

Zusammen mit ihrem Misstrauen mir gegenüber, vergrößerte dieser komplizierte Gefühlscocktail, der sich durch die Hiobsbotschaft zusammengebraut hatte, die Distanz zwischen uns auf tausende Kilometer. Wie eine Sintflut drohte dieser Cocktail über uns hereinzustürzen. Ich wusste, dass ich nichts tun konnte, um mir die Navigation durch die Fluten zu erleichtern. Auch konnte ich meiner Mutter nicht dabei helfen, diesen bitteren Trank runterzuschlucken. *Ich* schaffte es nicht einmal, einen derart schweren Kelch zu heben.

Ich ging einen weiteren Schritt auf ihr Bett zu und erinnerte mich, wie sehr Mama vor ihrer großen OP darum bemüht gewesen war, ein wenig Übergewicht anzulegen. Als der Tag endlich kam, lächelte sie und prahlte, «Ich habe gut zugelegt. Das letzte Mal, als ich so schwer war, war ich mit Lucas schwanger. Damit komm' ich locker übern Berg.»

In der Zwischenzeit drückte ihr jeder, der von ihr wusste und sich um sie sorgte, die Daumen. Unglücklicherweise, blieb das Karzinom zu lange unentdeckt und der Bauchspeicheldrüsenkrebs hatte sich ungehindert und unbemerkt unsagbar schnell ausgebreitet. Einige Monate oder vielleicht ein Jahr nach den schlechten Neuigkeiten, waren unsere Gebete endlich erhört worden – und die eines anderen versagt: Ein Mann, der die gleiche Blutgruppe wie meine Mutter hatte, verlor nach einem Motorradunfall sein Leben und meine Mutter bekam eine zweite Chance.

Es war ihre Angewohnheit, kleine Notizen auf unserem Küchentisch liegenzulassen, um uns Kindern zu sagen, wo sie hingegangen war. In der Nacht, in der Mamas Ärzte sie „anpiepsten", war das auch nicht anders. Datum, Uhrzeit und ein kurzer Satz: «Ich bin ganz ruhig.»

Ich bewunderte ihren Mut, konnte aber beim besten Willen nicht nachvollziehen, was es bedeutete, mitten in der Nacht allein in den Kampf ums Überleben zu ziehen. Die neue Leber wurde verpflanzt, ihre Bauchspeicheldrüse, sowie 75 Prozent ihres Magens und mehr als ein Viertel ihres Darms entfernt. Zahllose Blutbilder und Untersuchungen folgten und sie lebte von da an wie eine Diabetikerin.

Mit dem Fortschreiten ihrer Krankheit, liefen ihr bereits Tränen in die Augen wenn sie eine Nadel nur vom Weiten sah. Immer wenn sich meine Mutter bewusste wurde, dass sie keine Kraft mehr hatte, sich den Schwestern und Ärzten oder ihrem Schicksal weiter zu widersetzen, musste ich mitansehen, wie sich eine Träne stumm aus ihrem Augenwinkel stahl.

Trotz der Schmerzen und des Unwohlseins, wollte sie immer für uns da sein. Ungefähr vier Jahre lang kämpfte meine Mutter gegen ihren eigenen Verstand und fremde Stimmen, gegen Krebs und rang um mehr Zeit – Tage, Sekunden, die sie mit denen, die sie liebte verbringen könnte. Als sie zu Beginn in den Kampf zog, war sie bis auf die Zähne mit Hoffnung bewaffnet – nicht mehr und nicht weniger. Doch die besten Wünsche und Gebete änderten ihr Schicksal nicht.

Als ich an jenem Septembertag vor ihrem Bett stand, fing ich langsam an zu begreifen, wie sehr sich die Dinge doch geändert hatten, wie keiner von uns mehr so war, wie wir einst gewesen waren. Die Besuche ihre Freundinnen wurden seltener. An den schlimmsten Tagen waren Lucas und ich für jeden Umstand, der uns aus dem Haus lockte und anderswo beschäftigte, dankbar. Omi war ganz plötzlich, vor einem Monat, verstorben und M.J. war ausgezogen. Lucas verbrachte viel Zeit bei seinen Freunden. Ich zog jeden Botengang in die Länge. Mamas zustand verschlechterte sich nun fast täglich und bei 1,65m wog sie vielleicht gerade mal 38kg. Ihre neue Leber hätte vielleicht etwas kleiner sein sollen. Sie drückte von unten gegen ihren Bauch, wölbte sich, wie eine Miniklagemauer aus Fleisch und Blut, in Gedenken an einen namenlosen Fremden, der sie ihr vermacht hatte.

Meine Augen blieben auf Mamas kleinen Buckel fixiert und ich rechtfertigte mich innerlich, *Mann, glaub es mir! Als du deinen Unfall hattest, hab ich schon längst nicht mehr an Gott geglaubt und mir keine Mühe mehr gemacht mit ihm zu reden. Außerdem warst du bestimmt sofort tot – kein schlechter Deal.*

Als ich meine Mutter so ansah, ergriff mich die Panik, *Verdammt! Ich mache gleich ihren schlimmsten Albtraum wahr. Scheiße, Scheiße, Scheiße! Was für eine beschissene Scheiße. Und ich sag', ich hab sie lieb…*

Mit meinem 20-jährigen Verstand verglich ich meine Situation damit, wie man sich fühlt, wenn man kurz davor ist, mit jemandem Schluss zu machen, obwohl man eigentlich noch Gefühle für den anderen hat. Ungefähr so, als würde man jemandem im selben Atemzug sagen, dass man ihn liebe und er zur Hölle gehen solle. Danach bleibt einem nichts als abzuwarten, wie die Person reagiert. So gesehen, ist das Schlussmachen dem Verrat sehr ähnlich: Zwei Identitäten werden permanent beeinflusst und man legt die Weichen der Person, die man einst liebte (und aller derer, die sie irgendwann einmal treffen werden) für immer neu – alles nur aufgrund ein paar Worte, denen man erlaubt hat rauszurutschen.

Und wie bei jedem dramatischen Schlussmach-Event, kommen einem die wieder und wieder erprobten Worte und zurechtgelegten Taktiken, die dem anderen die Neuigkeiten beibringen sollen, alle total lächerlich vor. Letztlich entschied ich mich aber doch für eine von ihnen, «Mama, wie fändest du's eigentlich, in das Hospiz zu ziehen, von dem du neulich erzählt hast? Ich bin mal hingefahren, um es mir anzusehen und–»

«Nein!», heulte sie auf. Sie brach in Tränen aus und flehte mich an, «Schick mich nicht weg! Bitte schick mich nicht weg! Noch nicht!»

Wie ein unbeholfenes Kind, das gerade aus Versehen das beste Geschirr zerbrochen hat, verstand ich nicht wie extrem meine gerade gestellte Frage war – bis es zu spät war. Meine Mutter in ein Hospiz zu schicken, verstand ich als die logische Abfolge eines Sterbeprozesses eines jeden kranken Menschen. Es leuchtete mir nicht ein, was es meist bedeutet, wenn man die Schwelle zum Hospiz erst überschreitet. Daher hatte ich nicht mit einem derartigen Gefühlsausbruch von ihr gerechnet und kannte nur eine Alternative, die ich selbst nicht wollte, *Ich kann mich nicht mehr um dich und alles andere kümmern. Ich kann nicht mehr.* Auch mir liefen nun die Tränen übers Gesicht.

Ich wollte ihr vorhalten, wie meine Verzweiflung nach vier endlos scheinenden Jahren des Leidens daheim ins Unermessliche gewachsen war. Ich wollte ihr vorwerfen, dass sie zu viel für mich war ... wie sehr ich spürte, dass Zeit und Sorgen tiefe Spuren hinterließen, wie ein Pflug, der tiefe Furchen in verwunschene Erde riss.

Ich versprach ihr, dass es mir leid tat und dass ich das Thema nicht mehr anschneiden würde. Ich gab auf, «Vergiss es einfach.»

Das war das erste Mal, das ich mir wünschte, ich könnte ihren Platz einnehmen. Auf meinem Weg aus dem Zimmer hinaus hörte ich, wie eine Fernsehreporterin berichtete, «Ein zweites Flugzeug ist vom Kurs abgekommen und scheint sich nun ebenfalls auf das World Trade Center zuzubewegen.»

Ich stand in der Wohnzimmertür und drückte mit beiden Fäusten – eine links, eine rechts – gegen den stählernen Türrahmen und presste einen stimmlosen Schrei aus meinen Lungen. Mama gab auch keinen Pieps mehr von sich. Nur die Stimme der Reporterin, die die Katastrophe kommentierte war zu hören. Ich hatte nicht den Mut, zurückzugehen und die Dinge zwischen uns in Ordnung zu bringen. Was gab es jetzt noch zu sagen?

Ein paar Tage später starb meine Mutter. Wie für Millionen von anderen Menschen auf der ganzen Welt, sollte das Leben nach dem 11. September für mich nie wieder dasselbe sein. Die Welt hatte sich für immer verändert. Gebäude waren innerhalb von Sekunden dem Erdboden gleichgemacht worden und Leben vernichtet – unseres war da keine Ausnahme.

# 5. Verluste

Meine damals beste Freundin Sabrina und ich unterhielten uns ausgiebigst am Telefon – ich hatte ja keine Ahnung, dass Mama schon tot sein würde, wenn ich das nächste Mal ein Gespräch entgegen nahm.

«Ich fahr morgen früh los», gähnte ich müde in den Hörer. Schon im Morgengrauen wollte ich aufbrechen. «Ich glaube die Fahrt ins Krankenhaus wird mir helfen den Kopf etwas freizukriegen.»

Sabrina und ich kannten uns schon seit dem Kindergarten. Die Nähe zueinander nahm über die Jahre regelmäßig zu oder ab; sie war lange eine der wenigen Konstanten in meinem Leben gewesen. Wir konnten monatelang nicht miteinander reden, ohne dass etwas vorgefallen wäre, bis eine von uns beiden schließlich den anderen anrief und wir gleich da weitermachten, wo wir stehengeblieben waren. Ich stakste eine Weile wie ein Gondoliere durch meine Gedanken, bevor ich ein regelrecht gigantisch anmutendes Risiko einging: «Sabrina, ich wünschte mir, es wäre bald vorbei ...» Ich paddelte etwas zurück, «oder, dass es irgendwie besser wird, weißt du? Die letzten vier Jahre fühlen sich an wie eine Ewigkeit.»

In der vorigen Nacht machte ich im Krankenhaus den Fehler, einer Fremden gegenüber eine ähnlich Bemerkung gemacht zu haben und das war gar nicht gut angekommen. Ich verließ Mamas Zimmer, um mir ein Getränk aus dem Automaten zu holen, als eine Frau versuchte mich in ein Gespräch zu verwickeln. Vollkommen unbedacht gab ich zu, «Ich wünschte mir, es wäre alles vorbei.»

«Was? Wie können Sie nur so etwas sagen» platzte es aus einer anderen Frau, die in Hörweite stand, heraus. Die Werbung auf den zwei oder drei Getränkeautomaten erleuchtete das Foyer und färbte den Boden unter meinen Füßen in ein Blassblau und in ein minimal hoffnungsvolles Grün. Ich fühlte mich auf frischer Tat ertappt und die Empörung der Frau ließ mich rot anlaufen. Ich bereute, so offen über das, was ich mir bislang scheinbar insgeheim gewünscht hatte, gesprochen zu haben.

Ich protestierte, «Was wissen Sie denn schon davon?»

Schnell griff ich nach der Dose Cola Light, die mit einem Knall in das Ausgabefach gefallen war, und eilte wortlos zurück zum Fahrstuhl. Als ich mich wieder ans Bett meiner Mutter setzte, schämte ich mich so sehr, dass ich stillschweigend zugab, *Zum Glück hast du das gerade nicht gehört.*

Irgendwie, nahm ich an, hätte Sie mich aber doch verstanden. Ich war seit 35 Stunden im Krankenhaus und Mamas Gesundheit hatte begonnen steil den Bach runterzugehen, ohne Aussicht auf Besserung. Ihre Gedanken und Emotionen ähnelten meinen also vielleicht.

Wieder zu Hause angekommen, schlief ich so tief wie jemand der gerade den „Ironman“ hinter sich gebracht hatte. Ich empfand kein überwältigendes Gefühl der Erfüllung, von dem ich annahm, dass es die Wettbewerber dies normalerweise spürten. Mein Überleben der Tortur interessierte mich nicht und nach Feiern stand mir ganz sicher nicht der Sinn. Ich wünschte mir, nie wieder aufwachen zu müssen.

Ich tat es jedoch irgendwann und starrte an die Decke über meinem Bett in meiner kleinen L-förmigen Einzimmerwohnung. Ich beabsichtigte nicht, auch nur einen Finger krumm zu machen und die Zeit stand still. Ich musterte die Raufasertapete und zählte die kleinen seltsamen Flecken, *Wenn jemand es schafft Tomatensauce an die Decke zu kriegen, dann M.J. ...*

Die meisten Menschen ritzen vielleicht mal ihren Namen in einen Baum, auf eine Parkbank oder initialisieren ihre erste große Liebe. Andere verschaffen ihrem Frust Luft, bekennen sich zu politischen Einstellungen, indem sie Wände besprühen und wieder andere vereinsamen so sehr, dass sie einfach gar nicht anders können, als einen verzweifelten unvermeidlich ungenügenden Existenzbeweis zu hinterlassen. M.J. hinterließ Flecken auf dem Teppich, der Decke, „geliehenen“ Klamotten – sogar auf den Seelen derer, dessen Leben er berührte.

... *Irgendwas stimmt nicht* ... Das Telefon klingelte. Ich ging ran ohne sagen zu können, wie lange es wohl bereits geklingelt hatte. Ich wusste, dass nichts Gutes aus diesem Gespräch kommen konnte, legte mir das Telefon ans Ohr und nach einem langen Seufzer sagte die Cousine meiner Mutter, «Es ist vorbei.»

«Ist sie noch einmal aufgewacht?», war alles was ich sofort wissen wollte.

«Sie hat einfach aufgehört zu atmen ... ich werde jetzt heimfahren. Ich rufe dich später an.»

Ich ließ das Telefon fallen und zog mir die Bettdecke über den Kopf wie ich es noch öfter tun würde, und auf einen Schlag verschwand alles um mich herum, jedes Fitzelchen eines normalen, nicht verrückten *Vorkrebszeitalters*. An dem gleichen Tag bekam ich später noch einen Anruf mit der Bitte, «Wir hätten gerne ihre Erlaubnis zur Autopsie.»

Ich hielt den Atem an.

«Der Fall Ihrer Mutter ist sehr interessant. Es würde uns und unseren Studenten eine Menge ...»

*Es interessiert mich einen Scheiß, was Sie wollen!* , schoss es mir durch den Kopf. Ich holte tief Luft ...

*

Mein Leben wurde zu einem Mienenfeld. Schmerzhafte Erinnerung versteckten sich praktisch überall und alles, aber auch wirklich alles, konnte sie ohne die geringste Vorwarnung auslösen. Mit jeder Explosion drängten sich Erinnerungen an die Zeit, die ich als kleines Mädchen mit meiner Mutter verbachte in den Vordergrund. Wie der Tag, an dem ich mit ihr vor dem Badezimmerspiegel stand: Unsere Augen trafen sich als sie gerade Mascara auftrug. Es schien, als hätte sie es einst in einem anderen Leben, von dem ich nie viel erfahren würde, schon hunderttausendmal gemacht. Mama schminkte sich nur selten. Falls doch, dann nur, weil sie zu einer Betriebsfeier eingeladen war. Das sanfte Licht, das von direkt über dem Spiegel kam, meinte es gut mit uns. Die mattierten Glühbirnen umgaben uns mit einem dünnen Lichtschleier, der uns eine vertraute, sichere, wenn gleich vergängliche, Welt schuf – nur für uns.

Ich liebte diese Momente, in denen ich sie und ihre ungeteilte Aufmerksamkeit für mich allein hatte. Es ließ mich vergessen, dass es noch andere Dinge gab, andere Geschwister, nach denen sie schon sehr bald sehen müsste. Wie es sich für die 80er Jahre gehörte, trug Mama einen schwarzen bestickten Jeansanzug mit gold-schimmernden Blumen auf ihrer linken Schulter. Die goldene Gürtelschnalle an ihrem schwarzen Ledergürtel war ein Löwenkopf. Ich verfolgte aufmerksam, wie meine Mutter ihre Wimpern, die ihre ultramarinblauen Augen umrahmten, dunkel einfärbte. (Ich hätte ihre Augen ohne zu zögern für meine eingetauscht.) Sie kämmte ihre blonden glatten Haare und wellte sie mit einem kleinen Lockenstab. Ich beneidete sie um ihre seidigen Wellen, die zugleich butterweich und vollends unerreichbar waren.

Ich genoss den leichten Geruch ihres pudrigen Make-ups und eines Spritzers ihres „Davidoff" Parfums, das noch lange nach dem Gutenachtsagen bei mir blieb. Wir hatten dafür ein kleines Ritual: Ich hüpfte unter meine Bettdecke, wenn Mama sie so weit wie möglich in die Luft warf, um sie dann wieder runtersegeln zu lassen und mich von Kinn bis Fuß damit zudeckte. Der Geruch von Weichspüler umhüllte mich und, wenn ich Glück hatte, waren die Laken noch warm vom Trockner. Ich konnte die Nivea Creme, die sie für ihre Lippen und Hände benutzte, auch riechen.

Als der Schmerz ihres Verlustes noch frisch war, drehte es mir bei diesen Erinnerungen an unsere gemeinsame Zeit den Magen um. Es brachte mich dazu, mich immer mehr an einen Ort zurückzuziehen, der gefühlsmäßig steril war, mich mit einem trügerischen Gefühl von Sicherheit verführte und, an einem der besseren Tage, mir fast ein Lächeln auf den Lippen erlaubte.

Je älter ich wurde, desto deutlicher wurde die Eile, die meine Mutter in dieser besagten Erinnerung zu haben schien und ich fragte mich, *Hat sie sich beeilt, weil sie es kaum erwarten konnte, aus dem Haus zu kommen, oder haben wir ihr nicht genug Zeit gelassen, sich fertig zu machen?*

Jahre später fand ich ein paar Fotos, die ein Wenig von diesem „vor-mütterlichen-Ich" – das ich zutiefst bedaure nie kennengelernt zu haben – eingefangen hatten. Auf einem der Bilder trägt sie einen regenbogenfarbenen gestreiften Bikini, der ihre „Twiggi" Figur betonte. Sie lehnt sich gegen den Holzbalken der Dachterrasse und schaut direkt meinen Vater an, der vermutlich hinter der Kamera steht. Ein anders Bild war bei den Niagarafällen aufgenommen worden. Mama war auf einen Weidenbaum geklettert und dreht sich direkt zur Kamera, während sie sich an einem der kleineren Äste über ihrem Kopf festhält. Der Wind umspielt sanft ihr „Manukahonig"-blondes Haar. Sie trägt Hotpants, eine ärmellose Bluse und Unbeugsamkeit in ihren Augen als würde sie meinem Dad sagen, «Die Sorgen dieser Welt? Stock und Stein, Baby. Stock und Stein.»

Die Ursula, die ich kannte, hasste es schwimmen zu gehen und begrüßte es sehr, als plötzlich wieder Badeanzüge mit längerem Bein im Kommen waren – lang genug, um die Narben an ihrem Gesäß fast vollständig zu verdecken. Ich fragte mich oft, wo sie die herhatte, aber wenn ich sie fragte, wich sie mir aus, «Lass uns über etwas anderes reden.»

Die Mutter die ich kannte, war von den verschiedenen Lotionen, Nagellacks und anderem Zeug, das einem Teenager wie mir gefiel, genervt. Sie sagte, all das nehme zu viel Platz in unserem kleinen Badezimmerschrank weg.

Für mich waren das nicht einfach nur Tuben und Fläschchen. Es waren kleine Trittsteine, von denen ich wünschte, dass sie mich einst zu einer attraktiveren Erwachsenen machen würden – selbst wenn meine Gebete für smaragdgrüne Augen unbeantwortet blieben.Ich hoffte, *Vielleicht kann ich eines Tages auch so hübsch aussehen, wie die anderen Mädchen am Foto-Tag*. Für Mama waren meine kleinen Schätze Hürden, im Rennen gegen die Zeit auf dem Weg zur Arbeit.

*

Eine kleine Weile nachdem meine Mutter verstorben war, fing ich an, ihre Sachen zusammen zu räumen. Ich weiß nicht, ob es für so etwas je den richtigen Zeitpunkt gibt. Wartet man zu lange, sieht es aus, als käme man mit dem Tod nicht zurecht und wolle das Geschehene verdrängen. Macht man es zu früh, wirkt es als wäre einem die Person, deren Sachen man nun für immer aus seinem Leben schafft, nicht wichtig gewesen oder als hätte man sich kurzer Hand dafür entschieden, dass Angriff immer noch die beste Verteidigung war ... um die Angelegenheit schnellst möglich zu verdrängen.
Alles im Wohnzimmer sah aus wie immer – mit Ausnahme von Mamas Bett, das von nun an leer blieb. Ich fand medizinisches Zubehör und kleine Fetzen Papier, die von kleinen Pflastern abgerissen worden waren, um damit den Tropf zu fixieren. Ich öffnete Mamas Kleiderschrank und ein Mix bekannter Gerüche entwich den Doppeltüren wie ein letzter Atemzug. Wochenlang hatte ich

nichts angerührt. Alles war noch da – von ihren T-Shirts, Hosen und Pullis bis hin zu ihren Nachthemden. Dasjenige, welches mir am besten gefiel, war hellgrau und pastellpink gestreift und hatte einen kleinen Seehund auf die linke Brusttasche gestickt. Wie oft es nach einer kräftezehrenden Nacht oder einem hektischen Morgen zum Einweichen in einem Eimer landete, werde ich genauso wenig vergessen, wie die Nacht, in der sie auf unserer Dachterrasse zeltete. Während ich durch ihre Hemden im Kleiderschrank ging, schloss ich, so viel wie möglich von Mama in meinem Herzen ein.

Ich fand ihre aschblonde Perücke, die mich total überrumpelte und nach Luft schnappen ließ. *Wow, wer hätte gedacht, dass du dich noch irgendwo versteckst?*

Trotz ihrer Schwäche nach der Chemo, fuhren Mama und ich die 24 Kilometer zu einem Geschäft, das angeblich die authentischsten Perücken in unserer Gegend verkaufte. Ich glaube nicht, dass meine Mutter die Perücke mehr als ein- oder zweimal getragen hat. Als sie sich einmal gerade für ein Event in Lucas' Kindergarten fertig machte, war sie so sehr davon frustriert, dass sie leidenschaftlich fluchte, «Scheiße, Scheiße, Scheiße!»

Sie zog ihre Baseballkappe vor. Ich werde nie den Schnappschuss vergessen, der bei dem Event von ihr geknipst wurde: Sie trägt eine Jeanshose und Turnschuhe, ein weißes langärmeliges Hemd mit hellblauen vertikalen Blockstreifen, eine rote Weste, die sie von mir „geerbt" hatte, und ihre dunkelblaue Baseballkappe. Sie geht die Straße entlang, umgeben von lauter Kids, dreht sich für einen kurzen Moment um und winkt der Kamera mit einem so strahlenden Lächeln zu, dass all die Schmerzen und nächtlichen Eskapaden, samt dieser alles überschattenden Angst, vergessen sind. Umgeben von lauter Kindern, die noch ihr ganzes Leben vor sich hatten, sah sie am glücklichsten aus.

Vorsichtig faltete ich Mamas Kleidung, mit der Absicht, sie zu spenden, als ich plötzlich ihre friedlich zwischen ihren T-Shirts schlummernde Schminktasche bemerkte. Wie ein kleines Kind, das sich darauf freut eine geliebte Musikschatulle zu öffnen, stand ich wie angewurzelt da, «Das gibt's doch nicht ...»

Meine Finger wanderten langsam den Reisverschluss entlang und ich öffnete die kleine Tasche. Aber ich fand darin keine sich grazil drehende Miniballerina vor, die man in einer Musikschatulle hätte erwarten können. Stattdessen kam mir Mamas Lidschatten in blauen Wölkchen entgegen. Es gab auch keine zauberhafte Melodie, zu der eine Ballerina (wenn es sie denn gegeben hätte) tanzen konnte. Da war nur ein blechernes Echo des Telefonats, das ich noch am gleichen Tag, an dem meine Mutter verstorben war, geführt hatte: «Wir hätten gerne ihre Erlaubnis zur Autopsie. Der Fall Ihrer Mutter ist sehr interessant. Es würde uns und unseren Studenten eine Menge eröffnen. Willigen Sie ein?»

«Nein», flüsterte ich und legte auf. Sie verdiente es in Ruhe gelassen zu werden.

*

«Wer war da, um Ihnen in dieser schweren Zeit und mit solch gravierenden Entscheidungen zu helfen?», fragte mich Frau Bergmann. Es fiel mir nicht leicht eine Antwort zu finden, die angemessen schien. Die Namen verschiedener Menschen, die ich vor, während oder nach Mamas Krankheit gekannt hatte, schossen mir durch den Kopf. *Sabrina? Stella?* Ich wünschte mir ihr eine ganze Reihe von Namen aufzählen zu können – enge Freunde oder Verwandte, die mich auf Schritt und Tritt begleiteten und mich regelrecht mit Anrufen und SMS bombardierten, nur um sicherzugehen, dass ich noch lebte oder sogar einigermaßen zurechtkam. Aber das konnte ich nicht.

Mir eine Geschichte auszudenken, nur um eine vorzeigbare Antwort für Frau Bergmann zu haben, schien mir noch trauriger als die Wahrheit. Ich wünschte mir ihr erzählen zu können, wie toll alle doch gewesen waren, wie sie mir bei den Beerdigungsformalitäten und beim Ausräumen von Mamas und Omis Wohnung geholfen hatten; wie es mich schon fast völlig entnervt hatte, ständig „*heart-to-hearts*", also vertrauliche Herzensgespräche, zu haben. Das Leben stand Kopf und ich konnte mich kaum noch zusammenreißen – so wie ein selbstgemachtes Dessert, von dem jeder wusste, dass es in sich zusammenfallen würde, sobald jemand hinter die Kulissen, genauer gesagt in den Backofen, schauen würde.

Nichts war mir mehr vertraut. Die zwei Personen, die mein ganzes Leben lang jeden einzelnen Aspekt meiner ganzen Welt definiert und in Kontext gebracht hatten, waren beide tot. Je länger ich ohne sie weiterlebte, desto mehr schien alles durcheinander zu kommen.

Frau Bergmann machte keine Anstalten, ohne eine Antwort auf ihre Frage weiterzumachen. Ich merkte, wie ich rot wurde. Ein Klicken kam von der Heizung unter ihrem Fenster. Ihre Praxis war in einem der oberen Stockwerke eines alten Fachwerkhauses untergebracht. Eine Mandel-Duftkerze flackerte und knisterte leise auf einem großen runden Beistelltisch und beruhigte allmählich meine Gedanken. Der Teppich war hell und üppig; Sitzkissen lagen in einer Ecke des Zimmers. Anstatt auf irgendeiner Couch zu liegen, lungerte ich in einem bequemen Sessel gegenüber von Frau Bergmann.

Ich musterte meine Therapeutin von oben bis unten und sah dem Moment, in dem ich endlich mit jemandem über meine Mutter sprechen würde, entgegen. Endlich würde ich jemandem sagen, welche tiefen Abgründe sich seit ihrem Fehlen in und um mich herum aufgetan hatten. Oder war es Omi, die mir mehr fehlte? Mich darauf vorzubereiten, mich zu öffnen und allem, was passiert war, ins Auge zu sehen, war mit einem ungewissen Sprung in eine Grube vergleichbar – man wusste nicht, ob sie einen Boden hatte. Ich hoffte, dass ich schnell fallen würde und eher früher als später auf dem Grund aufschlagen würde. Ich dachte, *Vielleicht, wenn ich hart genug aufpralle, wache ich auf und Mama ist wieder da.*

Ich erahnte, wie sich dieses kleinste bisschen Hoffnung in mir verbarg, kämpfte aber noch gegen ein wesentlich stärkeres Gefühl an: massive Scham. *Wenn jemand rausfindet, dass ich bei 'nem Seelenklemptner hocke, bin ich geliefert.*

Therapeuten, oder besser gesagt die, die sie brauchten, hatten einen schlechten Ruf. In den USA, wo jeder Zweite Medikamente wie Prozac, Zoloft, Lexapro und Abilify kennt, war es ganz normal selbst jemanden zu kennen, der in Therapie war oder selbst Hilfe in Anspruch nahm. In Deutschland allerdings hatte ich nicht die geringste Absicht, jemandem von meiner neuen Ärztin zu erzählen.

Frau Bergmanns Praxis war in einer Nachbarstadt. Ich nahm die halbstündige Autofahrt gerne in Kauf, um dem Getratsche in meinem Heimatort zu entgehen. Auf dem Weg zur Therapie kam es mir vor, als starrten mich die Leute an und warteten darauf, dass ich durchdrehte und das enorme Ausmaß meiner Verrücktheit demonstrierte.

Das mag zwar paranoid gewesen sein, aber so wie jeder, der überreagiert oder verblendet ist, dachte ich, das Szenario war echt – zudem hatte ich Mama nach ihren Episoden genauso angesehen wie man mich jetzt inspizierte. Der einzige Unterschied zwischen mir und den Fremden auf der Straße war, dass ich ganz sicher nicht sensationshungrig war, wenn ich daran dachte, dass meine Mutter wieder durchdrehen könnte. Es hatte mir vor solchen Momenten gegraut.

*

Ich bat Angelika, eine der besten Freundinnen meiner Mutter und Lucas' Patentante, mir eine Therapeutin zu empfehlen. Angelika und ihre Familie waren aus Polen gekommen, als ich ungefähr 10

Jahre alt war. Sie kam mit ihrem Mann Jacek und ihren zwei Kindern, Arek und Aneta. Sie war in der Klinik am Malerwinkel als Ärztin angestellt und innerhalb kürzester Zeit freundeten unsere Familien sich eng miteinander an. Wir fuhren zusammen in Freizeitparks, grillten zusammen und feierten sogar Weihnachten und Areks und Anetas Erstkommunion zusammen.

Im August 2001 lud mich Angelika ein mit ihrer Familie in Urlaub zu fahren. Wir waren gerade die erste Woche da, als ich einen Anruf im Hotel bekam. Es war meine Mutter. Sie sagte, «Es tut mir wirklich leid, dich im Urlaub damit zu belasten, aber Omi ist gestorben.» Ich stritt es ab, «Aber sie hatte doch nur einen Husten.»

Einige Wochen zuvor hatte Omi angefangen, ständig zu husten. Sie sagte, sie hätte das Gefühl, etwas säße ihr im Hals, aber die Ärzte konnten keine Ursache dafür feststellen. Unsere sorglosen Sonntagsfrühschoppen gehörten schon lange der Vergangenheit an. Wir stritten uns häufig, fast täglich, warfen mit schmerzhaften Worten um uns und knallten Türen. Einmal trieb ich es zu weit und sagte ihr, «Kein Wunder, dass du drei Männer ins Grab gebracht hast.»

Ihre Antwort war eine schallende Ohrfeige. Nur zwei Tage später fühlte sich Omi so schwach, dass sie mich bat einen Krankenwagen zu rufen. Als die Sanitäter sie die Treppe runtertrugen, schaute sie mich mit großen Augen an und ich versprach, «Mach dir keine Sorgen, Omi. Ich fahre dir hinterher. Wir sehen uns in der Notaufnahme.»

Mir fiel nichts anderes ein, um die Frau, die mir immer wieder und wieder Trost gespendet hatte, zu beruhigen. Als ich sie im Krankenhaus wiederfand, bemerkte ich eine Seite an Omi, die ich noch nie an ihr gesehen hatte. Sie ließ all die Mauern, die sie nach dem Krieg um sich herum gezogen hatte, fallen und erlaubte mir *meine Trümmerfrau* in einem überraschend verwundbaren und zerbrechlichen Licht zu sehen. Sie hatte den Ersten und Zweiten Weltkrieg überlebt – mit allem, was dazu gehörte ...

Ich ging auf Omi zu und Schuldgefühle über unsere letzte Auseinandersetzung holten mich ein. Es ließ sich nicht leugnen, wie sehr ich es vermisste, Zeit mit ihr zu verbringen, wie wir es früher oft getan hatten ... mit Frühshoppen, Kullerpfirsichen und Fernsehabenden, Teignaschen und das Mitsingen zu „Carmen“. Ich versuchte mich zu erinnern, wann ich ihr das letzte Mal dabei zugeschaut hatte, wie sie genüsslich einen McRib mit Messer und Gabel verspeiste, oder wann ich sie das letzte Mal als eine liebenswerte Person wahrgenommen, und nicht als die Zuwendung brauchende Last betrachtet hatte. *Was ist bloß mit uns passiert?*

Als ich vor ihr stand – vor dieser gottesfürchtigen, älteren *Lady* – machte sie mir das größte Geschenk, das ich je von ihr bekommen habe. Sie lehnte sich nach vorne und ich beugte mich zu ihr nach unten, als sie zu mir sagte, «Hör mal, ich entschuldige mich bei Dir wegen neulich. Ich möchte sicher gehen, dass zwischen uns alles im Reinen ist», lächelte sie mich sanft mit ihren blauen Augen an, «Schwamm drüber?»

Wir umarmten uns unter Tränen, trafen uns endlich wieder auf Augenhöhe, von Herz zu Herz. Wieder einmal, bewies sie mehr Anmut und Stärke als jeder andere Mensch, den ich kannte, je aufbringen würde. Ich wunderte mich, *Du hast Brustkrebs in den späten Achtziger- oder frühen Neunzigerjahren überlebt und jetzt sitzt du wegen einem Husten im Rollstuhl?*

Ich ging sicher, dass Omi sich in ihrem Krankenhauszimmer zurechtfand und alles hatte, was sie brauchte. M.J. hatte überraschenderweise versprochen, sich zu kümmern. Ein oder zwei Tage später hörte Angelika, was passiert war und weil sie wohl dachte, ich könnte mal eine Pause gebrauchen, bot sie mir an, «Warum fliegst du nicht mit uns in den Urlaub? Wir haben noch einen Platz frei. Ich habe schon mit deiner Mutter gesprochen und für sie ist es okay. Sie meint ein Tapetenwechsel wird dir guttun.»

Ich nahm an, dass Omi darauf warten würde, dass ich ihr erzählte, wie mir Tunesien gefallen hatte. Sie reiste gerne, hatte mich als ich kleiner war mit nach London und Paris genommen. Nie wäre es mir in den Sinn gekommen, dass eine winzig kleine Krebszelle, die zehn Jahre irgendwo in Omis Körper geschlummert hatte, sich eines Tages mit einem nicht enden wollenden Hustenreiz bemerkbar machte und ihr den Atem nahm. Das, was ich an dem Tag vor meiner Abreise übersehen hatte, als Omi ohne ihre Schutzmauern vor mir gesessen hatte, war nicht ihre Verwundbarkeit oder Zerbrechlichkeit gewesen, sondern etwas, das ich noch nie zuvor an irgendjemandem gesehen hatte: Sterblichkeit.

*

Mein Bedürfnis, mit jemandem zu sprechen, nachdem alle gestorben oder ausgezogen waren, wurde nach einem Jahr der Einsamkeit unerträglich. Ich brauchte jemanden, der nichts von dem, was ich sagte, weiter erzählen würde und mir dabei helfen konnte, zu verstehen, was innerhalb der letzten vier Jahre und darüber hinaus eigentlich passiert war.

Ich überlegte mit Sabrina zu sprechen ... Wie viele andere Mädchen verbrachten wir eine Menge Zeit damit, über unsere ersten *Dates* zu quatschen, redeten über unsere erste große Liebe und den ersten Herzschmerz und erlebten fast alles zeitgleich.

Wir liebten es, ganze Wochenenden quasselnd, rauchend und „Krefelder"-trinkend zu verbringen. An heißen Sommertagen machte Sabrina in der Regel ihre Runden in dem kleinen Pool ihrer Eltern und sonnte sich auf ihrer Luftmatratze.

Ich konnte unmöglich an meinen Fingern abzählen, wie oft wir mit Freunden in ihrem Garten abhingen, grillten und tranken. Regen und niedrigere Temperaturen konnten uns nicht davon abhalten, bis ins Morgengrauen in der Gartenhütte ihrer Eltern zu sitzen und irgendwann, von Vogelgesang begleitet, nach Hause zu laufen.

Wir hatten auch in Sachen Musik den gleichen Geschmack. Wir sangen und tanzten zu den Red Hot Chilly Peppers, Take

That und später Robbie Williams. Innerhalb keiner Freundschaft hatte ich mich je sicherer gefühlt – nicht einmal mit Penelope oder Stella, mit denen ich mich kurz vor dem Tod meiner Mutter anfreunden würde. Stella hatte mal meinen Bruder M.J. „gedated" und obwohl wir uns damals kaum ausstehen konnten, freundeten wir uns, nachdem sie mit ihm schlussgemacht hatte, über ein, zwei Bierchen an. Sie war Erfrischung für meine müde Seele. Alles, was pink war, berührte ihr Herz. Sie liebte Disney's „Lilo& Stitch". Es faszinierte mich, wie sie sich vollkommen in den animierten Charakteren verlieren konnte. Ihre Begeisterung und die ihres drei-jährigen Sohnes, Elias, fesselte mich wie berauscht auf ihre Couch. Wir heulten uns die Augen aus, wenn einer der niedlichen Figuren es besonders schwer hatte oder lachten, bis es wehtat. Sie verfolgte die Handlung des Cartoons fieberhaft und schnappte dabei Sätze auf, die sie immer dann zitieren würde, wenn ich am wenigsten damit rechnete. Zum Beispiel, wenn wir mal wieder bis spät in die Nacht hinein einen unserer Talks in ihrer winzigen Küche hatten, während Elias seelenruhig im Zimmer nebenan schlief.

Elias und Stella lebten zufrieden in ihrer eigenen, sehr privaten und leisen Welt. Wenn sie zusammen tanzten, ruhten Elias' noch etwas speckige Beinchen auf Stellas Hüften und ihr rotblondes, schulterlanges Haar wiegte sich hin und her. Herzliches Kichern blubberte über Elias' kirschrote Lippen, die so gut zu seinen blaugrünen Augen und gewelltem roten Haar passten.

Sobald es draußen auf den Straßen unterhalb ihrer Dachwohnung dunkel und still wurde – wenn all die neugierigen Ohren unserer kleinen Soester Innenstadt zu Bett gegangen waren – saßen Stella und ich in ihrer Küche, umgeben von blauem Rauch, der langsam durch das angelehnte Fenster in die Nacht kroch. Wir redeten über was auch immer wir wollten – unsere Träume und Ängste, heimliches Verlangen, unsere Fehler, Familien und, natürlich, *Boys* ... die lieben Jungs.

Wir tauschten uns über den neuesten Tratsch aus, die aktuellen Modetrends ... Stella brachte mich immer zum Lachen wenn sie den „*Sexiest Man* der Woche" verkündete, ein Bild aus einem ihrer Magazine ausschnitt und es an ihren Kühlschrank hängte. Daneben hing ein Bild des Hochzeitskleides, das sie haben wollte – ein pinkes Kleid von Escada (oder Prada?) dass Halle Berry oder Salma Hayek auf irgendeinem Filmfestival in 2003 getragen hatten. Insofern schien ihre Welt manchmal aus von Moviestars geliehenen Phrasen, Gesten und Einstellungen zu bestehen.

Wenn sie wollte, konnte sie ihren ruhigen Alto in eine schrille, Cartoon-artige Stimme verwandeln. Wenn sie rülpste, erinnerte sie mich an einen freundlichen Koala Bär, der zu viel Eukalyptus gegessen hatte. Monatelang fehlte mir nach dem Tod meiner Mutter ein Gravitationszentrum und jetzt verlagerte sich alles auf Stella. Ich liebte sie wie die Schwester, die ich nie hatte. Aber wir beide konnten auch anders, wenn die Dinge einmal nicht nach unserer Nase liefen. In solchen Augenblicken dachte ich immer noch an Disneyfiguren, aber eher so in Richtung Cruella DeVille aus *„101 Dalmatiner"* oder Scarlet Overkill aus dem „Minions" Film.

Die Wahrheit war jedoch, dass weder Sabrina, noch Stella unmöglich ahnen konnten, was in mir vorging. Ihre Mütter lebten noch, nahmen aktiv an ihrem Alltag teil. Ich redete mir ein, *Welchen Sinn macht es, darüber zu reden? Sie wissen ja, was passiert ist.*

Nein, ich zog es vor, mein Päckchen im Verborgenen zu tragen und vergoss – soweit ich mich erinnere – in der ersten Zeit keine Träne darüber. Ich wollte nicht, dass sich die Dinge zwischen uns änderten. Ich dachte, ich müsste dieses kleine bisschen Hoffnung auf besagten harten Aufprall, der mich endlich aufwecken würde, beschützen. Mich meinen Freundinnen gegenüber zu öffnen, hätte den Tod meiner Mutter nur allzu real und unwiderruflich zum Teil meines zukünftigen Lebens gemacht.

*

Ich war angenehm überrascht, Frau Bergmann gegenüber zu sitzen. Ich hatte damit gerechnet eine alte unsympathische Dame anzustarren, die wohl auch selbst guten Rat oder Behandlung gebrauchen hätte können. Stattdessen, war hier nun eine junge entzückende Therapeutin, dessen Alter ich nur schwer erahnen konnte.

Sie hatte ausdrucksvolle blaue Augen und lockige Haare, die offensichtlich zu früh ergraut waren. Ich wusste, sie konnte nichts tun, dass meine Vergangenheit verändert hätte, aber sie half mir letzten Endes zu erkennen, dass ich Hilfe verdient hatte; dass all diese Emotionen und die Idee, die ich unter Verschluss hielt, Berechtigung hatten – selbst der zugegebener Maßen ungesunde Gedanke, mich in den eigenen Tod zu stürzen, um allem zu entkommen.

Ich war voller Wut. Ich machte meinen Lehrern Vorwürfe, weil meine plötzlich zunehmende Abwesenheit sie hätte alarmieren sollen. Stattdessen, warf man mich mit M.J., der die Schule in der elften Klasse abgebrochen hatte, in einen Topf. Ich war sauer auf meine Mutter, die es versäumt hatte zu erwähnen, dass wir uns auf etwas gefasst machen mussten und sich lieber leise davonschlich; ich nahm es meiner Oma krumm, dass sie mir nicht hatte glauben wollen, dass Mama sich wie eine Verrückte verhielt. Ich war wütend auf meinen Dad, der Mama Blumen mitbrachte, als sie im Sterben lag – aber nicht, als sie noch verheiratet waren. Ich machte ihm Vorwürfe, dass er mich vor Jahren verlassen hatte und weil er mich auch jetzt im Chaos alleine sitzen ließ und sich weigerte Dinge zu besprechen. Ich war auf meine Freundinnen sauer, weil sie sich an unser stillschweigendes Abkommen hielten und mich nicht gefragt hatten, ob ich beim Ausräumen von Omis oder Mamas Wohnung Hilfe bräuchte. Ich hasste die ganze Welt und Gott, der sie so willkürlich regierte. Alles in meinem Leben gab mir zu verstehen, «Du bist einfach nicht liebenswert. Du bist die Mühe nicht wert und genau das ist der Grund, warum du allein bist.»

Wut und Anschuldigungen machten meinen Alltag aus und wurden schließlich zu Depressionen. Sie füllten mich aus und umgaben mich ganz bis nichts anderes mehr übrig blieb.

«Wer war da, um Ihnen zu helfen?», wiederholte Frau Bergmann. Ich lief wieder rot an und schaute ihr in die Augen, bevor mein Fokus zurück auf den Boden fiel und ich das Muster des flauschigen Teppichs studierte. Der Mandelduft hing in der Luft und ich griff nach einem Paar Baoding Kugeln, die auf dem runden Beistelltisch lagen. Ich spürte ihre kühle, glatte Oberfläche in meiner rechten Hand, die die Kugeln in stetiger Bewegung hielt. Als ich den Mut fand aufzusehen, bereitete ich mich auf den Sprung in den Abgrund vor. Nach mehr als einem Jahr der Verschwiegenheit, was meine Mutter betraf, interessierte es mich nicht länger, ob die Grube unter mir einen Boden hatte oder nicht. Ich schaute der Therapeutin ins Gesicht und sagte ihr genau das, was ich fühlte: «Niemand war da.»

## 6. Silberstreifen am Horizont

Ein Jahr nach dem Tod meiner Mutter fingen meine Erinnerungen schon an zu verblassen. Ich brach mein Jurastudium ab und mein Leben wurde jede Stunde etwas einsamer. Ich ging nicht mehr in Bars oder Discos und verlor schnell das Interesse an den Dingen, die ich eigentlich liebte wie zum Beispiel, ins Kino zu gehen, Sport und Shopping. Letzteres war besonders ungewöhnlich für eine Person, die immer unter Verdacht stand, irgendwo Geld auszugeben, wenn sie blau machte – auch das landete in unserer Abizeitung „Abi '00, wir ziehen ab“. Allerdings traf es das nicht ganz, war ich doch mindestens genauso oft entweder noch im eigenen Bett oder im „Kater“, einer bei Schülern sehr beliebte und längst zu einer Institution gewordenen Kneipe, die ein zuverlässiges Refugium für jeden war, der sich nicht in der Lage fühlte zum Unterricht zu gehen. Dass ich mir vielleicht zuvor die Nacht um die Ohren geschlagen hatte, weil meine Mutter wieder eine von ihren Episoden gehabt hatte und ich deswegen müde und überfordert war... davon stand nichts in der Abizeitung.

Ich hatte mit meinem Freund Schluss gemacht als Omi gestorben war. Er hatte mich mehr geliebt, als ich ihn und dass jetzt noch Mitleid in die Waagschale dazukam, beängstigte mich. Ich hatte keinen Job, der mich in die Gesellschaft anderer gezwungen hätte und alles was mir blieb, waren meine Trips an den Möhnesee oder Lebensmittel einzukaufen, um mich auf mein nächstes Fressgelage vorzubereiten. Wenn mir Gesellschaft fehlte, besuchte ich Lucas und seine Bilderbuch-Pflegefamilie der oberen Mittelklasse. Diese Besuche waren immer bittersüß, weil ich mir danach oft vorkam, als wäre ich irgendwie durch die Maschen geschlüpft und keinen interessierte es.

Wenn mich doch mal jemand fragte, wie ich alleine in unserem großen Haus zurechtkam, wurde es schnell unangenehm und ich wich aus, «Naja, scheinbar meinten alle, ich hab' die Beerdigungen, den Papierkram und das Ausräumen der Wohnungen beim ersten Mal auch allein' hinbekommen ...» Vielleicht dachten Freunde und Familie, ich hatte in der ersten Runde, also nach Omis Tod, schon genug Übung bekommen. Wenn ich an Michael Senior und Junior, die größere und kleinere Enttäuschung in meinem Leben dachte, nahm ich es ihnen immer mehr übel, dass sie lediglich durch Abwesenheit glänzten. Ich wünschte ihnen nicht den Tod, fragte mich aber dennoch, ob an dem alten Sprichwort was dran war und „nur die Guten jung sterben". Generell musste ich jedoch feststellen, dass der Tod wohl nicht so wählerisch ist, wie man vielleicht annehmen könnte. Zumindest schien es weniger Beschwerden zu geben, wenn der Tod eine Art Erleichterung brachte, aber ich hatte mehr als genug Einwände.

Zuerst Omis Wohnung auszuräumen und dann Mamas Sachen einpacken zu müssen, brachte zugleich Schmerz, Heilung, Verzweiflung und Hoffnung. Es tat weh, die Habseligkeiten von jemandem wegzuräumen, der sie nie abholen kommen würde und im Laufe von acht Wochen hatte ich nicht nur lediglich einen *boyfriend drawer,* also eine Schublade mit Andenken an meinen Ex, sondern zwei ganze Wohnungen auszumisten. Vorsichtig verpackte ich Omis Geschirr und feinen Gläser, packte ihre Schallplatten und Bücher ein, und natürlich ihr Waffeleisen und ihren Fleischwolf, der auch verschiedene Aufsätze für Spritzgebäck hatte. Mein Ex-Freund half mir, alles zusammen mit ein paar Möbelstücken, Omis Pelzmänteln, Fotoalben und ein paar anderen Andenken im Keller zu verstauen. Dieser Kerl war der einzige, der mir zu der Zeit eine helfende Hand hinhielt – und die hatte ich bitter nötig. Wir entschieden uns, ein paar Möbelstücke mit einem schweren Hammer auseinander zu nehmen, weil wir sie sonst nicht aus dem Haus bekommen hätten. Den Hammer wieder und wieder in das dunkle Eichenholz niederschmettern zu lassen, brachte eine seltsame Art der Verzückung, von der ich wollte, dass sie nie wieder aufhörte. Es zauberte mir ein selten gewagtes Lächeln auf die Lippen.

Es war das seltsamste Gefühl der Welt, die Sachen meiner Mutter zusammenzufalten. Ich wusste, dass es irgendwann gemacht werden musste, wenn ich in dem Haus weiter leben wollte, ohne ständig über einen Teil von ihr zu stolpern. Ich konnte nirgendwo sonst hin, hatte nie für „die Zeit danach" geplant. Ich versuchte, nicht allzu viel an sie zu denken und alles schnell hinter mich zu bringen. Aber alles was ich anfasste, machte ihr Versterben spürbarer und jedes Mal wenn ich eine Kiste zuklebte, stiegen Schuldgefühle so schnell in mir hoch, dass sie sogar Pferde, auf ihrem Weg nach draußen nach einem langen Winter, überholt hätten.

Ich bewahrte so viele Sachen von Omi und Mama wie möglich auf, weil ich mir Sorgen machte, dass einer meiner Brüder eines Tages danach fragen könnte. Ich nahm an, Lucas würde als Erwachsener viele Fragen stellen. Und wenn wir vielleicht nie wieder zusammen leben würden, so hoffte ich doch, dass wir wenigstens Freunde sein könnten.

Irgendwann waren alle Dinge außer Sichtweite verstaut und Bitterkeit fing an mein Herz zu vergiften. Ich hatte immer davon geträumt um die Welt zu reisen, sehnte mich nach einem Ausweg, aber ich steckte in einem Land des Schocks und der Selbstgefälligkeit, der Schuld und Niederlage fest. Ich war gefangen an einem Ort, den ich einst *zu Hause* nannte und der mir nur zwei Dinge gab: den Trost und die Last der Vergangenheit.

Ich liebte die in kräftigen Farben leuchtende Soester Börde immer noch mit ihren kleinen Ortschaften, Dörfern und Städtchen. Hier waren die Kopfsteinpflasterstraßen und Grünsandstein-Gebäude mit schweren Ornamenten, die die Türen und Fenster schmückten, nicht wegzudenken. Ganze Brunnen und Statuen aus Bronze leuchteten in der Sonne wie pures Gold, nachdem hunderte von Kindern immer wieder und wieder darauf herum geklettert waren und mit ihrer Kleidung und ihren eifrigen Händen und Schuhen polierten.

Viele Städte meiner Region hatten von einem überreichen Vorkommen an Salz, Kohle und äußerst fruchtbarem Boden profitiert und blühten zu Anfang des 19. Jahrhunderts auf. Aber die Geschichte des Zweiten Weltkriegs lastete immer noch schwer auf unseren Schultern. In den 40er Jahren wurden Häftlinge des Neuengamme Konzentrationslagers hierher gebracht, um die Bahnschienen zwischen Bad Sassendorf und Soest zu reparieren. Die Häftlinge schliefen nachts auf denselben Güterwagons, auf denen sie angekommen waren – bis viele von ihnen 1945 in einem Luftangriff auf die Schienen ums Leben kamen und den Nazis für Zwangsarbeit nicht mehr zur Verfügung standen. Das Einzige was heute noch an sie erinnert, ist eine Gedenktafel, die an der Begräbnisstätte der Getöteten angebracht ist. Einige Kilometer südlich liegt der bereits erwähnte Möhnesee, der im Krieg zersprengt wurde, und circa 30 Minuten östlich die Wevelsburg. Heinrich Himmler und die SS beanspruchten diese Burg in den 40er Jahren für sich. Sie machten es zu einem Stützpunkt für Okkultes und von SS-Fahnen geflutete Versammlungen – ganz in der Nähe zu einem Konzentrationslager, wo Himmlers Pseudowissenschaftler im Namen der Rassenkunde „Forschung“ an den Häftlingen betrieben.

Als ich älter wurde, konnte ich einfach nicht anders, als mich zu fragen, was Himmler wohl mit uns angestellt hätte, wenn wir im Zweiten Weltkrieg schon in Bad Sassendorf gelebt hätten. Was wäre das Urteil gegen meinen Vater, M.J. und mich gewesen? Welche Strafe hätte man gegen Mama und Omi, die „Schande auf die Arische Rasse gebracht hatten“, verhängt?

Wo ich mich auch hinwendete, so empfand ich eine profunde Last und der Tod regierte uneingeschränkt über allem. Ich spürte den Tod der Menschen, ganzer ethnischer Bevölkerungen, Kulturen, Beziehungen, Familien. Es war das Ende von Gleichstellung, Wahrheit, Gerechtigkeit, Ambition und des Glücklich-seins. Träume begonnen, sich in kranke Visionen zu verwandeln, deren einziges Ziel es war, mir all die Dinge aufzuzeigen, die ich nie machen, erreichen oder sehen sollte. Ich hatte immer wieder vor Augen, wie ich meiner Mutter als Teenager einmal die Haare wusch: sie beugte sich vornüber in die Wanne und ich goss Wasser über ihr dünner werdendes, aschblondes Haar. Ich versuchte gerade, ihr den Schaum auszuspülen, als sich kleine Haarbüschel zwischen meinen Fingern verfingen und ihre Kopfhaut entblößten. Wenn man dem Körper eines geliebten Menschen hilflos beim Verfall zusehen muss, bis Geist und Seele entweichen, ist das eine Tortur, die man nicht in Worte fassen kann.

Eines Tages hörten die Albträume von der Zeit nach der Chemo auf, und die Zeit der traumlosen Nächte, nach denen man genauso erschöpft und hoffnungslos wie vorher erwacht, begann. Ich konnte nicht eindeutig für mich selbst bestimmen, ob dieser Abgrund, in den ich mich stürzte, als ich mit Frau Bergmann gesprochen hatte, letztlich einen Boden hatte, oder nicht. Unfähig von neuen Dingen zu träumen, verlagerte ich meine Zuversicht darauf, dass ich vielleicht im Schlaf aufhören würde zu atmen und nie wieder mit dem Bewusstsein von Verlust aufwachen müsste.

Vermutlich ähnlich wie die Häftlinge, die im Zweiten Weltkrieg aus den KZs in unsere Region gebracht wurden, fühlte ich mich zurückgelassen, dazu verdammt Katastrophe um Katastrophe zu erleben. Und so ging ich jede Nacht schweren Herzens in unserem dreistöckigen, leeren Haus zu Bett während das Geräusch feindlicher Bomber den verlassenen Nachthimmel durchdrang und sich mit dem Klang aufgescheuchter Bienen vermischte. Meine größte Angst war, dass ich im Morgengrauen wieder meine Augen öffnen würde, nur um zu begreifen, dass ich lebendig begraben worden war.

*

«KLM Flug 601, Amsterdam nach Los Angeles. Passagierin Clarissa Fitzgerald, bitte melden sie sich am Gate.»

Ich stand vor der Damentoilette und sah zu, wie sich eine Mutter aus einer Kabine herauszwängte mit ihrem Gepäck in der einen und einem Kind an der anderen Hand.

«Letzter Aufruf KLM Flug 601. Passagierin Clarissa Fitzgerald, bitte kommen sie umgehend zum Gate.»

Ich rannte zum nächstbesten Flugmonitor und brabbelte, «601, 601, wo ist dieser blöde Flug?! Flug 601! Da ist er. Gate ... changed? Gate Nummer geändert? What the fuck!?»

Eine Stimme krächzte aus einem der unsichtbaren Lautsprecher, «Dritter und letzter Aufruf für Clarissa Fitzgerald!»

Das Handgepäck zog und zurrte an meinem Hals und Armen, *Mein Gott, verdammt noch mal! Warum musste ich so viel Kram mitnehmen?!* Ich sah mich panisch nach dem Gate um, Schweiß tropfte mir von der Stirn und sorgte dafür, dass mein Sweater mir am Rücken klebte. Ich murmelte, «Was, zur Hölle, habe ich mir nur dabei gedacht?»

Endlich sah ich eine große Blondine in blau hinter dem nahegelegensten Schalter. Die Farben der königlichen Airline leuchten regelrecht. Die Frau sprach in ein Mikrophon, «Letzter Aufruf für KLM Flug 601.»

Umgeben von lauter eiligen Menschen, trafen sich unsere Blicke. Ich wusste nicht, ob sie tatsächlich wusste, wer ich war, oder ob mich mein angsterfüllter „fast-vom-eigenen-Gepäck-erwürgter"-Look verraten hatte. Aber sobald sie mich erblickte, winkte sie mir zu, wie eine Mutter, die ihr abgequältes Kind ermutigen will. Ich zögerte, *Steig ich jetzt wirklich in diesen Flieger ans andere Ende der Welt ein und fahre Woche um Woche mit dem Auto umher? Ist es wirklich so eine gute Idee meine Familie in Chicago nach 21 Jahren kennenzulernen? Was, wenn sie mich hassen?*

Es war der 23. Oktober 2002. Es auf meinen Sitzplatz des KLM Flugs 601 geschafft zu haben war ein Triumph. Auch wenn es mir entging, welche Erfahrungen unmittelbar vor mir lagen, so würde es immer der Tag bleiben, an dem ich die Wahl zwischen dem Tod und einer Reise in ein neues Leben hatte.

Über den Wolken treibend, war ich gebannt von dem Gedanken, wie der Flieger scheinbar vollkommen mühelos seine Flughöhe stundenlang beibehielt. Hoch im Himmel, endlich außer Reichweite von allem, was mich am Boden verfolgte und malträtierte, bemerkte ich, dass das Fiepen, das ich bereits seit Jahrzehnten geduldet hatte, auf einmal ein wenig nachließ.

Welchen Glauben ich damals auch immer gehabt haben mochte, so merkte ich nichts davon. Aber der Gedanke, dass ich meine Mutter nie wieder sehen würde, zerbrach mir das Herz in tausende kleine Stücke und versetzte mich in eine solche Wut, die ich vorher nie für möglich gehalten hatte. Sie brannte tief in mir und kettete mich an einen verzehrenden Zorn, der eigentlich nur mich selbst im Auge hatte.

Hoch über den Wolken fand ich nicht die geringste Spur des Himmels, nach dem ich mich insgeheim aber immer noch sehnte. Es gab kein Lebenszeichen von diesem desinteressierten Gott, wegen dem meine Mutter vollkommen übergeschnappt war. Schlimmer noch, sie saß nicht hier oben auf einer Wolke und wartete auf mich. Am allerschlimmsten jedoch war, dass ich keinen Beweis dafür fand, dass meine Mutter, oder irgendjemand sonst auf der Welt, mich noch liebte – ganz egal, wie sehr sich alles in mir nach einem Zeichen ihrer Zuwendung sehnte.

Ich schloss langsam meine Augen und Enttäuschung machte sich breit. Eine einzelne Träne schlängelte sich an meiner Wange hinunter und ich dachte an all die Dinge, die man mir erzählt hatte als ich noch klein war. Unser Pastor, Omi, meine Mutter … alle hatten immer gesagt, «Gute Menschen kommen in den Himmel.»

Wenn das stimmte, wo waren sie denn dann alle? Meine Augen suchten den ganzen Himmel ab nach einer Spur, von diesem weißbärtigen stoischen Gott und seinem Gefolge kleiner übergewichtiger Engel, die ihm um den Kopf schwirrten.

Missgunst und Neugier hielten sich die Waage, als ich für mich entschied, *Offensichtlich haben mich alle angelogen ... es sei denn, es gibt irgendwo noch mehr ... Dinge, die mein physisches Auge nicht sehen kann? Wenn es einen Gott gäbe, hätte er dann nicht irgendwann etwas unternommen?*

Mit dieser Frage setzte das altbekannte Summen wieder ein und fiepte in meinem Kopf, *Wenn du echt bist, warum hast du Mama dann sterben lassen? Bist du jetzt zufrieden?*

Ich gab mich keinen Illusionen hin, als ich mein Spiegelbild im Fenster betrachtete, *Stattdessen hast du mich ausgerechnet mit der Person zurückgelassen, die ich am wenigsten leiden kann. Ganz toll!*

Von meinem Sitzplatz aus beobachtete ich, wie sich das dämmrige Sonnenlicht mit einem letzten *Hurra* über die Wolken und die Tragflächen des Fliegers ergoss. Die luftige Welt tränkte sich in Magenta und Zitronengelb. Nachdem ich jahrelang nur Dunkelheit um mich gehabt hatte, war ich hin und her gerissen. Einerseits wünschte ich mir, für immer allem entrückt zu bleiben, und andererseits lockte mich ein senfkorngroßer Fitzel Hoffnung runterzukommen und den Sprung ins Ungewisse zu wagen.

# 7. In Richtung Westen: Heimatland

Bad Sassendorf, Amsterdam, Washington ... Als ich endlich zum ersehnten Zwischenstopp in Los Angeles landete, sah jeder Flughafen schon genauso aus wie der davor. An meinem Hotel in Hollywood angekommen, war ich mir nicht sicher, warum eins meiner heißgeliebten Magazine es so hochgelobt hatte. Nach 21 Jahren des Hoffens, Wünschens und Träumens, es irgendwann zurück in die USA zu schaffen, traf mich unerwartete Ernüchterung. Auf dem Weg durch die Lobby flüsterte ich zu mir selbst, «Wo ist denn der ganze Glitzer?», ich musterte den Empfang und war perplex, *Mann, arbeitet der Typ wirklich hier?*

Er trug ein weißes kurzärmeliges Shirt und erinnerte mich dabei mehr an einen Krankenpfleger, als an einen Concierge in einem teuren Hotel. Er hatte lockiges, wuscheliges Haar und wirkte eher unfreundlich. Eigentlich benahm er sich so, als würde meine Ankunft ihm total *auf den Sack gehen.* Es fiel mir schwer, seinen amerikanischen Akzent zu verstehen und ich beantwortete, was auch immer ich zu verstehen vermochte, mit einem höflichen Nicken. Wie er sprach klang kein bisschen nach dem British English, das man uns in der Schule beigebracht hatte.

Dieser Typ hörte sich vergleichsweise an, als käme er von einem anderen Planeten und benutzte Worte, die ich noch nie im Englischunterricht gehört hatte. Er sprach seine Worte so undeutlich aus, als wäre er kurz vorm Einschlafen. Wie eine müde Eule hielt er seine Augen während des Check-ins halb geschlossen und bewegte sich dabei kaum. Ich starrte auf sein Tattoo auf der Innenseite seines rechten Unterarms. In unerwartet elegant geschwungenen Buchstaben stand dort *„Sisyphus"* – eine Figur der griechischen Mythologie. Sisyphus gelangte zu zweifelhaftem Ruhm, als ihn die Götter der Unterwelt als Strafe dazu verdonnerten, einen riesigen Felsbrocken einen steilen Abhang hinaufzurollen. Er schaffte es nie bis nach oben, erlebte für alle Ewigkeit Niederlage und Fruchtlosigkeit – wieder und wieder.

So sehr Sisyphus sich auch abrackerte, den Felsen höher und höher voran schob, rollte der Felsen am Ende doch nur wieder erbarmungslos den Berg hinunter. Er ist gemeint, wenn wir von einer Aufgabe als „Sisyphusarbeit" reden. Ich nahm an, dass es genauso ermüdend gewesen wäre, meine Freundinnen nach Mamas Tod in mein Seelenleben einzuweihen. Und so hatte ich in der Hotellobby, die sich wie unerforschtes Niemandsland angefühlt hatte, doch noch etwas Vertrautes gefunden. Ich fixierte die schwarzen Buchstaben auf der Haut des Typs und wunderte mich, *Was für einen Brocken schiebst du denn vor dir her?*

Was war los in seinem Leben? Warum machte er seinen Körper zu einem lebendigen Tribut an Sisyphus – jemandem ohne jegliches Gefühl von Sieg, Erholung oder Bedeutsamkeit? Es ließ mich nicht los, *Scheinen ihm die griechischen Mythen realer und bezeugen sie mehr Verständnis für seine Schufterei als jeder andere Mensch in seinem Leben?*

Seit meiner Geburt war ich nicht in den USA gewesen und wusste nicht wirklich, was ich zu erwarten hatte. Sicher hatte ich noch nie etwas von schwarzen, Hufeisen-förmigen Toilettensitzen gehört, was zur Folge hatte, dass ich an der Rezeption anrief und mich beschwerte, «Das kann doch so nicht stimmen, der muss kaputt sein.»

Einen Zimmerwechsel später fand ich heraus, dass es vollkommen „normal" war und einfach zum hippen Stil des Hotels gehörte. Erneut wunderte ich mich, *Warum zahle ich fast $200 die Nacht, wenn ich nicht einmal eine vernünftige Klobrille haben kann?*

Ich hatte nur einen einzigen Tag in L.A., bevor es im nächsten Flieger weiter nach Neuseeland ging und bisher gestaltete sich jede Kleinigkeit als kompliziert. Selbst die Tageszeitung aus einem der hüfthohen Kästen zu fischen, war mühselig und gar nicht so einfach, wie es im Film immer aussah. Nichtsdestotrotz, schaffte ich es irgendwie von Hollywood zum Santa Monica Pier. Es war nicht so warm, wie ich gehofft hatte, aber ich freute mich, endlich einige der Orte zu sehen, die ich nur aus Filmen und Sendungen wie „Baywatch", „Melrose Place" und „Beverly Hills 90210" kannte. Ich stand auf dem Pier und sah mich um, als ich eine Film Crew bemerkte, die gerade das Set für einen Außendreh vorbereitete. *Vielleicht seh' ich ja sogar einen Star?*, hoffte ich, erkannte aber niemanden.

Am nächsten Tag fuhr ich zurück zum LAX Flughafen und fühlte mich sofort an meine Erlebnisse aus Amsterdam erinnert. Vor meinem Flug musste ich wieder zur Toilette und als ich in den Spiegel schaute, bekam ich verdächtig weiche Knie. *Nicht schon wieder!* Ich sprang in eine der freien Kabinen und beugte mich mit inbrünstigem Ekel über die Toilettenschüssel. Das Geräusch war immer noch da. Es war dasselbe Fiepen, das ich in Amsterdam so deutlich vernommen hatte. Minuten, in denen ich erfolglos vor mich hin würgte, verstrichen und ich schleppte mich aus meiner Kabine, schnappte mir mein extrem schweres Handgepäck und quetschte mich an einer Reihe von Damen vorbei, zurück in den Flur, der mich zum Gate bringen sollte. Während ich mich umsah, hörte ich verschiedene Durchsagen, bis mich eine von ihnen schlagartig in Bewegung versetzte, «Air New Zealand Flight 1 is now boarding.» Air New Zealand Flug Nummer 1 hatte bereits mit dem Boarding begonnen.

Ich lief auf ein Meer von Flugmonitoren zu und fragte mich, *Was zum Henker hab' ich mir nur genau hierbei gedacht?*

*

Nach vielen Stunden der Übelkeit gelangte ich irgendwann endlich bis zu meinem Hotel in Auckland, Neuseeland. Ich quietsche vor Begeisterung, beim Anblick meines luxuriösen 5-Sterne Zimmers im Carlton Hotel. Das Deluxe-Doppelbett war großartiger als jedes andere Bett, dass ich je in meinem Leben gesehen hatte und kam gerade richtig. Mein Körper hatte sehr damit zu kämpfen, dass mein Leben auf der anderen Hemisphäre, *Downunder*, regelrecht Kopf stand. Der Tag wurde zur Nacht, der Verkehr fuhr in die entgegengesetzte Richtung ... ich machte also das Einzige, was jetzt noch Sinn machte und ließ mich auf mein beeindruckendes Bett fallen.

Nach ein paar Stunden raffte ich mich für einen ersten Spaziergang durch die Stadt auf. Ich lief die Straßen Aucklands auf und ab und entdeckte dabei eine interessante Mischung aus älterer, deutlich europäisch-beeinflusster Architektur und modernen Hochhäusern, aus den üblichen Glas- und Zementblöcken. Neuseelands Nord- und Südinsel sitzen mit ihren aktiven Vulkanen im Spagat über tektonischen Platten, die sich in steter Bewegung befinden und regelmäßig starke Erdbeben auslösen. Das Große Beben, „The Big One“, steht allerdings noch aus, weswegen man sich anscheinend dazu entschied, die meisten Gebäude niedrig zu halten. Aucklands Skytower sticht mit seinen alles überragenden 328 Metern Höhe aus dem Stadtbild hervor, als eines der höchsten Gebäude der südlichen Hemisphäre.

Die oberste Etage des Skytowers bietet einen Rundumblick über die Stadt und den Hafen Aucklands, sowie die gesamte Umgebung. Je nach Wetterbedingungen, können Besucher bis zu 82 Kilometer weit in die Ferne blicken und dort die Auckland Harbor Bridge im Westen ausmachen. Die City verwöhnte mich mit einem fast wolkenlosem Himmel, der nur wenige Teile der Stadt überschattete und das Meer hier und dort dunkel einfärbte – überall sonst brachte die Sonne die Wellen zum Glitzern.

Meine ersten kurzfristigen Reisebegleiter, Alexis und Marian, traf ich dort. Sie hatten sich gerade erst Downtown in einem Backpacker kennengelernt. Wir kamen sofort gut miteinander klar und aßen zusammen im Hafen zu Mittag. Die Mädels lotsten mich zum Ferry Building, einem imposanten ockerfarbenen, Neobarock Gebäude auf der Quay Street in der Nähe des Queen's Wharf Kai. Irgendwie erinnerte es mich an meine Playmobil Villa, die ich als Kind hatte.

Unsere Themenauswahl war zunächst oberflächlich, drehte sich zum Beispiel um das riesige Banner, das sich anlässlich der internationalen 31. America's Cup Segelregatta, im kommenden Jahr um den Skytower wickelte.

Alexis fragte mich auf Englisch, «Wie lange bist du schon in Auckland?»

Sie hatte helle Haut und langes, rotes, gewelltes Haar und wirkte auf mich eher, wie eine zarte Tänzerin, als eine ungestüme Backpackerin.

«Ich bin erst heute Morgen angekommen», sagte ich ihr, «Und du?»

«Ich bin seit zwei Tagen hier, Marian hab ich gestern kennengelernt.»

«Cool. Und wer ist mit euch unterwegs?»

«Niemand», unterbrach Marian. Sie war kleiner als Alexis, etwas untersetzt, trug einen schwarzen Bob und einen grauen weiten Sweater. Sie meinte, «Eine Freundin wollte eigentlich mitkommen, aber sie kam letztes Jahr bei einem Autounfall ums Leben.»

«Scheiße!», Ich lehnte mich in meinem Stuhl zurück. Der Tod war das letzte worüber ich reden wollte. So emotionslos wie möglich entgegnete ich ihr, «Das muss hart gewesen sein», und log sie an, «Tut mir leid.»

«Wie sieht's bei dir aus Alexis? Irgendjemand mit dir gekommen?»

«Nein, ich mache den Trip nur, weil ich ihn mir für einen meiner Collegekurse anrechnen lassen kann.»

«Was studierst du denn?»

«Ich bin Kunststudentin in Essex. Mein Freund ist in England geblieben. Er ist Professor, sehr reif ...», Alexis klang plötzlich etwas eingebildet, «Er ist alt», fügte sie hinzu und rettete sich mit einem lauten Lachen.

Mein Gesichtsausdruck ließ sie wohl dennoch nach einer Erklärung ringen, «So alt nun auch wieder nicht, er ist nur acht Jahre älter als ich. Er konnte leider nicht und wartet nun darauf, dass ich wieder zurück nach Hause komme.»

*Cool, auf mich wartet niemand*, «Er kann's bestimmt kaum erwarten.»

«Tja, das hoffe ich.»

Marian blinzelt, «Der arme Kerl hätte fast ganz umsonst gewartet.»

Wieder verriet mich mein Gesichtsausdruck. Nach einem kurzen Zögern erzählte mir Alexis, «Ja, verrückte Geschichte ... jemand hat versucht mich im Schlaf zu erstechen.»

«Was? Du verarscht mich doch», Für einen Moment dachte ich, ich hätte mich verhört und fragte, «Erstochen? Mit einem Messer, meinst du?»

«Yeah.»

«Wie denn das? Ich meine ... warum?»

«Ich weiß es nicht.»

«Wie ... bizarr.»

Nach ein paar Momenten betretener Stille, wollte ich schnell das Thema wechseln, «Was studierst du denn in Essex? Also, ich meine, welche Art von Kunst? Gemälde oder so?»

„Nun ja, ein bisschen mehr Freiheit hab ich da schon. Wir sind nicht an Leinwände gebunden. Mein Schwerpunkt liegt auf der Schöpfung von Einsamkeit."

Das war das erste, was Sinn machte seit wir uns an den Tisch gesetzt hatten. Ich bewunderte sie, «Das ist brillant. Jeder weiß, was es bedeutet einsam zu sein.»

«Kann schon sein.» Alexis neigte ihren Kopf. «Aber die Zahl der verschiedenen Wege, diesen emotionalen Zustand darzustellen, ist überwältigend.»

*Vielleicht.* Ich stellte mir vor, wie ich in großzügigen Pinselstrichen Grau und Schwarz, Blutrot und ein wenig, wie zufällig platziertes, Silber auf einer riesigen Leinwand verteilte. Von dem Vorfall mit dem Messer zu hören, hatte mich beunruhigt und ich redete mir zu, *So etwas Verrücktes wird mir nicht passieren. Ganz sicher nicht.*

Marian war fünfundvierzig und war von San Francisco für die *Gay Olympics* nach Sydney, Australien, gereist. Sie sagte, sie hätte nicht mal mit der Wimper gezuckt, als sich ihr die Möglichkeit geboten hatte einen Abstecher nach Neuseeland zu machen. Ihre Disziplin, Bowling, wirkte auf mich genau so absurd, wie der Versuch einen Mit-Backpacker im Schlaf zu erstechen. *Und warum, zur Hölle, interessiert es irgendjemanden, welche sexuelle Orientierung ein Sportler hat?*

Alexis, Marian und ich verabredeten uns, abends ins Kino zu gehen. Aber jedes Mal, wenn ich in einem kleineren, ruhigeren Zimmer war, fühlte ich mich sofort ins Flugzeug zurückversetzt und mir wurde wieder schlecht. Ich dachte ein heißes Bad in meinem großen Jacuzzi, gefolgt von einem Nickerchen, würden bestimmt helfen. Ich schlief bis zum nächsten Vormittag durch und hatte somit meine Verabredung mit Alexis und Marian total verpennt. Ich entschied mich zum Wachwerden ein paar Bahnen im Hotel Pool zu ziehen. Danach genoss ich ein wunderbares kontinentales Frühstück – die Auswahl und die mit Bedacht dekorierten Tische waren üppiger als ich es mir je hätte vorstellen können.

Es fiel mir schwer, mich für etwas zu entscheiden und ich plauderte mit einer Dame aus Texas, die ich auf Ende 50 schätzte. Ihre Kleidung und die perfekt gestylten Haare passten ausgezeichnet zu dem Ambiente des Frühstückszimmers – ich, in meinen Wanderklamotten, eher weniger. In ihrem Südstaatendialekt erwähnte sie, «Weißt du, ich habe gerade erst eine sehr lange und kostspielige Scheidung hinter mir. Ich sollte wirklich versuchen, mich darauf einzustellen, gar nichts zu tun, aber ich hatte schon immer davon geträumt, einmal hierher zu kommen. Ich hoffe, ich kann hier ein bisschen auftanken.»

Mit ihrem, wie ich fand, lustig klingenden Englisch war sie für mich genauso schwer zu verstehen, wie der Typ mit dem Sisyphus-Tattoo. Ich strengte mich an, den Faden nicht zu verlieren, «Wie lange werden Sie unterwegs sein? »

«Oh, ich werde einige Monate unterwegs sein. »

«Monate? Wie aufregend!»

«Ich bin froh, dass wenigstens du das denkst. Ich habe ein Wohnmobil gemietet, um damit über beide Inseln zu fahren.»

«Ich auch. Also, ich meine, ich werde auch fahren. Allerdings nicht mit einem Wohnmobil, sondern mit einem Mietwagen.»

Die Dame schaute mich an, als hätte ich ihr gerade meine Pläne, es bis zum Mond zu schaffen unterbreitet. Sie hielt kurz inne, rückte ihre perfekt gelegte Frisur zurecht und verkündete langsam, als würde sie ein Geheimnis enthüllen, «Das ist ja so mutig ... Hast du keine Angst? Eine junge Frau so weit weg von zu Hause und ganz allein unterwegs? Was, wenn dir unterwegs was passiert? Was wenn dein Auto eine Panne hat? Oder schlimmer noch?»

Sie schüttelte ihren Kopf mit einem nichtssagenden Gesichtsausdruck. «Nein, ich könnte das nicht.»

Ich musste ein wenig kichern, bevor ich beleidigt dachte, *Wo ist denn bitte der Unterschied, zu dem, was Sie machen?* Wie gerne ich diese Frage heraus geschrien hätte. Stattdessen schaute ich mich nach einem freien Tisch um, lächelte sie an und meinte, «Machen Sie sich keine Sorgen, das wird schon werden. Es wird bestimmt viel Spaß machen, Sie werden schon sehen. Sie sind im Begriff das zu machen, wovon andere nur träumen können.»

Ich hatte diese Unterhaltung schon fast wieder vergessen, als es Zeit war meinen Mietwagen abzuholen. Mit einem Lächeln auf dem Gesicht bekam ich den totalen Kick aus einem einzigen Gedanken. *Fünfeinhalb Wochen, um die Nord- und Südinsel Neuseelands zu erkunden. Jetzt ist es so weit!*

Ich bereitete mich vor, den Luxus des „Carltons“ hinter mir zu lassen und war bereit jemand anderes zu werden: ein Backpacker – oder zumindest meine Version davon. Wie die meisten Reisenden Anfang zwanzig, hatte ich nicht das Geld, um für fast sechs Wochen von einem schicken Hotel zum nächsten zu huschen und somit wurden Hostels automatisch zu meiner „Wahlunterkunft“.

Im Vergleich zu vielen anderen Backpackern, die ich später treffen würde, musste ich mich nicht auf einen dieser grünen, günstigen Busse verlassen, die durchs ganze Land tuckerten. Der weiße Toyota Yaris, den ich gemietet hatte, würde mich stattdessen von einem Hostel und von einer Stadt zur nächsten bringen. Alles was ich bisher je gefahren hatte, waren deutsche Autos wie VW, Audi oder Omis BMW. Entscheidend war, dass sie alle das Lenkrad auf der linken Seite gehabt hatten. Dieses kleine, seltsam aussehende, japanische Gefährt hatte den Fahrersitz auf der rechten Seite und sollte mich nun über beide Inseln chauffieren und dabei mehr als 5000 Kilometer bewältigen – inklusive meines Gepäcks mit Übergröße.

Die Fluggesellschaften hatten mich für meine acht-wöchige Reise auf ein einziges lächerliches Gepäckstück beschränkt. Berechnender Weise hatte ich also das größte Gepäckstück gekauft, das ich finden konnte und mich so mit den seit dem 11. September 2001 noch ständig ändernden Regeln arrangiert. Ich hatte nie gewusst, dass es Gepäck in dieser Größe gab. Als ich meinen Koffer zum ersten Mal sah, fiel er mir schon von der anderen

Ladenseite aus ins Auge. Ich fragte mich, ob ich sogar selbst mit meinen 1,76 Meter hinein passen könnte. Es dauerte eine ganze Weile, bis ich diese Monstrosität in den Kofferraum meines Mini-Mietwagens manövriert hatte.

Nach nur wenigen der insgesamt anstehenden 5,000 Kilometer hielt ich im Wenderholm Regional Park ganz in der Nähe Aucklands an. Es sollte nur ein erster Eindruck von dem sein, was mich erwartete. Ich wanderte für eine Weile ziellos entlang der Küste umher, bis ich plötzlich an einem riesigen Bilderrahmen vorbeikam und staunte, «Wie genial!»

Und das war es wirklich: Jeder Schritt in Richtung Ufer schuf ein neues Bild dieses wunderschönen Küstenstrichs. Der Bilderrahmen war einzigartig, hatte verschiedene Meeressäuger, Wale und Krustentiere ins Holz geschnitzt, zusammen mit ein paar Wetas (wie riesige Heuschrecken), Geckos und Kiwis. Am unteren Rand stand geschrieben: „Dieses natürliche Meisterwerk wird vom Auckland Regional Council gepflegt." Und für mich war es das wirklich – ein Meisterwerk.

Ich hatte bereits einen ganzen Teil Europas gesehen. Ich war nach Schweden gereist, Italien, Frankreich, Spanien, Österreich, Holland, Belgien, Luxemburg, die Balearen und nach England; hatte es sogar bis nach Tunesien, jenseits der Straße von Gibraltar in Afrika geschafft. Aber ich wusste nicht, dass man ein solches Staunen und Ehrfurcht vor der Natur haben konnte.

Als hätte jemand ganz gezielt die Landschaft geformt, harmonierte alles vollkommen. Der Klang der See, der Wind, der über die bildhübschen Klippen geklettert kam, der Duft der Blumen, von denen ich vorher nicht einmal gewusst hatte, dass es sie gab – und dann die spektakulären *Puhutukawa*-Bäume.

«Pu-hu … Pu-hu-tu … Po'utukava.» Meine Zunge und Lippen versuchten sich an den neuen Klängen. Ich liebte es, wie sich das weiche „U" auf meinen Lippen anfühlte. Es wurde zu einem meiner ersten Wörter in der Sprache der Māori (die polynesisch-stämmigen Ureinwohner Neuseelands), die ich vor Ort lernte. Für mich hieß es: „Paradies“!

An diesem Oktobertag, irgendwo an der Schwelle zum Frühling der südlichen Hemisphäre, hörte ich plötzlich ein noch nie zuvor vernommenes Geräusch. Weit und breit war niemand zu sehen. Ich ging in Richtung der Bäume von denen ich annahm, dass sie was damit zu tun hatten. Während ich mich langsam näherte, suchten meine Augen die Bäume ab bis sie auf einen lustig aussehenden Vogel fielen. Schwarzgefedert saß er zwischen den grün-blättrigen Zweigen eines Zitronenbaums und sah aus, als hielte er etwas im Schnabel. Ich pirschte mich heran und stellte fest, dass das nicht stimmte. Sondern er hatte einen kleinen, weißen, fedrigen Ball an der Kehle sitzen. Der Anblick war so unerwartet, dass ich lachen musste, «Vielleicht hörst du dich deswegen anders an, als alle anderen Vögel.»

Wie betrunken von einer Liebe für ein Land, das scheinbar nur geradezu darauf wartete, von mir entdeckt zu werden, blätterte ich durch meinen Reiseführer und fand ein Bild von meinem neuen Freund, dem Tui Vogel. Wie benommen von der neuentdeckten Schönheit, die sich überall ausbreitete, liebte ich seinen Namen sofort.

Das Tageslicht schien irgendwie heller, als in Deutschland, als ob eine riesige Leuchtstoffröhre den Himmel blauer und das Gras grüner machte. Die Sonne wärmte sanft meine Haut, während ich die farbenprächtige Küste entlangspazierte, bis ich irgendwann langsam zum Stehen kam. In diesem Park zu sein fühlte sich so unwirklich an – ich befand mich in einem perfekt angelegten Garten und zum ersten Mal seit langem, setzte ich mich einfach auf die nackte Erde unter meinen Füßen. Ich setzte mich direkt in den Sand und das Gras. Kein Stuhl, keine Decke. Ich saß einfach nur da und sah dem Lauf des Lebens zu.

Je mehr Herrlichkeit ich um mich herum entdeckte, desto freier konnte ich atmen. Ich bewunderte die purpurroten Bäume hinter mir und beobachtete, wie Greifvögel sich in den Hauraki Golf herabstürzten und mit Fischen in ihren Krallen wieder emporstiegen. Ich schloss meine Augen und lauschte dem Wind und dem Rauschen der Wellen, welches den Gesang aller Vögel – der hübschen und der weniger hübschen – fast übertönte. Langsam kehrte Ruhe ein und das den Tod verkündende Summen, das mir die letzten zwei Jahrzehnte überall hin gefolgt war, verstummte und mein Herz wurde still.

Intuitiv erkannte ich die Ruhe meines Herzens als etwas, das zu den Tagen meiner Kindheitsträume gehörte: Tage des Frühschoppens mit Omi, Urlaub mit Mama und Papa oder stundenlang mit meinem Bruder Fahrrad zu fahren. Wieder fuhr mir ein zaghaftes Lächeln über die Lippen und ich begann, mich ganz in dem Moment zu verlieren. Meine Geschichte hätte wohl auch hier Enden können, wenn ich nicht noch einen anderen Schatz in meinem Herzen wiederentdeckt hätte: Begeisterung. Ich erkannte mit absoluter Gewissheit, dass ich kurz davor stand Dinge zu entdecken, die bisher im Unsichtbaren und Ungehörten verborgen geblieben waren.

# 8. Gebrochene Versprechen

Die erste Nacht unterwegs, *on the road,* tauschte ich Aucklands Carlton gegen ein kleines Motel in Paihia – im Vergleich zu dem eleganten Hotel war's nicht wirklich mein Ding. Ich hasste es eigentlich. Ich konnte in dem Zimmer nicht zur Ruhe kommen und fühlte mich, vor lauter großzügig angelegtem Freiraum, total verloren und verlassen.

Ich ging also erstmal spazieren und als ich Hunger bekam, brachte der Gedanke, mich irgendwo mutterseelenallein zum Abendessen in irgendein Restaurant an irgendeinen Tisch zu setzen, nur noch mehr Unruhe und Scham, *Komisch, dass ich nicht früher daran gedacht hatte.* Ich entschied mich stattdessen, einfach ein paar Lebensmittel zu kaufen und irgendetwas im Motel zusammenzuwerfen. Ich verbrachte mit Sicherheit eine ganze Stunde in einem kleinen Laden an der Straßenecke um mich mit den fremden Marken und Produkten vertraut zu machen. Ich war auf der Suche nach Sachen, die nicht nur gut schmeckten, sondern sich auch ohne Kühlschrank für ein paar Tage gut im Auto halten würden.

Letzten Endes gab ich mich mit Reis, Gemüse, ein paar Flaschen Wasser, „Heineken" und einer Dose Cola zufrieden. In Deutschland sind wir es ja nicht gewohnt, dass jemand unsere Einkäufe für uns einpackte und dementsprechend verlegen war ich, als ich meine Tüten aus den entgegengestreckten Händen des Kassierers entgegen nahm. *Das wird echt noch interessant. Ich hab nicht den blassesten Schimmer, wie man Mahlzeiten im Voraus plant, grübelte ich auf dem Rückweg ins Motel.*

Ich hatte kein Budget für den Trip zusammengestellt – lediglich eine Kreditkarte mit einem zehntausend Euro Limit, ein Händchen, dass dieses mit Freuden zückte und eine simple Zahlungsdevise: Sei einfach vorsichtig. Ich reimte mir die Dinge schrittweise zusammen, wie etwa die Tatsache, dass Backpacker alles mit sich herumschleppen müssen. Nicht nur ihre Klamotten und Kosmetika, sondern auch noch ihr eigenes Essen. Der Mietwagen, mein rollender Kleiderschrank, wurde schnell zu einer Art Mini-Wohnmobil. Ich hatte meine Reiseroute schon im Vorfeld akribisch festgelegt und eingeplant, was ich mir alles unbedingt ansehen wollte. Aber die Kleinigkeit, regelmäßig essen zu müssen, hatte ich total übersehen.

Vor dem Motel lief mir ein älteres kanadisches Pärchen über den Weg. Die Frau hatte ihre Haare wie Omi frisiert und beide wirkten ausgesprochen lieb. Zu meiner großen Überraschung, boten sie mir etwas an, was für meine deutschen Ohren wie „Pfefferminzkuchen" klang. Ich runzelte meine Stirn, *Ist das ihr ernst?*

Ich konnte nicht sehen, was wirklich in der Tüte war, als mir die Dame strahlend die Plastiktüte reichte. Mit einer ermutigenden Stimme meinte sie zu mir, «Ach komm! Minze ... Fleisch ... Erbsen ... Kuchen ... really good». Zumindest verstand ich das so.

*Igitt! Wer macht denn aus Fleisch und Pfefferminzsauce einen Kuchen?* Ich lächelte die Kanadier an und nahm den Kuchen entgegen – alles andere wäre unhöflich gewesen. Zurück in meinem trostlosen Motel-Zimmer setzte ich mich vor mein dubioses, noch lauwarmes Mitbringsel und rätselte angesichts meines geheimnisvollen „*Mystery pie*-Kuchens". In Sekundenschnelle klärte sich das ganze jedoch auf – offensichtlich hatte ich alles komplett falsch verstanden. Mein Geschenk war ein dick gebackener Teig, gefüllt mit Erbsen und *Minced meat* – Gehacktem also – und nicht etwa Minze. Ich knüpfte mir meinen Reiseführer vor, stopfte mir einen großen Bissen in den Mund und lobte mich selbst, «Bin ich froh, dass ich den Kuchen nicht abgelehnt hab.»

Etliche Male hatte ich meinen Ratgeber durchblättert und meine Augen wanderten schließlich von der gähnenden Leere in einer Ecke des Zimmers zur nächsten. Es gab nichts, womit ich mich hätte ablenken können und das altbekannte Summen breitete sich wieder in meinem Kopf aus. Ich fürchtete, dass es sich in ein ausgewachsenes Fiepen verwandeln würde und machte das einzige, was mir in dem Moment übrig blieb. Ich griff nach meiner Gabel und steuerte auf den Kuchen zu.

*

Seit dem Tod meiner Mutter war mein einziger Trost im Kampf gegen den Kummer und andere Unannehmlichkeiten, mir Glückseligkeit anzufuttern. Dabei war ich doch zuvor immer extrem Figurbewusst gewesen. Wie besessen zählte ich Kalorien und wälzte durch alle möglichen Bücher und Magazine um mir ein immer größeres Wissen über Appetitzügler anzueignen, die letzten Workout-Trends auszuprobieren, Diäten und wie man sich am besten kleidet um gewisse Körperzonen zu kaschieren. Einem meiner Freunde gab ich sogar offiziell die Erlaubnis, mir zu sagen wenn er dachte, ich äße zu viel. Als ich endlich das hart umkämpfte Untergewicht erreicht hatte, fingen Omi und M.J. an, mich damit aufzuziehen, als seien Essstörungen etwas, über das man Witze machen sollte.

Als sich mein Leben zusehends ins Nichts auflöste, schlug die Leere in meinem Innern ins Gegenteil um und ich fing damit an, mich vollzustopfen. Ich ging nicht viel aus dem Haus – es sei denn um Lebensmittel zu kaufen. Pfund um Pfund legte ich zu und doch konnte ich den abgrundartigen Riss in meinem Herzen nicht füllen. Ich fing mit dem Joggen an, um die Auswirkungen meiner Fressattacken etwas abzumildern. Nichtsdestotrotz, legte ich innerhalb weniger Monate seit dem Tod meiner Mutter ordentlich zu, bis ich einen kleinen Schutzpanzer aus Fett angelegt hatte. Mit

15 Kilo Übergewicht wurde das Laufen nicht unbedingt einfacher. In der Regel ging ich früh morgens an zu laufen, wenn es noch kühl war und so gut wie niemand sonst im Kurpark meines Heimatorts unterwegs war. Mir gefiel es sehr, wenn ich den weitläufigen Park für mich allein hatte, besonders im Frühling wenn die Rhododendronbüsche und der Rosengarten aufblühten, die Küken der Schwäne über einen der vielen Teiche hinwegglitten und der Geruch von frischem Rindenmulch in der Luft lag.

Lucas ging zur Familie seines besten Freundes, Max, in Pflege – er und seine Familie lebten nur ein paar Straßen von uns entfernt direkt am Kurpark. Max und Lucas waren seit dem Kindergarten befreundet und unsere Mütter somit auch. Die Familie von Max ehrte den letzten Willen meiner Mutter und wurde nach ihrem Tod zu Lucas' Pflegefamilie. Falls ich doch mal aus dem Haus ging, ohne direkt zum Supermarkt zu fahren, dann war ich wahrscheinlich auf dem Weg zu ihrem Haus, wo mich oft eine offene Terrassentür empfing.

Max und die anderen lebten in einem schönen, vollständig renoviertem Bauernhaus umgeben von gepflegten Blumenbeeten und einem riesigen Garten. Die großen Terrassenfenster und der angrenzende Wintergarten gewährten einen kleinen Einblick in das luxuriöse Familienleben, von dem ich nur wenig wusste – eine Essecke, ein Fernsehzimmer mit Kaminofen, der besagte Wintergarten und die verschiedenen Schlafzimmer die Treppe herauf. Die Menschen, die in dem alten Bauernhaus lebten, sollten für die nächsten Jahre die neue Familie meines kleinen Bruders werden – inklusive einer neuen Oma.

Ich ging die paar Schritte über die Terrasse, vorbei an den soliden Echtholzmöbeln in der Essecke, als ich jemanden im Wohnzimmer sitzen sah. Martin, Max' Vater, lümmelte sich in einer der dunkelblauen Samtcouches vor einem Plasmabildschirm. Er war ein großer blonder Mann mittleren Alters mit einer Leidenschaft für alle möglichen technischen Spielereien.

Man konnte nie mit Sicherheit sagen, ob es ihn interessierte, was im Fernseher lief, oder ob er lediglich seine neueste Anschaffung bestaunte. Für gewöhnlich hatte er ein versnobtes Schmollen auf den Lippen – so wie jemand der gerade den letzten Bissen einer leckeren Mahlzeit zwischen den Zähnen hervor gepult hat und dessen erfolgreiche Zunge nun hinter gespitzten Lippen auf den Zähnen ruhte. Er sagte, «Hi! Komm rein! Ich bin der einzige zu Hause. Julia und die Kinder sind drüben im Park, aber ich bin mir sicher, sie sind jeden Moment wieder da. Morgen ist ja schließlich Schule. Warum machst du dir nicht schon mal eine Tasse Kaffee?»

Ich lief über das bestimmt hundert Jahre alte Mosaik im Flur und steuerte auf das eigentliche Kunstwerk zu: eine italienische Espressomaschine – so eine richtig coole mit Edelstahl-Finish. Ich fand es einfach großartig ein Knöpfchen drücken zu können und voilà – die gewünschte Menge Espresso kam heraus. Ich freute mich jedes Mal auf diesen Moment, sobald ich das Haus betrat. Ein kleiner Milchschäumer stand direkt daneben und überredete mich jedes Mal wortlos zu einer Runde seiner aufgeschäumten Leckerei. Kaffeetasse, Löffel, Zuckerwürfel, Zigaretten – inzwischen wusste ich, wo alles war, um mich wie zu Hause zu fühlen – anfangs fiel mir das noch schwer. Julia dekorierte immer alles penibel abgestimmt auf die jeweilige Jahreszeit. Ihr Auge für Details hatte schon fast etwas Erdrückendes. Bei der Königin von England zum Tee eingeladen zu sein, hatte vermutlich einen ähnlichen Effekt. Als normalsterbliche Besucherin zappelte ich zwischen dem angebotenem Komfort und der erdrückenden Perfektion.

Ich genoss den Blick aus dem Wintergarten auf Rhododendronbüsche, farbenfrohe Blumen, einen kleinen Kräutergarten hinter dem Schaukelset der Jungs. Ein riesiges Fußballtor versteckte sich hinter einer Reihe von Bäumen, die den vorderen Teil vom hinteren, den Julia zum Wäsche Aufhängen nutzte, abtrennte. Ich bewunderte es, dass jemand ganz entspannt einen Teilzeit-Job haben konnte, Mutter und Ehefrau war, Blumen, Kräuter und nun noch Lucas in Pflege hatte und es trotzdem vorzog, ihre Wäsche zum Trocknen lieber draußen aufzuhängen, anstatt sie einfach in den Trockner zu schmeißen. Julia schien voller Leben.

Gelächter und Schritte hallten aus dem Flur. Bevor ich's mich versah, sprang ihr Sohn neben mir auf die Couch. «Max! Vorsicht, du verschüttest noch ihren Kaffee!», warnte Martin.

«Mach' ich nicht!», sprudelte es aus Max heraus während er auf seinem Platz auf und ab wippte.

«Hallooooooo, Schwester!», rief jemand aus Richtung der Eingangstür, gefolgt vom Geräusch von Schuhen, die fallen gelassen und quer durch den Flur getreten wurden. Sekunden später hüpfte Lucas auch zu mir auf die Couch und ich begrüßte ihn mit einem Kuss auf die Stirn. Ein weiteres, «Hi!», und ich schaute Julia ins Gesicht, die mich zur Begrüßung umarmte. «Mein Gott, war das ein Spaß! Ha!», strahlte sie, «Ich war bestimmt die Einzige, die so einfach gekleidet unterwegs war, aber naja ...»

«Was meinst du?», fragte ich sie. «Du siehst doch gut aus.»

«Danke, aber du kennst das ja. All die Leute in ihrem feinsten Zwirn.»

Sie sprach von den Touristen und Klinikpatienten, die zur Reha angereist waren. Viele von ihnen warfen sich richtig in Schale, ließen ihren Jogginganzug einfach mal Jogginganzug sein, und suchten nach einem romantischen „Kurschatten."

Julia war ebenfalls groß und schlank. Sie hatte langes, dunkles, dichtes, leicht gewelltes Haar. Ihre Augen waren blau-grün und sie betonte sie mit einer grünlichen Designerbrille, die auf ihrer Stubsnase saß. Max hatte genau die gleiche Nase, die gleiche Augenfarbe und war ihr einziger Sohn. Martin hatte drei erwachsene Töchter aus erster Ehe. Julia hatte also gewissermaßen bereits Erfahrung im Aufziehen von Kindern anderer gesammelt als Mutter, Stiefmutter und jetzt noch Pflegemutter.

Ich bekam manchmal nicht die Zähne auseinander, wenn ich den Menschen gegenüber saß, die sich bereit erklärt hatten, meinen kleinen Bruder zu sich in Pflege zu nehmen. Lucas und ich hatten nicht den gleichen Vater und jetzt hatte er plötzlich auch noch eine andere Mutter. Auch wenn ich dankbar war, dass für Lucas gesorgt war, so war ich auch neidisch. Ich wünschte mir auch eine Art zweite Chance auf ein „normales" Leben mit Menschen, die sich für mich interessierten. Jetzt wo meine Mutter und Omi nicht mehr lebten, blieb niemand mehr übrig, den es kümmerte, ob auch ich starb oder lebte.

Pflegeeltern, Pflegebruder; Pflege ... dieses Wort hinterließ einen schalen Geschmack in meinem Mund, *Was genau bedeutet das überhaupt?*

Wie genau pflegt man und kümmert man sich um die Kinder anderer? Wie jemand, die in den Urlaub fährt und andere bittet, sich solange um ihre Blumen zu kümmern, verließ sich auch meine Mutter darauf, dass sich eine Freundin um ihren letzten „Setzling" kümmern würde. Im Vergleich zu einer Urlauberin würde sie jedoch nie zurückkommen und ein Handbuch mit klaren Pflegehinweisen gab es auch nicht.

Damals fragte ich mich oft, ob ich einen guten Job gemacht hätte, meinen kleinen Bruder aufzuziehen, oder ob es mich total überfordert hätte, *Stella und Elias kommen schließlich gut zurecht. Vielleicht könnten wir das auch.*

Meine Mutter hatte ihre eigenen Vorstellungen und wollte, dass Martin und Julia diese Aufgabe übernehmen sollten. Zumindest was Lucas' soziales Umfeld betraf, ging es einen Schritt nach oben und er konnte Dinge erleben, die ich ihm nie hätte bieten können. Lucas' Pflegeeltern standen fest im Leben. Martin, Golf- und Technologie-Enthusiast, Connaisseur und Chef von allem. Julia, die alles was grünt liebte, souveräne Gastgeberin und das Herzstück des Alltags. Das Einzige was noch fehlte, war ein weißer Gartenzaun um ihr Grundstück herum.

Als hätte jeder von uns eine Rolle im Film „Pleasantville" zu spielen, betrat Julia das Zimmer mit einem Tablett in den Händen und servierte ihren selbstgemachten Quark mit frischen Erdbeeren. *Wahrscheinlich selbst gepflückt*, nahm ich an.

Hin- und hergerissen zwischen Bewunderung und Spott saßen die kleinen Dessertschalen vor mir auf dem Tisch. Sie verkörperten einerseits all die Millionen Dinge, die mir fehlten, und andererseits eine süße Kleinigkeit, die dafür sorgen würde, dass es mir besser ging – wenn auch nur für einen Moment.

*

Ich wischte mir gerade die letzten Krümel der Fleischpastete der Kanadier vom Mund, als sich der altbekannte schale Geschmack wieder auf meinem Gaumen breitmachte ... *Hm, Pflegefamilie* ...

Von der Pastete war nichts übrig geblieben und somit gönnte mir das unvermeidliche Summen in meinem Kopf keinen weiteren Aufschub und die Glaskuppel über mir rastete wieder ein

Ich war mehr als bereit, diese Gedanken hinter mir zu lassen und freute mich darauf, aus dem Motel schnellstmöglich aus zu checken. Ich fuhr durch die Nachbarschaft und suchte nach Übernachtungsalternativen, bis ich nach einer Weile auf ein kleines „*Bed and Breakfast*" aufmerksam wurde. Es war wie einen Sechser im Lotto zu gewinnen. Jillian und Vaughn betrieben ihr liebevolles Business mit der größten Sorgfalt und Fürsorge, sodass ich mich schnell wie Familie fühlte. Hätten sie mir einen fensterlosen Wandschrank als Schlafplatz angeboten, wäre ich vermutlich trotzdem geblieben.

Mein erster Gedanke nachdem ich mich in meinem Zimmer umgesehen hatte war, dass ich mir wünschte, es schon eine Nacht früher gefunden zu haben. Das Zimmer war klein, gemütlich und mit Bedacht und Herz dekoriert, als wäre das Ganze ein Motiv für einen Fototermin bei „Schöner Wohnen". Ich ging vorbei an einer kleinen aber feinen Kochnische, rüber zu einem einladenden Doppelbett, auf dem eine farbenfrohe Tagesdecke ausgebreitet war und ließ meinen Koffer auf den Boden fallen. Hinter einer doppelten Schiebetür verbarg sich das Badezimmer mit eigener Dusche und Toilette.

Die blauen Handtücher erinnerten mich an die Lieblingsfarbe meiner Mutter und beim Anblick der winzigen Segelboote, die auf dem Saum des Duschvorhangs abgebildet waren, musste ich lächeln. Vom Panoramafenster des Zimmers aus überblickte ich die Bucht von Paihia. Ich hielt meinen Atem an und versuchte, jeden Zentimeter von ihr wahrzunehmen.

Konzentriert schaute ich auf das Wasser – die Bucht war als sicherer Anlaufpunkt unter Walen beliebt und ich wünschte mir sehnlichst, mindestens einen ausfindig zu machen. Ich atmete tief durch. Mich beruhigte das Wissen, dass mich das laute Rauschen des Meeres nicht wieder wachhalten würde. Stattdessen würde ich in Jillian und Vaughns Haus friedlich einschlafen. Als ich an diesem Abend meine Augen schloss, brachen sich die Wellen unweit von meinem Fenster und sie bemühten sich, die tiefen Spuren von Schmerz in meinem Innern hinweg zu spülen, als seien sie lediglich Abdrücke im Sand. Ich hörte noch bevor ich einschlief, wie mein Kopf meinem Herz erzählte, *Selbst wenn sich der ganze Ozean über dir ergießen könnte, wäre das kaum genug.*

Am nächsten Tag halfen mir Jillian und Vaughn dabei, mir aus dutzenden von Angeboten eine Tour zur Erkundung Paihias und der Bay of Plenty auszusuchen. Ich wollte unbedingt zum nahegelegenen Cape Reinga und zum Ninety Mile Beach. Schon vor Wochen hatte ich beides in meinem Reiseführer markiert. Allerdings traute ich meinem Mietwagen den Weg durch die Dünen nicht zu und entschied mich, bei einer der „Dünenbus-Touren" mitzufahren.

Cape Reinga, der nördlichste Zugangs-Punkt Neuseelands, bewies sich als unglaublicher, atemberaubender und verzaubernder Ort. Um dorthin zu gelangen tuckerten wir mit unserem Bus die Küste entlang und sahen die noch in der Ferne liegenden Dünen, die uns immer näher und näher ans Kap heranlockten. Die Straße schlängelte sich durch ein Terrain aus Sand, Erde und Asche, die sich nach einem Vulkanausbruch auf einer der zwei Inseln dazugesellt hatte. Die farbenfrohen Steine entlang des Weges und die Erde, die gelegentlich unter einem Busch hervorblitzte, leuchteten Gelb, Kupferrot und Braun – meinem Reiseführer zu Folge „ein sicherer Hinweis auf die Thermoaktivität". Die letzten 21 Kilometer der „Straße" waren aus Kies. Sie führte uns bergauf bis zur Spitze des Kaps. Unmengen von Bussen, Autos und Fahrrädern standen hier.

Vom Parkplatz aus ging es zu Fuß weiter, einen relativ schmalen Pfad entlang, durch Gras, das uns bis zu den Knien reichte, immer weiter zu auf den weitentferntesten Punkt des Kaps, wo ein Leuchtturm auf uns wartete. Touristen fotografierten sich gegenseitig davor, standen, den Moment genießend, herum, während sich kleinere Grüppchen vor einem hölzernen Wegweiser stetig formten und wieder trennten. Mindestens zwanzig oder dreißig Schilder waren an diesem Wegweiser befestigt und zeigten in allen möglichen Richtungen auf weltbekannte Städte, die über den ganzen Globus verstreut lagen. *„18.039km to London, UK."* Unter unseren Füßen, an der Spitze des Kaps also, prallten Welten aufeinander. Die Tasmanische See und der Pazifik fluteten in entgegengesetzte Richtungen – für alle Ewigkeit zum Widersacher bestimmt, und doch behielt jedes der Meere auf wundersame Art und Weise seine ursprüngliche Strömung und Farbe bei. Die Tasmanische See, getauft auf den Namen des großen Entdeckers Abel Tasman, schien eher gräulich-blau zu sein, wobei der Pazifik eher grünlich dunkel-blau erschien. Bei dem Anblick blieb mir fast die Luft weg, «Wieso wusste ich nicht, dass es sowas gibt?!»

Milliarden von Wassermolekülen kämpften so heftig um ihren Platz, dass die Gischt eine weiße Linie durchs Wasser zog – von den Klippen aus, dem endlosen Horizont entgegen, wie ein gewaltiger Kriegsgraben. Ab und zu wurde der Druck unterhalb der Gischt so groß, dass das Wasser in den Himmel hinaufschoss, teilweise bis zu dreißig Meter hoch. Fasziniert vom Wasser stand ich auf dem Felsvorsprung und lief die weiße Linie mit meinen Augen ab, bis der starke Wind mir Tränen in die Augen trieb.

Im Westen lag der Ninety Mile Beach, der in Wirklichkeit nur 55 Meilen lang ist. Als die Ebbe ihren Tiefpunkt erreichte, fuhren wir direkt über den Strand. Zu unserer Linken, landeinwärts, schien es, als gäbe es dort nichts als tiefen Sand und zu unserer Rechten tummelten sich unzählige, von Schalentieren gegrabene Löcher. Unser „Tourguide“ und Fahrer hielt den Dünenbus mittig und somit außer Gefahr. Ich lehnte mich in meinem Sitz zurück und dachte mir, *Bin ich froh, dass ich nicht selbst da durch brettern muss.*

Das verrostete Skelett eines alten Autos erregte meine Aufmerksamkeit, gerade als unser Fahrer meinte, «Armer Kerl. Er muss in eines dieser Löcher geraten sein und dabei die Achse gebrochen haben. Seitdem kaut das Meer daran.»

Nach ein paar Kilometern Fahrt den Strand entlang, überquerten wir mehrere holprige Frischwasserzuläufe und hielten irgendwann für einen kleinen Spaziergang an. Der Wind wehte mit solcher Kraft, dass meine Kleidung geradezu nur so an meinem Körper auf und ab zappelte. Ich zog meine Schuhe aus und staunte ... irgendwie erschien das eiskalte Wasser unter meinen Füßen etwas in mir zu erwecken. Je weiter ich mich von der Gruppe entfernte und strandaufwärts durch die Fluten der Tasmanischen See lief, desto lauter heulte der Wind – bis ich nichts anderes mehr hören konnte. Als mir die Wellen bis zu den Knöcheln reichten, hielt ich für einen Moment an, schloss meine Augen und atmete tief ein. Immer noch hörte ich nichts als Wind. In einiger Entfernung hatte ich kurz beobachtet wie die anderen sich vornüber gebeugt hatten, um mit ihren bloßen Händen Muscheln zu fangen – aber ich wollte etwas anderes. Die Luft und das Wasser elektrisierten meine Sinne.

Ich bemerkte etwas, das für mich schon fast in Vergessenheit geraten war und spürte pure Kraft, die in meinem Innern aufloderte. Die Elemente machten mit mir, was sie wollten, als ob jemand einen Hochdruckreiniger nehmen und auf mich richten würde, um besonders alten und sturen Dreck zu lösen. Neues Leben brach in mir hervor und aus mir heraus, als ich meinen Mund weit öffnete und in den Wind hinein schrie.

Noch lange vor Sonnenuntergang saß ich wieder an meinem vertrauten Platz am Steuer und fuhr Neuseelands Ostküste entlang. Ich fuhr mehrere Stunden, nochmal vorbei an Auckland, bis ich endlich Whitianga erreichte, um dort wie geplant die Nacht zu verbringen.

Der schöne Küstenhighway führte durch die Berge und verlief manchmal so nah an den Klippen entlang, dass ich mehrmals daran dachte, anzuhalten und eine neue Route auf meiner Karte ausfindig zu machen. Wunderschöne Häuser reihten sich unterhalb des *Highways,* der Länge der Küste nach, aneinander und schimmerten immer wieder beschwichtigend in der Nachmittagssonne. Als ich es zurück auf Meeresniveau schaffte, stellte ich fest, dass die meisten der Häuser *Motels* oder *B&B* Pensionen waren, aber ich fuhr weiter, auf der Suche nach einer Backpacker-Herberge. Ich fragte mich, wie es wohl ist, wenn man das Zimmer mit einem Haufen Fremder teilt, *Wie hat man da denn noch Privatsphäre? Und was macht man mit den Wertsachen?* Mir war klar, dass es lediglich eine Frage der Zeit war, aber ich schob die Fragen noch etwas auf und entschied mich für ein Doppelzimmer mit geteiltem Bad und Küche.

Ich sorgte mich immer noch, dass die „richtigen" Backpacker mich als zu anspruchsvoll, oder schlimmer noch, lächerlich abstempeln würden, sobald sie meinen Koffer sahen und kehrte noch einmal zu meinem Auto zurück, um nur das Nötigste für die Nacht aus dem Kofferraum zu holen.

Ich wühlte durch meine Sachen, als ein anderes Auto auf den Parkplatz fuhr. Dem Fahrer des dunkelgrünen Viertürers fiel es sichtlich schwer in einen der Plätze direkt vor dem Hostel zu passen. Plötzlich machte der Wagen einen Satz nach hinten und gab die Sicht auf seine Passagiere frei. Ich hatte diese Jungs im Laufe des Tages schon mehrmals gesehen. Sie hießen Nico, Life und James. Sie winkten mir zu, als ich ihnen entgegenlief und mich zusammenreißen musste, nicht lauthals loszulachen.

Das erste Mal hatte ich sie an einem Aussichtspunkt in der Nähe von Omapere gesehen. Wie das Schicksal so wollte, lief ich geradewegs vor ihnen her in Richtung Klippen. Die Stimmen der Jungs waren weithin hörbar und als ich merkte, dass sie Deutsch sprachen, blieb ich in ihrer Nähe.

Auch wenn ich ihre Gespräche halbwegs unterhaltsam fand, entschied ich, mich nicht vorzustellen. Ich wollte nicht über Deutschland oder zu Hause reden; wer dort lebte oder eben nicht mehr lebte und beschloss, kein einziges Wort zu sagen.

Einige Zeit später hielt ich unterwegs an, um meine Wanderschuhe für Sandalen einzutauschen und die drei Jungs überholten mich mit ihrem dunkelgrünen Wagen. Im weiterem Verlauf meiner Etappe zum Waipoua Forest Park hatte ich wieder das gleiche Auto vor mir und meine Affinität für Autorennen sorgte dafür, dass ich sie auf dem Weg durch die Serpentinen nicht verlor.

Das war das erste Mal, dass ich es schon fast bereute, mich nicht vorgestellt zu haben. Wie sich herausstellte, waren auch sie auf dem Weg nach Waipoua, bekannt als Wohnstätte des „Waldgottes“ – *Tane Mahuta*, wie ihn die Māori nennen. Bei einer Höhe von 51,2 m und einem Umfang von 13,77 m ist Tane Mahuta der größte Kauribaum des Landes und bietet einen schlicht majestätischen Anblick. Unterhalb der Äste dieses massiven, uralten, lebendigen Organismus, der bereits mehr als 2000 Jahre alt war, konnte ich gar nicht anders, als mich vollkommen nichtsagend zu fühlen ... wie Dunst.

Das Naturschutzamt (Te Papa Atawhai) hatte ein Schild für „Seine Majestät" anbringen lassen, darauf hieß es:

„Sie befinden sich in der Gegenwart eines der ältesten Bäume der Welt. In der Māori-Kosmologie ist *Tane* der Sohn *Ranginuis*, dem Vater des Himmels, und *Papatuanukus*, der Mutter Erde. Tane entzweite seine Eltern, indem er sie ihrer ursprünglich innigen Umarmung entriss, um durch einströmendes Licht, Raum und Luft neues Leben zu entfachen. Tane ist der Lebensspender – alle lebendigen Kreaturen sind seine Kinder. Tane ist der größte lebende Kauribaum Neuseelands. Es ist schwierig, dass genaue Alter Tane Mahutas zu berechen. Aber man nimmt an, dass Tane Mahuta vor etwas mehr als 2000 Jahren – zu Lebzeiten Jesu Christi – einem Samen entsprang. [...]"

*Tane*, Sohn eines himmlischen Vaters und einer weltlichen Mutter, wurde genau zu jenem Zeitpunkt in die Erde gesät, von dem die alten Propheten sagten, dass er irgendwann käme. Die Propheten aus alter Zeit im heutigen Mittleren Osten hatten die Ankunft einer himmlischen Saat prophezeit, die vom Schöpfer in einen Leib auf Erden gesetzt würde. Sie fieberten der Ankunft des Messias, Jesus Christus, dem Sohn Gottes entgegen, der von Maria, einer sterblichen Frau, geboren werden würde. Auf ihre eigene Art und Weise hatte die Māori-Kosmologie bereits angenommen, womit sich mein Herz noch schwer tat. Ich fand nie heraus, ob meine „Mitdeutschen" Nico, Life und James genauso lange wie ich in Ehrfurcht unter diesem Baum angewurzelt standen, oder ihn links liegen ließen. Als ich im Backpacker in Whitianga wieder auf sie traf, stellten wir uns bei ein paar Wodka-Grapefruit-Drinks, am Strand direkt gegenüber, endlich einander vor.

Mir gefiel Whitianga. An der Küste der Mercury Bay gelegen, war es vom Wind geschützt und schien bei Hochseefischern beliebt – insbesondere in den wärmeren Monaten der Südhemisphäre von November bis April. Meinem Reiseführer zufolge war der berühmte Captain Cook 1769 an diesen Ufern der Bucht an Land gegangen, um den „Merkurtransit", also das Vorbeiziehen des Planeten Merkur vor der Sonne zu beobachten. Und dort saßen wir nun – James, der gerade seinen Schulabschluss gemacht hatte; Life, der noch eine Zahnspange trug und eine Ausbildung zum Elektriker machte; Nico, der Koch werden wollte und dem es schwer fiel seine Kamera aus den Augen zu lassen; und ich, das Mädchen, das ihnen bei der *Verfolgung* durch die Serpentinen ein mulmiges Gefühl im Magen eingejagt hatte. Die drei schienen erleichtert und witzelten, «Wir haben uns schon gewundert, warum du uns den ganzen Tag lang hinterhergefahren und so nah dran geblieben bist.»

«Bildet euch bloß nichts ein. Es gibt schließlich keine andere Straße, die ich hätte nehmen können.»

«Wir wären nie darauf gekommen, dass du auch deutsch bist. Wir dachten du wärst Māori und hättest nur auf eine Gelegenheit gewartet auf irgendeinem Parkplatz in unser Auto einzubrechen.»

Ich nahm einen großen Schluck aus der Flasche. Ein paar Drinks später waren alle Bedenken scheinbar vergessen und wir gingen zurück zum Hostel, um aus unseren Wanderklamotten zu kommen.

Die Jungs erinnerten mich daran, wie es früher gewesen war, mit meinen Kumpels Wesley, Ingo und Sven Zeit totzuschlagen. Es war also gar keine Frage, ob ich mit ihnen abends weggehen würde, als das Thema aufkam. Yamagishi, ihr japanischer Zimmergenosse, hatte auch Lust. Und schon zogen wir los. Mit einem starken japanischen Akzent erzählte er uns in gebrochenem Englisch, «Die meisten Läden jetzt zu.»

«Wieso denn das?» , fragte Life, «Die Sonne ist ja noch nicht einmal untergegangen.»

«Schade», seufzte ich, «Sieht aus, als wäre der ganze Ort schon auf dem Weg ins Bett. Hoffentlich gibt's irgendwas, was noch offen hat.»

Nachdem wir eine ganze Weile gelaufen waren, fanden wir endlich die Kneipe, von denen die Jungs gehört hatten. Wir freuten uns ungemein, als wir sahen, dass sich hier eine ganze Reihe anderer Backpacker und Leute, die scheinbar vor Ort wohnten, bereits tummelten.

Mit einem breiten Grinsen im Gesicht fand Nico, «Kein Wunder, dass die Läden alle schon geschlossen haben. Die sind ja alle hier.»

Wir schoben zwei Tische zusammen und ich bestellte die erste Runde, um mich für die Drinks am Strand zu revanchieren. Yamagishi verschwand für ein paar Minuten in der Toilette und als er wiederkam, sagte er voller Stolz, «Schaut mal, wen ich gefunden habe.»

Er war in Begleitung eines großen, breitschultrigen, gut gebauten Māori mit großen Händen und einem auffallend hübschen Gesicht, ungefähr so wie Dwayne „The Rock" Johnson vielleicht. Alles in allem, wahrscheinlich nicht der Typ dem irgendjemand zu nahe treten wollte – es sei denn, du gehörtest zu den Mädels.

Ich fragte mich, wieviel er schon getrunken hatte. Er lachte laut und machte die ganze Zeit Witze. Er umarmte Yamagishi ständig, als wären sie schon seit Jahren dicke Freunde und meinte, «Mir gefällt dein blondes Haar, *Brother*.»

Es war unterhaltsam für die anderen Deutschen und mich, diesem internationalen „Pärchen" auf der anderen Seite unseres Tisches zuzusehen. Yamagishi kicherte und zupfte immer wieder seinen gestreiften Schal zurecht, sodass die Enden kokett nach oben zeigten. Der Māori lachte mit ihm, wenn auch ein paar Oktaven tiefer.

Einer der Kellner kam mit ein paar Runden Tequila zu uns an den Tisch. Er war ebenfalls Māori und noch größer, als der andere Typ, etwas schmaler und noch hübscher. Er lächelte, «Ich heiße Richard und ich habe heute Geburtstag.»

Die halbe Flasche Tequila, die auf viele Schnapsgläser verteilt vor uns stand, war nicht für unsere kleine Truppe, sondern nur für ihn und seinen Kumpel bestimmt. Die zwei Māori kippten einen Kurzen nach dem anderen weg. Das Geburtstagkind schien sich ordentlich zusammenreißen zu müssen, wobei sein Freund den Fusel wie Wasser trank. Um uns herum blieb das alles nicht lange unbemerkt und die Leute feuerten sie an, «Du schaffst das Richard!»

Nach dem siebten oder achten Kurzen wurde es etwas ruhiger und der Ausdruck auf den Gesichtern der Zuschauer ging von Bewunderung zu einem Zwischending aus Respekt und Ekel über. Jemand rief, «Alter, ihr seid echt krank!»

Aber sobald die zwei den letzten Tequila geschluckt hatten, brachen alle in lauten Jubel aus, applaudierten und fingen an zu singen, «*Happy Birthday to you! Happy Birthday to you! Happy Birthday dear Rich, Happy Birthday to you!* »

Die Māori standen auf und schüttelten sich nach ihrem kurzen Martyrium. Sie steckten ihre Köpfe zusammen, flüsterten sich schnell ein paar Worte zu, gingen in die Hocke, stampften mit den Füßen auf den Boden und riefen, «*Ka mate, ka mate* ...»

Die Jungs und ich schauten uns gegenseitig an, *Was ist denn jetzt los?*

«Ist das der *Haka*?», fragte Life.

«Ich weiß nicht», zuckte ich mit den Achseln, «Ich glaube?»

Yamagishi flüsterte, «Was ist Haka?»

Nico ließ sich nicht lange bitten, «Das ist, was die Māori früher vor jedem Kampf gemacht haben. Viele von ihnen hatten damals noch tätowierte Gesichter und Körper, große Messer aus Grünstein und so. Sie versammelten sich für den Haka–»

«–Es ist ein Kriegstanz, der die Männer auf den Kampf vorbereiten und die Gegner einschüchtern sollte», fiel ich Nico ins Wort.

Richard und sein Freund wurden zunehmend lauter und schlugen sich dabei auf die Brust und Oberschenkel. Sie machten wütende Gesichter und riefen, «*Whiti te ra.*»

«Hast du gesehen, wie er dir die Zunge rausgestreckt hat?», brüllte Life über den Tisch hinweg, «Das bedeutet er will dich fressen, Yamagishi!»

«Hör auf», sagte ich mit einem Schmunzeln, «Wenn zwei Māori jemanden so einschüchtern können, möchte ich nicht wissen, wie es ist wenn ein ganzer Stamm den Haka macht und es ernst meint.»

«Ja, kein Wunder, dass Neuseelands „All Blacks" den Haka vor jedem Rugbyspiel machen», gab James seine Senf dazu und nahm einen tiefen Schluck Bier aus seiner Flasche.

Alle applaudierten und pfiffen. Ein Brite, der Richard und seinen Freund scheinbar kannte, setzte sich zu uns an den Tisch. Das Gejubel fand ein abruptes Ende, als er seine Stimme erhob, «Ihr hättet das nicht tun sollen! Der Haka ist eine wundervolle Sache! Ihr müsst ihn in Ehren halten, anstatt ihn für solch bedeutungslosen Unsinn zu vergeuden! Er ist heilig!»

Er schüttelte mit dem Kopf, rundete seine Schultern nach vorne ab um seine Ellbogen vor sich auf dem Tisch aufzusetzen und nahm einen tiefen Schluck aus seinem *Pint*, einem halb-Liter Krug. Ohne auch nur ein einziges Wort sammelte Richard schnell die leeren Schnapsgläser ein und verschwand. James, vom Bier und fortgeschrittener Stunde sichtlich zermürbt, konnte kaum noch geradeaus schauen. Er lallte behäbig, «Keine Sorge, ich schaff's alleine zurück.»

Die Kneipe wurde leerer und der Brite lenkte seine ganze Aufmerksamkeit jetzt auf Life, plauderte über Sport und Muskelgruppen. Dabei tippte er die jeweiligen Stellen an Lifes Körper an und spuckte den jeweiligen Namen dafür aus. Er langte unter den Tisch, hielt für einen Moment inne und sagte, «Deine Wadenmuskeln sind sehr ausgeprägt, aber dein Oberkörper ist eher mager?! Fußballspieler, oder?»

Zwischenzeitlich befasste sich Richard mit ein paar Mädels am Nachbartisch. Nico und ich schauten uns unbeteiligt an, während er grummelte, «Der Typ macht das doch nur, damit er Life begrabschen kann. Merkt er denn nicht, was hier abgeht? Wenn der Typ mich auch anmacht, wird er es bereuen. Das schwör' ich dir.»

«Jeder tut was er kann», stichelte ich ihn an.

Nico versuchte mehrmals, Life zu warnen, aber er blieb genau so fröhlich wie immer und wendete sich wieder dem Gespräch und den Drinks zu.

*Was geht dich die Sache an,* hätte ich Nico gerne gefragt, hatte allerdings keine Lust zu diskutieren. Ich war angespannt und dachte, es sei an der Zeit aufzubrechen und suchte meine Sachen zusammen. Mit einer nahtlosen Bewegung sprang Richard auf, stellte sich mir in den Weg und lächelte. Mit einer sanften Stimme griff er nach meinem Arm, küsste mir die Hand und fing noch mal von vorn an, «*Hi, I'm Rich.*»

Seine Augen wanderten über jeden Zentimeter meines Gesichts, dann an meinem Körper herab und wieder hinauf, bis sie auf meinen Wangenknochen verweilten, «Was bist du?»

«*German-African-American*», deutsch-afroamerikanisch betitelte ich das „was", nach dem er fragte.

«Ach, quatsch! Du bist doch Māori.»

«*No, not really*», Nein, nicht wirklich.

Er drückte meine Hand etwas fester mit der Rechten und umfasste sie mit der Linken. «*She is miraculous*», Sie ist zauberhaft, flüsterte er Nico zu – laut genug, dass ich es auch hören konnte. Dann schaute er mir in die Augen, «*You are miraculous.*» Er sagte mir, ich sei zauberhaft.

Ich lief rot an. Einerseits war es mir zwar unangenehm, andererseits hatte ich mich aber nie zuvor so gefühlt ... so außergewöhnlich. Mir war egal, dass Richard genug für Zwei meiner Größe getrunken hatte. Die Jungs mit denen ich in Deutschland zusammen gewesen war, feierten auch bis zum

Erbrechen und doch hatte mich noch nie jemand so genannt ... *Miraculous.*

Männer waren oft von meinem „exotischen" Äußeren fasziniert, aber ich sah das nie als ein Kompliment an. Als ein seltenes oder ungewöhnliches Exemplar betrachtet zu werden – eines, das gejagt und gezähmt werden *wollte* oder an irgendeine verstaubte und leblose Trophäenwand gehängt gehörte – war mir mehr als unangenehm. So oder so kam ich mir bei dem Gedanken schäbig vor. Aber, ganz im Gegensatz dazu, um meiner selbst willen als zauberhaft betrachtet zu werden bedeutete, dass ich für einen kurzen betrunkenen Moment der Siegespreis war, den sich nicht jeder zu gewinnen traute.

Ich sammelte mich einen Moment, bis mir wieder einfiel, dass sich Richard bis vor ein paar Minuten den ganzen Abend anderen Mädels gewidmet hatte. Also entschied ich mich, meinem Bauchgefühl entsprechend, den Heimweg anzutreten. Jemand rief mit einem bekannten britischen Akzent, «Hey! Genug Süßholz geraspelt für eine Nacht.»

Gerade als ich mich Nico zu wandte um ihm Gute Nacht zu sagen, lockerte Richard seinen Händedruck und ließ mich langsam los und konzentrierte sich auf Nico, «Mann, hast du ein Glück ... *she's miraculous.*»

«Ja, ich weiß», kam es ihm über die Lippen und jagte mir einen Schauer über den Rücken. Er brachte mich zurück zum Hostel, ließ Yamagishi und Life auf sich gestellt zurück. Ich fragte mich, *Findet er mich wirklich zauberhaft? Vielleicht hat er das nur gesagt, weil er Angst vor Richard hatte.*

Währenddessen trat Nico hinter kleine Steine und irgendwelchen Müll, der zufällig am Straßenrand lag und dachte an etwas vollkommen anderes ... Es ließ ihm einfach keine Ruhe, «Ich versteh's einfach nich'. Ich hab ihm dreimal gesagt, dass diese Typen wahrscheinlich schwul sind, aber er wollte nichts davon wissen. Er fand, wir steigern uns nur in etwas rein.»

«Tja, vielleicht hat Life ein paar Eigenschaften, von denen du nichts weißt?»

Der eigentlich zwanzigminütige Heimweg schien sich stundenlang in die Länge zu ziehen. Ich hatte noch zwei oder drei *Pints* in der Kneipe getrunken und mir wurde langsam schlecht. Ich freute mich schon auf mein Bett, als Nico mich überraschte, «Hör mal, hast du Lust noch mit nach oben zu kommen? Ich, ähm, naja ... ich hab noch eine *fast* volle Flasche Wein. Die können wir uns gern teilen, wenn du magst.»

«Fast voll?», seine ungeschickte Art gefiel mir irgendwie, «Klar, klingt gut.»

«Cool. Lass mich mal eben nachschauen, ob James gut heim gekommen ist.»

Ich ging also schon mal vor und machte es mir in einem der Erkerfenster im Gemeinschaftsraum des Hostels gemütlich, wo ich mein Haar und Make-up in meinem Spiegelbild kontrollierte. Als Nico wiederkam gab ich zu, «Sorry, aber ich glaube, ich lass das lieber ... also was den Wein angeht.»

«Kein Problem, bleibt halt mehr für mich», sagte er mit einem Zwinkern, «Ich liebe Wein einfach, weißt du!? Wein und Austern. Ah! Ich kann es kaum erwarten, endlich Koch zu sein! Dann kann ich den ganzen Tage kochen und essen!»

Ich musste laut lachen, «Wer hätte das gedacht, du kannst auch lustig sein?»

«Ich weiß. *Shocking*, was?!» , er lächelte und hielt für einen Moment inne und studierte meine Augen, «Wo geht's für dich als Nächstes hin?»

«Tja, also es gibt natürlich eine ganze Reihe von Orten, die ich gerne sehen würde, aber am meisten freu' ich mich darauf, endlich Milford Sound zu sehen.»

«Echt? Ich auch! Es muss einer der schönsten Fleckchen Erde auf der ganzen Welt sein. Aber ich glaube nicht, dass wir's überhaupt bis zur Südinsel schaffen. James hat keinen Bock.»

*Komm mit mir mit*, schoss es mir durch den Kopf, *Aber das wäre doch verrückt, oder?*

«Wart ihr auch bei Whangarei Falls bevor ihr hier angekommen seid, Nico?»

«Ja. Waitangi Treaty Grounds? »

«Ha! Ja, sicher. Da und in Dargaville.»

«Was kommt bei dir danach?»

«Wonach?», Ich tat als wüsste ich nicht, wovon er redet und wünschte mir, ich könnte mehr trinken.

«Na, du weißt schon ... hiernach.«

«Naja, Ich hab fünfeinhalb Wochen hier auf Neuseeland und drei weitere in Chicago.»

«Warum denn Chicago?« fragte er mich.

«Ehm ...», ich zappelte auf meinem Platz hin und her, «Ich hab' dort Familie, die ich schon seit 20 Jahren nicht gesehen habe. Also, quasi seid ich geboren wurde.»

«Wow. Und was ist mit Schule? Was ist mit Uni?»

Ich räusperte mich, «Weißt du, das hab ich schon versucht. Ich hab mich an der Heinrich-Heine in Düsseldorf für Kunstgeschichte, Englisch und Spanisch eingeschrieben. Aber ich saß für jeden Weg zweieinhalb Stunden im Zug – bis ich's irgendwann gelassen hab.»

Ich schaute aus dem Fenster und starrte ins Dunkle, als ich ihm anvertraute, «Ich musste zu Hause bleiben und meiner Mutter helfen. Sie war krank.»

Nico hörte einfach nur zu und ich arbeitete mich langsam weiter vor, «Ich hab zur WWU in Münster gewechselt, weil's näher war.»

Ein gequältes Lächeln deutete sich auf meinem Gesicht an, «Ich wollte es zu etwas bringen bevor sie–»

Ich riss mich zusammen. Plötzlich war ich kurz davor Nico von all den Dingen zu erzählen, die ich normalerweise niemandem sagen wollte. Also genau das, was ich eigentlich vermeiden wollte, als ich mich ihm am Omapere-Aussichtspunkt nicht vorstellen wollte. Jetzt wollte ich mich ihm mit Haut und Haaren anvertrauten, ihm sagen, „Mama starb während meines ersten Jura Semesters und ich vergaß, wie man lebt.“ Stattdessen, ließ ich ein paar Sachen weg und meinte, «Ich verlor mein Interesse an Jura, als ich feststellte, dass es so etwas wie Gerechtigkeit und Fairness nicht gibt.»

Ich streckte meine Hand nach Nicos Glas Wein aus, «Weißt du, ich hatte mal viele Träume ... Harvard ... Musik ... Film ... ich wollte anders sein – außergewöhnlich ... »

Für einen Moment schauten wir uns tief in die Augen und er schien zum Greifen nah – gäbe es nicht den riesigen Abgrund der verschwiegenen Wahrheit, von der ich mich weigerte, sie ans Tageslicht zu bringen. Ich trank den Rotwein in einem Schluck, stellte das leere Glas auf den Tisch und stand schnell auf, «Tja, ich muss morgen viel Fahren. Weiter geht's! *The show must go on.*»

Nico brachte mich noch raus und stand eine Weile an der Tür, verlor sich in den Fugen zwischen den Bodenfliesen bis er sich wieder an mich zu erinnern schien, «Es war wirklich schön, dich kennenzulernen, Clarissa.»

Er verlagerte sein Gewicht von einem Bein aufs andere, lehnte sich nach vorne, dann zurück, und kam dann zu einer Art von Entschluss, «Gute Nacht.»

Als ich mich von ihm entfernte drehte ich mich noch einmal um ... Er stand immer noch in der Tür.

*

Ich fühlte mich am nächsten Morgen etwas verkatert, schmollte immer noch wegen der unerfüllten Fantasien des Vorabends. Ich machte es mir gerade mit einer Tasse Kaffee gemütlich, als die zwei Mädels aus dem angrenzenden Zimmer in unsere gemeinsame Küche getrudelt kamen. Unsere ersten paar Sätze Englisch, die wir miteinander austauschten waren etwas steif – offensichtlich hatte keine von uns Englisch als Muttersprache. Ich sagte das erste, was mir in den Sinn kam, *«You must have checked in while I was at the beach with some friends yesterday. Your accent sounds familiar. Where are you two from?»* Sie mussten irgendwann eingecheckt haben, als ich am Vortag am Strand war. Ihr Akzent kam mir sehr bekannt vor und ich wollte wissen, woher sie kamen.»

*«We're from Germany. We're psychology students from Berlin. What about you? Where are you from?»*

«Was? Ihr seid Psychologiestudenten aus Berlin? Ich komme auch aus Deutschland», sagte ich nun wesentlich wacher.

Eine von ihnen lachte verlegen, «Echt? Du siehst aber gar nicht Deutsch aus.»

Ich wusste, was sie meinte ... Dinah hatte hell-blondes Haar und blaue Augen, Annas Augen waren blau-grün und ihre Haare aschblond. Beide waren eher klein und dünn. Anna durchbrach die peinliche Stille, «Wir fahren zu Cathedral Cove und dann zum Hot Water Beach. Da kann man sich seinen eigenen Hot Tub direkt am Strand ausheben, weil es überall heiße Quellen gibt.»

Es fiel mir nicht schwer, mich dazu zu entscheiden, meine Reservierung um einen Tag zu verlängern. Einen Laden zu finden, wo ich einen neuen Badeanzug kaufen konnte (meiner lag immer noch in Aucklands *Carlton Hotel*), war aber gar nicht so leicht. Panik machte sich genau in dem Moment breit, als ich feststellte, dass Whitiangas Provinzlädchen mit seinem Angebot an Bademoden *mein Schicksal* in der Hand hielt. Die „Auswahl" in meiner Größe beschränkte sich auf *einen* knall-blauen Badeanzug mit einem erschreckend-großzügigen Blumenmuster. Beim bloßen Gedanken daran, das Teil anziehen zu müssen, schämte ich mich und was ich in der Umkleidekabine sah, machte es auch nicht besser. Monate des Vollstopfens und Kampftrinkens hinterließen ihre Spuren. Aber ich hatte keine Wahl. Ich bezahlte für das verfluchte Ding, schnappte auf Dinahs Bitten hin noch ein paar Halstabletten und eilte zurück zum Hostel.

Anna bot an, zusammen mit ihrem Auto zu fahren. Zu meiner Erleichterung überließ Dinah mir den Beifahrersitz, weil ihre Beine wesentlich kürzer waren als meine und machte mich somit für das Lesen der Landkarte verantwortlich – wir waren *Old school.* Wir brauchten ungefähr 40 Minuten, um von Whitanga nach Hahei zu kommen – von dort ging es zu Fuß einen längeren Trail hinab zur Cathedral Cove. Der Pfad war relativ naturbelassen und bot eine atemberaubende Aussicht über den Pazifik und die Küste unterhalb des Trails.

Die See wurde stückchenweise verdeckt von mannshohen Büschen, aber die salzige Luft kämpfte sich die steilen Klippen empor und durch das Gebüsch. Ich hatte zwar gehofft, dass mein Joggen im Kurpark mich auf das Wandern in Neuseeland vorbereitet hätte, aber das stellte sich schnell als totale Fehleinschätzung heraus. Schweiß rann mir von der Stirn, als ich Anna sagen hörte, «Kommt schon Mädels, die Hälfte ist gleich geschafft!»

Ich war nicht die Einzige, die Schwierigkeiten hatte. Wegen ihrer Erkältung, ging es Dinah noch schlechter als mir. Sie hustete, «Ich glaub ich kann schon etwas Blut schmecken.»

Anna schlug vor, «Wir können dich gerne zum Arzt bringen.»

«Ich weiß nicht», prustete Dinah. Ich warte lieber noch ein wenig. Das kostet bestimmt voll viel Geld.»

Anna und ich zogen unsere Augenbrauen hoch. Wieder war ich erleichtert, *Besser, als ohne die Bucht gesehen zu haben umkehren zu müssen.*

Tatsächlich verblasste all die aufgebrachte körperliche Anstrengung, die uns der Weg gekostet hatte, sobald wir vor der Holztreppe standen, die uns endlich zum Strand hinunter führen sollte. Mit ihren leuchtenden Sandbänken und klarem Wasser winkte uns die Bucht regelrecht zu. Ein kolossaler spitzer Fels erhob sich aus dem Wasser, nur ein paar Schritte von uns entfernt, inmitten dieser Kulisse. Seine Kathedralen-förmige Kontur wirkte bizarr – sein steiniger Kern war von der steten Kraft einer treuen Flut hinweggespült worden, die einen mindestens fünf Meter hohen wie breiten Tunnel zurückgelassen hatte. Ich strahlte, «*Ladies, welcome to Cathedral Cove.*»

Durch die „Kathedrale“ hinweg erblickte ich einen zapfen-förmigen Fels, der mit der Spitze nach oben, in einiger Entfernung im Wasser thronte. Ich amüsierte mich bei dem Gedanken an meinen alten Freund Sisyphus, «Sie hätten ihn auch dazu verdonnern können, diesen Fels zu bewegen.»

Die Bucht lag, trotz ein paar Touristen, friedlich und still vor uns. Wäre das Wasser nicht eisig kalt gewesen, hätte es der perfekte Strandtag sein können – stattdessen hockten wir in voller Montur im Sand und sogen die Sonne in uns auf. Mit „wir“ meine ich Anna und mich. Dinah zog es vor, im Schatten unterhalb der Klippen zu liegen und ein Nickerchen zu machen. Anna und ich konnte nicht lange still sitze, wo es doch so viel zu sehen, riechen, zu ertasten und fühlen gab. Als befänden wir uns in einer riesigen, auf der Seite liegenden Nautilus Muschel, so hallte das Rauschen der Wellen von den Klippen der Bucht um uns herum.

Die Felsen, die See, der weiße Sandstrand und sogar ein kleiner Wasserfall, der von irgendwo oberhalb des Hangs hinunterlief, gestalteten zusammen ein Heiligtum. Der „Wasserfall“ war wirklich eher ein Rinnsal, aber ich liebte ihn so oder so. Er stürzte sich aus der Höhe in eine Meerwasserpfütze, die wohl von der letzten Flut liegen geblieben war. Aus der Nähe betrachtet konnten wir sehen, dass sich das Süßwasser nicht sofort mit dem der Pfütze mischen wollte. Tropfen um Tropfen zerbarsten in dutzende kleinere, sobald sie auf die salzige Wasseroberfläche trafen. Einige Tropfen sausten scheinbar schneller herab als andere, aber sie alle versammelten sich in der Pfütze für einen letzten Tanz bevor sie ihre Reise zurück ins Meer vollenden sollten.

Dinah hatte den kleinen Wasserfall zuerst gesehen und lotste uns in ihrer Bauchlage hinüber. Aber wie hätte sie auch nur annähernd das sehen können, was ich genau dort, wo ich stand so sehr genoss?

Von dem Moment an, in dem Anna und ich eine kleine Höhle am weiter entfernt gelegenen Ufer entdeckten, wurden wir von ihr magisch angezogen. Weil Ebbe war, nahm ich an, dass wir es bis ins Innere schaffen konnten und ich flüsterte Anna zu, «Ich frage mich, was wohl da drinnen ist.»

«Wenn du genau den richtigen Zeitpunkt erwischst, könntest du es herausfinden. Vielleicht bleibst du sogar überwiegend trocken – wenn du schnell genug bist ... », Anna grinste.

«Wenn *ich* schnell genug bin?», ich lächelte zurück.

Wir rannten auf die Höhle zu, bemühten uns dabei noch die Wanderschuhe auszuziehen und die Hose hochzukrempeln. Die Wellen um unsere Knöchel und Waden herum betäubten unsere Beine. Ich zitterte, *Das Wasser geht uns bestimmt locker bis zu den Knien bis wir es nach Drinnen geschafft haben.*

Wir zögerten, um den Rhythmus der Wellen, die stetig vor und zurückzurollen schienen, abzupassen. Wir quiekten plötzlich in den höchsten Tönen und rannten erneut auf die Grotte zu und schneller als gedacht standen wir mitten drin. Unsere Augen passten sich langsam dem schummrigen Licht an. Wir gingen ein paar Schritte umher, um uns zu orientieren und atmeten die kühle, salzige Luft ein. Der weiße Sand und die Felsen draußen am Ufer glänzten in der Ferne und die Wellen behielten ihren Rhythmus unbeirrt von unserem Eindringen bei. *Die Höhle ist größer als ich gedacht hatte. Der Sand weiter hinten scheint sogar trocken zu sein.* Ich sprudelte los, «Wie cool wäre es denn, wenn man hier drinnen pennen könnte?»

«Ja, vielleicht kann man sogar ein Lagerfeuer machen, um abends warm zu–»

*Swooshhhhhhhh!!!!*

Eine Riesenwelle fiel Anna ins Wort und presste sich weit über die Mitte der Höhle hinaus ins Innere.

«Ahhh!», wir schrien beide wie am Spieß.

Das steigende Wasser erinnerte uns auf ruppige Art und Weise daran, dass eine unbekannte Höhle an einem unbekannten Strand die Lebenserwartung wissbegieriger Entdecker abrupt verkürzen konnte. Wir schossen auf den Ausgang zu – egal wie hoch das Wasser uns nun reichte, egal wie kalt es im Schritt auch war. Erst als wir beide den warmen trockenen Sand wieder unter unseren Füßen spürten, hielten wir an, drehten uns nach der Grotte um und prusteten lauthals los. Wir kicherten immer noch vor uns hin, da stießen wir schon auf unser nächstes Abenteuer.

Myriaden von winzigen schwarzen Muscheln klammerten sich an einen Felsen, dicht an dicht, wie eine undurchdringliche Armee. Sie warteten, wie ich annahm, auf den Wechsel der Gezeiten zu ihren Gunsten und gaben ein sanftes Blubbern und Klicken von sich. Die kleinen Luftbläschen hörten sich an wie Knisterbrause und ich erinnerte mich daran, wie sehr ich es als Kind geliebt hatte, „Magic Gum“ für 50 Pfennig an Kiosk in der Wasserstraße zu kaufen. Diese Zwergmuscheln machten mir eine ähnlich große Freude und erweckten das gleiche Staunen in mir.

Ich wollte mir das Ganze genauer ansehen und löste eine von ihnen behutsam aus ihrer Formation. Währenddessen hatte sich Anna einem der größeren Felsen im Wasser zugewandt. Ich hörte, wie sie sich fragte, «Ob ich da wohl hochklettern kann?»

Ihre Augen blieben auf den Felsen fixiert als sie meinte, «Wenn ich du wäre, würde ich die kleinen Kerlchen nicht hochnehmen. Sie sterben sonst vielleicht.»

Schnell steckte ich die Minimuschel, die ich aus Versehen vielleicht ins Verderben gestürzt hatte, zurück in ihren angestammten Platz und hoffte, dass sie es überleben würde.

Wir erkundeten die Bucht noch eine ganze Weile bevor wir Dinah, die sich unbeirrt ihrem Handy widmete, einsammelten. Auf dem Weg zum Auto redeten wir kaum. Ich dachte immer noch an all das, was ich in der Höhle erlebt hatte und erfreute mich weiter daran. Ein weiter Himmel und ein nicht enden wollendes Meer, kleine Inseln, bei denen man gar nicht anders konnte, als sich zu wundern, wie es wäre, auf einen von ihnen zu wohnen.

Hot Water Beach, bekannt für seine Thermalwasserreservoire unterhalb des Sandstrands, war unser nächster Halt an diesem Tag und nur wenige Minuten Fahrt von der Bucht entfernt.

Ein Plumpsklo auf dem Parkplatz diente uns als Umkleidekabine. Ich fluchte leise vor mich hin, «Verdammt! Ich weiß nicht, was schlimmer ist. Der Badeanzug oder dieses stinkige Klo.»

Wir kletterten über ein paar Dünen hinweg und fragten uns, wo wir anfangen sollten, zu graben. Theoretisch mussten wir nur eine Heißwasserquelle finden und die Mulde groß genug machen, dass wir alle Platz darin hatten und von dort das Meer bewundern konnten. Als wir ein Dutzend anderer Menschen sahen, die schon in ihren „Hot Tubs" relaxten, wussten wir, wo wir hin mussten.

Dinah sagte zu uns, «Geht ruhig schon vor. Ich leg mich noch ein bisschen hin und behalte mein Handy im Auge.»

Anna antwortete mit dem Tonfall einer Person, die schon alle anderen Antworten durch hatte, «Na gut. Wie du willst.»

Wir schnappten uns die kleinen grünen Schaufeln, die wir uns im Hostel ausgeliehen hatten und machten uns an die Arbeit. Es dauerte nicht lange, bis wir merkten, dass es nicht so einfach war wie es klang, sich sein eigenes „Spa" zu bauen. Die ersten paar Wasserquellen, die wir fanden, waren entweder erschreckend kalt oder brodelnd heiß.

«Anna, wir könnten genauso gut nach Gold graben», beschwerte ich mich.

Aber Anna sagte ruhig, «Hm, vielleicht können wir zwei separate Quellen finden und sie in einer Mulde zusammenmischen. Sie muss nur breit genug für uns beide sein.»

«Das klingt doch wie ein Plan.»

Unser erster Versuch ging schief. Wir waren zu nah an der Brandung und die salzigen Fluten spülten unsere harte Arbeit mit einer einzigen Welle davon. Der zweite Versuch ging auch daneben. Diesmal waren wir zu nah an eine Gruppe anderer Badegäste geraten und es sah aus, als würde die „Wand“ zwischen uns nicht mehr lange halten. Ich war wegen meines Hüftgoldes und ein paar anderer schwabbeliger Stellen, die das Blumenmuster meines Badeanzugs unvorteilhaft betonte, extrem befangen. Das ganze Bücken und Hinhocken, das zum Testen der Wassertemperatur nötig war, machte alles nur noch unbehaglicher. Aber nach zwanzig Minuten erfolglosen Grabens kümmerte es mich nicht mehr, wie ich dabei aussah – es gab eh nicht mehr viel, dass ich noch nicht gezeigt hatte. Am schlimmsten war, dass wir jedes Mal, wenn wir anfingen zu graben, Gefahr liefen, uns die Füße zu verbrühen. «Das ist echt nicht fair. Die Leute da drüben sind nach uns angekommen und sitzen schon in ihrer kleinen Wanne. Ich glaub' wir machen irgendwas verkehrt, Anna», quengelte ich.

Ein Mann hatte sich eine kleine Kuhle gegraben und kochte darin Muscheln, die er frisch aus dem Ozean gefangen hatte. Anna und ich mussten so ein mitleiderregendes Bild abgegeben haben, dass er für uns einen Moment Pause machte.

Er schnappte sich meine Schaufel und fing an zu graben. «Here, I'll get one for you really quick», versprach er uns.

Er wollte uns *schnell* unseren Hot Tub bauen. Und tatsächlich fand er direkt eine lauwarme Quelle und wir konnten endlich damit beginnen unsere „Wanne“ drum herum zu formen. Zwei französische Mädels, die ihre Mulde neben uns, etwas weiter den Strand hinauf, gebaut und unser Gespräch mit angehört hatten, zeigten sich sehr gasfreundschaftlich: «Ihr dürft gerne ein kleines Loch in unsere Wanne machen und heißeres Wasser von uns abzwacken, wenn es euch zu kalt wird.»

«Echt? Das wär total super!», freute ich mich, «Sieht ganz so aus, als würde ich nun doch noch ein heißes Bad am Strand Neuseelands haben können!»

Anna stimmte zu, «Ja, der Hot Tub ist vielleicht nicht so groß wie unsere Wannen zu Hause, aber nach ein paar Umbaumaßnahmen wird er lang genug sein, dass wir uns hinlegen können. Dann kann uns der Wind nicht mehr ärgern.»

Ab und zu brach die Sonne durch die Wolken und verwöhnte uns. Ich sah mich genüsslich um und staunte, «Ich fasse es einfach nicht. Wir sitzen in unserem eigenen Hot Tub! Am Strand! Gratis! Surreal, oder?»

«Wenn die Flut nicht irgendwann wiederkäme, könnte ich es hier ewig aushalten», nickte Anna.

«Weißt du, ich war mir erst nicht so sicher, ob ich mit euch zwei fahren sollte. Es ist manchmal so kompliziert, sich zwei Mädels anzuschließen. Schwieriger als mit einer kleinen Gruppe oder zwei Jungs.»

«Ja, ich weiß, was du meinst. Findest du eigentlich, Dinah und ich kommen gut miteinander klar?»

Ich zögerte etwas bevor ich zugab, «Naja, ich finde ihr seid beide sehr gegensätzlich. Du genießt es, die Natur zu erkunden, aber Dinah würde sich vielleicht bei einem All-inklusive Urlaub auf Mallorca besser aufgehoben fühlen?»

Wir mussten beide lachen. Ich versuchte ein wenig Empathie zu finden, «Vielleicht hat es ja was mit der Erkältung zu tun? Ich kenne sie nicht gut genug.»

«Ich eigentlich auch nicht. Ich meine nicht besonders ...»

«Was?«

«Tja, wir haben uns auf dem Campus kennengelernt. Wir studieren beide Psychologie und als Dinah hörte, dass ich vorhatte einen Freund in Auckland zu besuchen, hat sie gefragt, ob sie mitfahren kann. Danach fliegt sie weiter nach Australien und dann zurück nach Südafrika zu ihrer Praktikumsstelle. Ihr Freund wohnt auch dort.» Anna sprach nun zunehmend leiser, «Ihr ganzer Tagesablauf dreht sich um ihre Telefonate. Das nervt einfach ... ich habe gerade erst mit jemandem Schluss gemacht, mit dem ich sehr lange zusammen war, verstehst du?»

Ihr Gesichtsausdruck sprach Bände. Schlaflose Nächte, zuerst Appetitsverlust, dann purzelten die Pfunde und zuletzt schwand die Hoffnung beider Partner bis sie schließlich akzeptierten, dass die Dinge einfach nicht mehr passten. Und nun saßen wir zwei da: die zierliche Anna mit ihrem kleinen Sonnenhut und meine „Wuchtigkeit“ mit meinem geblümten Badeanzug. Gemütlich quasselten wir vor uns hin, in unserem Hot Tub am Strand, irgendwo in der südlichen Hemisphäre, tausende Kilometer weit weg von zu Hause – und beide unendlich dankbar dafür.

Es fiel mir so leicht mit Anna zu reden. Ich erzählte ihr, dass Omi vor 15 Monaten verstorben war und meine Mutter ein paar Wochen später. Ich sprach über meinen jüngeren Bruder, den älteren und die ganzen Probleme, die auftauchten, als mein Vater plötzlich unbedingt helfen wollte und ich ihn, einsam wie ich war, wieder hatte einziehen lassen.

«Ich glaube wir hatten beide gehofft, dass wir trotz allem irgendwie das Elternhaus erhalten könnten. Leider dachte er, dass er das zehnjährige Mädchen vorfinden würde, das er damals zurück gelassen hatte.»

Anna meinte, «Das war bestimmt für beide von euch blöd. Aber wie war das mit deiner Mutter für dich?»

«Sie war sehr krank ... fast vier Jahre lang. Wir haben immer gehofft, dass es besser wird, aber stattdessen wurde alles während ich noch zur Schule ging immer schlimmer. Lucas war neun als sie starb und weil meine Oma nicht mehr lebte, gab es eine ganze Menge zu tun mit dem Haus und so.»

Ich war mir nicht sicher, ob es mit Annas Persönlichkeit zu tun hatte oder mit ihrem Studium. Oder vielleicht mit beidem, aber ich hatte das Gefühl, dass auch wenn sie mich nicht vollkommen verstand, sie mir von Herzen zugewandt war und echtes Mitgefühl hatte, für die Dinge, die ich vor Antritt meiner Reise erlebt hatte. Sie schüttelte ihren Kopf, «Kein Wunder, dass du keine Zeit hattest dir Klarheit darüber zu verschaffen, was du mal machen willst. Ich meine, zumindest hast du versucht eine Richtung zu finden, hast ein paar Sachen ausprobiert und schon mal gemerkt, was du nicht willst ... Hast du irgendeine Ahnung, was als nächstes ansteht?»

«Naja, irgendetwas mit Musik und Film wäre super. Ich werde mich mehr damit beschäftigen, wenn ich wieder zu Hause bin. Ich muss mir erstmal über andere Sachen klar werden ... meinen Kopf frei kriegen. Ich weiß nicht mal mehr, wer ich bin.»

«Das glaub ich dir. Aber schau doch mal, was du alles schon geschafft hast. Es gibt wichtigeres als Karriere zu machen.»

«Nicht, dass ich das noch nie gehört hätte. Aber, ich weiß auch, dass die meisten Leute das nicht wirklich meinen. Die Welt erwartet von mir einfach ganz normal weiterzumachen, als wäre nichts passiert. Sie dreht sich einfach weiter, als hätte Mama nie gelebt!»

Ich redete mich in Rage, «Aber es ist was passiert, verstehst du? Viele Dinge sind passiert und alles, einfach alles zu Hause, schreit mich geradezu an, mit dieser ... dieser ohrenbetäubenden Stille und ... dieser Wut: „*THE SHOW MUST GO ON!*“ Weißt du, genau wie beim Film *Moulin Rouge*? Die Show muss weitergehen, trotz allem Herzschmerz, trotzt dem körperlichen Verfall, den man mitansehen musste, trotz aller Qualen und Chaos. *The Show must go on!* Immer!»

Anna schaute mich mit diesem breiten, einfühlsamen Lächeln, das sie hatte, an. Ich überblickte das Meer und verstand, dass Abstand genau das war, was ich brauchte und dachte, *Hier sitzt du jetzt, am anderen Ende der Welt, sitzt in einer Sandmulde und es könnte dir gar nicht besser gehen.*

Ich schüttelte mit dem Kopf, schloss meine Augen und atmete erleichtert auf.

Als wir zurück nach Whitianga kamen, machten Anna und ich noch einen Spaziergang am Mercury Bay Beach. Wir sammelten ein paar (wie wir dachten) außergewöhnlich gefärbte Muscheln und stolperten ab und zu über einen leeren Krabbenpanzer. Die Sonne blitzte immer noch gelegentlich über das Wasser aber der Wellengang hatte stark zugenommen und jede Woge schlug mit einem lauten Klatschen auf dem Strand auf. Die Brandung raste an uns entlang, während wir nach dem nächsten Exemplar für unsere Muschelsammlung suchten und wir erschreckten uns jedes Mal, wenn unsere Gedanken zwischendurch zu weit abgedriftet waren.

James und Life tauchten aus dem Nichts auf, schleppten einen kopflosen stinkenden Fisch in einer Plastiktüte mit sich. Ich stellte Anna den Jungs vor und konnte mir meine Frage einfach nicht verkneifen, «Also, Life, bist du noch lange geblieben, nachdem Nico und ich abgehauen sind?»

«Oh mein Gott! Der Typ ist so naiv!», grölte James, «Life ist noch mit dem Briten auf einen Drink nach Hause gegangen und dann hat er Life gefragt, ob er nicht für ihn als Nacktmodell posieren möchte!»

Meine Miene entgleiste völlig, «Was? Du verarscht mich doch!» Life mischte sich ein, «Nein, leider nicht. Ich wünschte, das wäre der Fall. Nico hatte von Anfang an Recht ... ich bin einfach rausgerannt!»

Ich drehte meinen Kopf lachend zur Seite und sah Nico in der Ferne auf einem Anglersteg stehen.

«Er hat noch nichts gefangen», fügte Life hinzu.

Ich wollte Nico unbedingt Anna vorstellen, ging zu ihm und rief, «Hey, Nico! Hätte nicht gedacht, dass wir dich hier draußen treffen. Das hier ist meine Freundin–»

«Verdammt!», schimpfte er laut, als hätte er mich nicht gehört, «Diese Angel ist wertlos!»

Ich schaute Anna gleichermaßen überrascht und entschuldigend an. Nach ein paar sprachlosen Momenten nahm Nico seinen Köder vom Haken, warf ihn zurück ins Wasser und ging grummelnd zurück zum Hostel, «Man sieht sich.»

Anna neigte ihren Kopf zur Seite, «Das ist der Typ, von dem du mir vorhin erzählt hast?»

Mir fiel nicht viel dazu ein, «Keine Ahnung, vielleicht hatte er 'nen schlechten Tag.»

Wir blieben noch ein paar Minuten am Strand, bevor auch wir uns auf den Rückweg machten, um uns für den nächsten Tag *On the Road* auszuruhen – Jede wieder hinter ihrem eigenen Steuer.

*

Ich winkte Anna und Dinah zum Abschied und machte mich auf den Weg nach Roturua. Meinen Schätzungen nach, würde ich es bis Mittag zum New Zealand Arts & Crafts schaffen. Die Serpentinen, die mich von Thames nach Whitianga brachten, waren bereits eine Herausforderung gewesen, nicht zuletzt weil der Fahrersitz ungewohnter Weise auf der rechten Seite war, aber der Weg nach Roturua stellte sich als kein bisschen leichter heraus. Gelegentlich kämpfte ich mit mir, um nicht hinterm Steuer einzuschlafen und hielt am Straßenrand gelegentlich an, um mich auszuruhen.

Hinzukamen noch mehrere Stopps, um Fotos zu machen und mir die Beine zu vertreten, und so brauchte ich letzten Endes nicht drei, sondern sechs Stunden für die Tagesetappe. Als ich endlich in Roturua ankam, wimmelte der Ort von hunderten von Touristen, die es mir erschwerten, herauszufinden, wo ich genau hinmusste. Nicht dass der Ort so groß gewesen wäre ... Ich staunte nicht schlecht, *Hier sind mehr Leute, als ich die ganze Woche über gesehen habe.*

Sie wurden, genauso wie ich, von der Thermalaktivität der Gegend mit all ihren heißen Quellen, Geysiren, Bädern und kulturellen Sehenswürdigkeiten angelockt. Irgendwann fand ich zwar das Backpacker Hostel, an dem Anna und Dinah sich mit mir treffen wollten, fuhr aber daran vorbei. Die Anziehungskraft des Arts & Crafts, eines der Highlights Neuseelands, ließ mich einfach nicht mehr los.

Das Schild am Eingang listete die verschiedenen Eintrittspreise auf. Ich hatte mich zwar darauf eingestellt, dass man sich beim Backpacken unaufhörlich darum kümmern muss, wo man nachts schläft und wie man exakt dort hingelangt, wo man auch hinwollte. Aber nun ebenfalls Essen, Benzin und Aktivitäten einzukalkulieren, hieß, dass ich mich dringend umstellen musste. Mein ganzes Leben lang hatte ich das Geld immer so ausgegeben, wie ich es für nötig hielt, und seit Beginn meiner Reise ruhte meine Kreditkarte in meiner Hand, wie ein übereifriger Zauberstab.

Geld war immer in meinen Taschen gewesen und falls nicht, fragte ich Omi oder meine Mutter nach mehr, wohlwissend, dass sei nie „Nein" sagten. $18 fühlte sich genauso an wie $5 und ich gelangte immer zum gleichen Entschluss, *Wie oft bin ich denn in Neuseeland?*

Am südlichsten Zipfel der thermoaktiven Zone der Insel gelegen, teilten sich das „*New Zealand Arts & Crafts Institute*" und das „*Whakarewarewa* (spricht sich „*Fakarevareva*") *Thermal Village*" die thermal Quellen des *Whakarewarewa.*

Der Schwefelgeruch stieg schon seit Jahrhunderten (dem Aussehen nach, seit der Zeit der Schöpfung) aus den Schlammlöchern und heißen Reservoiren empor und sättigte die Luft. Man konnte schon aus kilometerweiter Entfernung den Geruch wahrnehmen. Beim *Whakarewarewa* entschied ich mich für eine Tour und lernte eine Menge über die Vor- und Nachteile des Lebens in der Region.

Zusammen mit dem Arts & Craft umfasste die weitläufige Thermalzone insgesamt 15 Quadratkilometer. Alles sprudelte mit kochend heißen Wasserquellen und blubbernden Schlammlöchern. Schwaden stiegen aus ungezählten Rissen im Boden auf oder waberten unversehens unter einem der Büsche hervor.

Die Geysire, insbesondere der *Pohutu*, zog die Besucher scharenweise in seinen Bann. Je nach der Richtung und Stärke des

Windes, schoss das Wasser bis zu 100 Meter in die Luft. Der Auftrag des Thermal Village war es, die Māori-Kultur den Besuchern näher zu bringen und dabei einen Einblick in die traditionelle Kunst, das Handwerk und die Bräuche zu gewähren, und zu veranschaulichen, wie die Dorfbewohner vor hunderten von Jahren gelebt hatten.

Die englischsprachige Tour begann mit einer kleinen Zeremonie am „Te Pākira marae", dem Gemeindehaus der Wahiao und Tūhourangi. Unser Tourleiter erinnerte mich an den *Dude* aus dem Film „The Big Lebowski" – Er wirkte etwas zerzaust, aber sympathisch. Er entschuldigte sich, «Leider fand hier heute eine Beerdigung statt und, um den Toten und seine Familie zu ehren, erlauben wir für den Rest des Tages keine Besucher im *Marae.*»

Jeweils drei Māori-Männer und -Frauen und ein kleines Mädchen in traditioneller Kleidung hießen uns im *Whaka* mit „*Haera*" und „*Kiaora*" willkommen. Die Schönheit der gesprochenen Māori-Sprache, „Te Reo Māori" genannt, faszinierte mich von Anfang an. Alle, Männer und Frauen, trugen den *Piupiu,* den traditionellen Tanzrock aus Blättern der Flachspflanze. Die Frauen trugen dazu hübsche, von Hand gemachte Oberteile. Die Māori hatten bildschöne Mokos (Stammes Tattoos) auf ihren Armen, Oberschenkeln und einige von ihnen sogar auf den Lippen und dem Gesicht. Die „tribal art", die die Frauen auf ihrem Kinn und geschwärzten Mündern trugen, faszinierte mich, *Ich frage mich, was das heißt.*

Jede der Frauen hielt ein Paar großer weißer Kugeln, die an einer schwarzen Schnur befestigt waren und zum Klang der Musik singend und tanzend durch die Luft gewirbelt wurden, um den Flug der Vögel damit zu imitieren – zumindest sagte das der *Dude.*

Er erklärte uns, «Die Lieder handeln von einer längst vergangenen Zeit. Das hier, was ihr jetzt gerade hört, erzählt von einem Jungen und einem Mädchen aus Whanganui, in der Nähe von Roturua. Sie hatten sich unglücklich ineinander verliebt, aber weil sie aus unterschiedlichen Stämmen kamen, durften sie unmöglich zusammen sein. Vielleicht ein bisschen wie Shakespeares Capulets und Montagues. Eines Tages ignorierte das Mädchen den Befehl ihres Vaters, dem Anführer ihrer Leute, und schwamm den Whanganui River hinauf bis sie zu der Insel gelangte, auf der ihr Geliebter lebte und sehnsüchtig auf sie wartete.»

Die fremden Wörter halten durch meine Brust, die sich danach sehnte, dass die Geschichte wirklich wahr war. Während die Māori tanzten und sangen, echoten ihre melodischen Stimmen und der Hall ihrer Schritte in einem bislang unentdeckten Platz in meinem Herzen. Ich sah ihnen zu, wie sie sich zum Rhythmus der Musik bewegten als der Dude sagte, «Ihre Speere und *Wahaikas*, oder Kampfknüppel, sind in der Regel aus Holz oder Stein gemacht, manchmal auch aus Knochen.» Er fügte hinzu, «Der Boden unter unseren Füßen war von den darunterliegen Heißwasserreservoiren aufgeheizt worden – ein im Winter gern gesehener Komfort. Traurigerweise wurde der Erdboden manchmal zu dünn, kollabierte und verschlang dabei ein oder zwei Hütten. Aber die Menschen gingen das Risiko ein, weil der heiße Dampf und das Wasser wie gesagt prima zum Kochen und für die Gemütlichkeit waren. Die Māori im Whaka lenkten das Wasser in ein Steinbecken, wo sie es etwas abkühlen ließen. Je nach Nähe zur Hauptquelle war das Wasser heißer als 100° Celsius. Die Quellen sind voller Mineralien und Schwefel, was man ganz leicht erkennen kann, wenn man sich die Ränder der Quellbecken ansieht.»

Es erstaunte mich zu sehen, wie unterschiedlich der Grad der Silikat- und Schwefelansammlungen, die nun unterhalb der makellosen Wasseroberfläche glitzerten, tatsächlich war. Die Farben variierten von blassem Gelb zu lebhaften Orange oder sogar Pink und Rot. In meinem Bemühen nach frischer Luft stellte ich meine Nasenflügel auf. Der Dude scherzte, «Brennt ganz schön in der Nase, nicht wahr?». Er lachte, «Also dann, Leute. Hier geht's lang!»

Er führte uns an den Quellen entlang, vorbei an einer kleinen Kirche, einem Friedhof und wandte sich uns zu, «Diese weißen Steine dort drüben sind Särge, bedeckt von dicken Steinplatten. Sie wurden absichtlich oberhalb der Erdoberfläche aufbewahrt, um die Leichname so weit wie möglich von der Hitze fernzuhalten ... Ihr meint Schwefel stinkt?»

Er kicherte vor sich hin als hätte er dies noch nie zu jemandem gesagt und fuhr weiter, «Einige der Särge sind zusammengruppiert, ein Rohr verläuft zwischen ihnen, um die immense Hitze, die von unten kommt, herauszuleiten.»

Wir kamen an einer hölzernen Plattform über einem blauen See an. Dieser gehörte zu der Geyser Flat – eine in etwa einen Quadratmeter große Silikat Terrasse mit mehr als 500 aktiven Stellen – von dort konnte man den Pohutu und den Prince of Whales Feathers Geyser sehen. Die Atmosphäre war einfach elektrisierend und vereinnahmte all meine Sinne gleichzeitig. Der Schwefel, der Dampf, der die Terrasse überzog, das Geräusch von Wasser, das aus dem Boden heraus schoss wie aus dem Rücken eines überdimensionalen Wals; die Farben des Silikats, die üppigen Bäume und Büsche in einiger Entfernung, der Sprühnebel der vom Wind getragen und durch die Schwerkraft wieder hinuntergezogen wurde und damit die Plattform, und jeden auf ihr, benetzte; und das Sonnenlicht, dass einen Regenbogen zwischen Plattform und Silikat warf. Das Terrain sah fast aus wie eine Mondlandschaft, die Geheimnisse einer antiken Zeit flüsterte, einer kreativen Energie und Kraft, Leben und Tod – ja, sogar dem Versprechen einer nicht allzu entfernten Zukunft.

Unsere Tour neigte sich dem Ende, als wir nochmals am *Marae* vorbeigingen, wo sich schon viele Menschen versammelt hatten. Die Darsteller, die wir zu Anfang gesehen hatten, waren auch dort. Sie trugen nun „normale“ Kleidung und warteten darauf, dass wir Touris einen ihrer Tänze lernten und in Te Reo Māori singen würden. Ich fand mich irgendwo zwischen wissbegierig und befangen wieder, während wir übten, «*Put your right ringaringa in, put your right ringaringa out and then shake it all about.*»

Auf meinem Weg zum Ausgang hielt ich im kleinen Shop des Whakas, wo man handgemachte Holzornamente, Jade- und Paua Muschelschmuck kaufen konnte. Der Ladenbesitzer dort erzählte uns von der symbolischen Bedeutung der verschiedenen Kettenanhänger aus Jade oder Knochen. Ihm fiel auf, wie ich mir einen Jadehaken ansah und meinte, «Es ist ein Symbol der Legende von Maui, einem polynesischen Gott, der die Nordinsel mit einem Haken aus dem Ozean fischte.»

Ich trug ihn fortan mit so viel Stolz wie die Māori ihre Mokos (zumindest nahm ich das an) und machte mich auf den Weg zum Arts & Crafts, auf der anderen Seite des Whakas.

Māori-Kunst kombinierte ausdrucksvolle Linien und Wirbel, Stein, Gras, Holz, Paua-Muscheln und Federn um ein einziges Gemälde und Schmuck oder aber auch Dinge des täglichen Gebrauchs herzustellen. Irgendwie schafften sie es, das Gewöhnliche in ihrem Alltag, wie z.B. die *Kete whakairos,* aus Flachs gefertigte Taschen, in ein Kunstwerk zu verwandeln.

Die Wandgemälde erzählten von mutigen Kriegern, die es mit den Geistern der Unterwelt aufnahmen, überließen den Ausgang jedoch der Vorstellungskraft derer, die die Farben und Vielfalt bewunderten. *Naja,* dachte ich, *wer wird schon etwas im Gedenken an jemandes Untergang anfertigen.*

Bald darauf trudelte ich endlich im Backpacker ein – Anna und Dinah waren sichtlich erleichtert und riefen mir zu, «Ja, wir dachten schon, das wird nix mehr mit dir.»

Verlegen zuckte ich mit den Achseln. Es hat wohl doch alles länger gedauert als gedacht. Irgendwo zwischen den Geysiren und dem Arts & Crafts hab ich wohl total das Zeitgefühl verloren.

Die Mädels wollten sich gerade zum Abendessen ein paar Brote schmieren und ich gesellte mich grinsend dazu, «Ihr glaubt nie, was mir gerade passiert ist.»

Anna lachte, «Deinem Gesichtsausdruck zufolge, muss es wohl was Gutes gewesen sein.»

«Also, ich hatte gerade meine Sachen weggepackt und wollte nach euch suchen, als mich der Typ an der Rezeption zu sich winkte. Er meinte, „Hey, sorry! Wäre es für dich in Ordnung, wenn ein Junge bei euch im Mädchenzimmer übernachten würde?" Als ob ich das alleine entscheiden könnte, aber dann sagte er, „Es ist das letzte Bett im Haus und es steht direkt neben deinem. Alles andere in Roturua ist schon gebucht." Erst dachte ich, er macht nur Spaß, aber dann sagte er „Schau dir diesen jungen Mann einmal gut an. Was meinst du?" Voll peinlich! Aber gut angeschaut hab ich ihn mir ...», lachte ich, «Er ist ungefähr mein Alter, vielleicht etwas kleiner als ich, knallblaue Augen, kastanienfarbenes Haar und Sommersprossen–»

Die Mädels lachten laut, also verteidigte ich mich, «Ich hab schon ein schlechtes Gewissen», gab ich zu, «es sollte bestimmt keinen Unterschied machen, wie der Kerl, der das letzte Bett in Roturua braucht, aussieht?»

Daraufhin lachte Anna nur noch mehr und mir blieb nichts anderes übrig, als mitzuspielen, «Aber mal ehrlich, es wäre eine echte Schande gewesen, einen so süßen Kerl heute unter der Brücke schlafen zu lassen. Haha! Also hab ich ihn gefragt, „Ehm, wie heißt du denn eigentlich?" „Robin", hat er gesagt. „My name is Robin," und ließ ein charmantes Lächeln blitzen. Ja und dann hab ich gesagt, „Hey, ich bin Clarissa. Es ist schon okay, wenn du bleibst." Da war er ganz aus dem Häuschen, „Really? Danke Dir! Du bist meine Rettung." Dann hab ich zurückgelächelt und meinte, „Naja, schon in Ordnung. Gern geschehen." Hahaha!»

Wir kicherten eine Weile zusammen vor uns hin und nachdem ich den ganzen Tag allein verbracht hatte, war ich froh, dass sie mir jetzt Gesellschaft leisteten. Anna schlug vor, «Hey! Lass uns doch heute Abend ins Polynesian Spa gehen und danach vielleicht noch auf eine kleine Kneipentour?»

Roturuas Spitzname ist „Spa City“ und wird oft als der Ort vermarktet, an dem „Lahme wieder gehen lernen“. Die warmen, mineralhaltigen Quellen sind nicht nur eine Wohltat, sondern werden auch zur Behandlung für Leute mit rheumatischen Beschwerden eingesetzt. Es erinnerte mich also ein Stück weit an Bad Sassendorf, nur etwa eine Million Mal mehr ... zauberhaft.

Beim Spa angekommen standen wir vor dem Kassierer, wie *Kälber wenn's donnert.* Anna fragte, worüber wir uns sicher alle drei wunderten, «Was ist denn wohl damit gemeint, „Private Pool“?»

«Ich hab nicht den blassesten Schimmer», antwortete ich, «Ich bin mir nicht sicher, ob ich es wirklich wissen will.»

«Stimmt. Lass uns lieber einfach zum öffentlichen Pool gehen.»

Die Damenumkleide füllte sich mit unangenehmer Stille. Scheinbar waren es nicht alle gewohnt, so wie wir Deutschen, uns vor anderen Mädchen umzuziehen. Manche scheuten keine Anstrengung um es zu vermeiden, sich zu entblößen.

Dampfschwaden stiegen langsam von den Außenbecken in den Nachthimmel hinauf, der von deren Bodenbeleuchtung erhellt wurde. Ich wunderte mich, «Was meint ihr wodurch das Wasser so milchig ist?»

«Ach, ich glaub das kommt von den Mineralien im Wasser» , nahm Anna an, «Ich komme mir vor, als wäre ich in einem asiatischen Badehaus mit dem ganzen Holz hier, was für die Becken und Böden benutzt wurde.»

«Sieht auf jeden Fall cool aus. Bist du mal in einem gewesen?», fragte ich sie.

«Bin ich wo gewesen?»

«Na, in einem asiatischen Badehaus.»

«Haha! Nein. Ich kenn' sie bis jetzt nur aus dem Fernsehen.»

«Guck mal da drüben ist ein leeres Becken.»

«Huch! Vorsicht Mädels!» , warnte Anna, «Die Stufen sind voll rutschig.»

«Igitt, und glibberig!», beschwerte sich Dinah, «Wir hätten unsere Flip Flops mitbringen sollen.»

«Auah! Vor allem mit diesen kleinen Kieselsteinen überall», stimmte ich ihr zu, «Guck mal. An manchen Becken hier steht, dass Radon drin ist», rief ich den anderen zu, «Ist das wie Radium? Ist das gesund?»

«Ehm, ich glaube nicht», beschwichtige Anna.

Wir lachten unbeholfen und machten es uns in dem kleinen Becken bequem. Dann wollte ich wissen, «Das hier ist zu kalt, oder?»

Wir suchten uns ein anderes Becken aus und ich befand schnell, « Das hier ist zu heiß. Bei jeder Bewegung brennt mir die Haut ... und das Radon kommt mir irgendwie spanisch vor.»

Anna und ich schlidderten über den hölzernen Boden, rüber zum Hauptbecken und Dinah zog alleine los, um sich weiter umzusehen.

«Hach, das hier ist doch perfekt», seufzte ich auf meinem Rücken treibend und atmete den mineralisierten Dampf ein.

«Ja», stimmte Anna mir zu, «Ich liebe diese leichte Brise, die manchmal übers Wasser bläst.»

Mir ging es genauso. Ich lauschte dem Wind, der durch die Bäume raschelte und ließ mich treiben. Dinah gesellte sich nach einer halben Stunde dann doch für ein paar Runden Wahrheit oder Pflicht zu uns, aber wir wurden unsanft von einem Grunzen unterbrochen. Eine laute Gruppe asiatischer Männer kam zu uns in den Pool und spuckte beim Durchspülen der Nasennebenhöhlen immer wieder ins Wasser.

«Ach, Mann!», Ich konnte meinen Augen kaum trauen, «Echt jetzt?»

«Das ist so ekelhaft», würgte Dinah.

«Sollen wir abhauen? Mir wird eh zu heiß», beschwichtigte Anna, «Meine Beine fangen an, sich wie schlappe Spaghetti anzufühlen. Wie wär's mit ein paar Drinks im Whistling Pig? Dinah und ich haben Coupons für Freigetränke.»

«Klar, kling gut», nickte ich eifrig mit dem Kopf.

Wir hielten an dem Abend jedoch nicht lange aus. Sobald wir zurück im Hostel waren, lief mir Robin, der mehr Energie als wir drei Mädels zusammen hatten, über den Weg.

Er schlug vor, «Hey, ich treffe mich mit ein paar Buddys im Whistling Pig. Hast du Bock mitzukommen?»

Ich lachte, «Nein, danke. Da kommen wir gerade her.»

«It's still early! Hat es euch nicht gefallen?»

«Nein, daran hat's nicht gelegen. Es ist nett dort. Aber wir waren im Spa bevor wir zum Pub runter gegangen sind und nach ein paar Schluck Bier viel uns erst auf, wie kaputt wir waren. Wir haben fast nichts getrunken. Ist bestimmt eh besser, wenn wir uns vor unserer Fahrt nach Lake Taupo und Turangi morgen früh ausschlafen.»

«*Really*? Ich auch!» Robin's Augen funkelten. «Ich fahr zum Boogieboarden hin. Wird aber nur ein Tagesausflug.»

«Aha ... wo kommst du eigentlich her?»

«Tasmanien.»

Ich war begeistert, «Was? Ich hab noch nie einen Tasmanier getroffen!»

Er lächelte, «Tja, es gibt ja nicht so viele von uns. Ich mach hier nur einen Zwischenstopp auf dem Weg nach Schweden.»

«Cool! Ich war da mal vor ein paar Jahren auf einem Kanu Trip. Es ist echt schön da, es wird dir gefallen.»

«Ja, ich weiß. Meine Freundin kommt aus Schweden. Ich geh' sie besuchen.»

*Schade!*

Dann meinte er noch, «Davor war ich mal mit einem Mädchen aus Deutschland zusammen.»

«That's where I'm from.»

«*Really*? Du siehst gar nicht Deutsch aus ... *Anyways, gotta run* ...» Danach rief er mir noch auf Deutsch hinterher, «Gute Nacht!»

Ohne das Licht einzuschalten ging ich in mein Zimmer, weil ich niemanden aufwecken wollte. Aber ich stolperte über die Stufe, die zu meinem Erker hinunterführte und bemühte mich sehr, nicht mit einem lauten Knall auf den Holzboden zu fallen. Endlich im Bett angelangt, lag ich noch eine lange Zeit wach, dachte an alles und nichts, an all die ganzen Male, die mir gesagt worden war, dass ich „nicht Deutsch" aussah, *Ich versteh 's einfach nicht. Es ist 2002 und nicht alle Deutschen und Schweden müssen blond sein, oder?*

Ich war kurz davor einzuschlafen, als ich die Tür zu unserem Gruppenzimmer quietschen hörte. *Robin!*

Mein Herz raste, *Soll ich ihn wissen lassen, dass ich noch wach bin? Und was dann?* Erst als ich ihn in den Erker stolpern hörte, traute ich mich wieder zu atmen, *Tja, scheinbar bin ich nicht die Einzige, die die Stufe vergessen hat.* Ich lauschte, wie sich sein Gürtel mit einem Klicken öffnete. Ich dachte mein Herz würde jeden Moment aus meiner Brust springen, auf dem Boden landen und mich, an Neugier sterbend, zurücklassen. *Wie peinlich wäre es, wenn er sehen würde, dass ich ihn beobachte!?* Ich riskierte keinen einzigen Blick.

Angetrieben von dem Gedanken, dass ich einen langen Tag vor mir hatte, stand ich am nächsten Tag so früh auf, wie schon seit Monaten nicht. Ich war fest entschlossen, dass mich unterwegs nichts unnötig aufhalten würde. Allerdings hatte ich meinem Vater versprochen, mich bei ihm zu melden und bis ich ihn erreicht, geduscht und meine Sachen gepackt hatte, war der halbe Morgen schon wieder vorbei. Ich verabschiedete mich von Anna und Dinah und brach in Richtung Volcanic Valley in Waimangu auf.

*

Waimangu Volcanic Valley lag etwa 25 Kilometer südöstlich von Roturua. Mit meiner Wettervorhersage für den Tag hatte ich komplett daneben gelegen. Den Großteil der Fahrt regnete es und als ich endlich im *Valley*, dem vulkanischen Tal, ankam, gab es nichts, das auch nur ansatzweise andeutete, dass es bald aufhören könnte. Ich wühlte durch meinen Kofferraum auf der Suche nach meiner Regenkleidung und redete mir gut zu, *Wie oft hast du schon die Gelegenheit durch ein vulkanisches Tal zu laufen? Wie oft bist du schon in Neuseeland?* Ich zog meine Wanderschuhe an, Regenjacke und Baseballkappe, damit mir der Regen nicht unaufhörlich ins Gesicht tropfte. *Kopf hoch!* An der Besucherinformation holte ich mir noch eine Trailkarte und stand nun kurz davor, eine urig, feucht schöne Welt zu entdecken, wo sich Dampfschwaden vom Wasser erhoben und Nebel die hohen Büsche verhing.

Der Trail eröffnete direkt eine atemberaubende Sicht auf *Tarawera*, einen schlummernden Vulkan und das Waimangu Valley, das sich darunter erschloss. Meinem Infoblatt zufolge, „fand die letzte Eruption am 10. Juni 1886 statt, und das ‚Hydrothermalsystem' ist weltweit das einzige, das unverändert erhalten werden konnte." Es verschlug mir die Sprache als ich darüber las, wie hier alles Leben in einer einzigen Nacht durch einen Vulkanausbruch dahingerafft worden war und die übriggebliebene Asche später neues Leben gebar und zu dem Tal wurde, was nun vor mir lag. Der Weg führte an Kratern mit Kalt- und Heißwasserbecken unterschiedlicher Größe vorbei, die Silikat-Ablagerungen färbten die Ränder vieler Reservoire und Quellen weiß, pastellgelb und orange, wie ich es bereits in Roturua gesehen hatte. Einige der Pools waren durch das Vermischen des sauren Wassers mit Mineralien und Algen grün geworden. Ich bemerkte winzige Bläschen, die hier und dort entlang der Kieswege aufblitzten und mit jedem „Plop "auf eine unterirdisch verlaufende Quelle hindeuteten.

Ich war schon eine ganze Zeit gewandert, als ich endlich am Frying Pan Lake (übersetzt: „Bratpfannensee") ankam. Auf einem Schild stand: „At 15 square miles this is the world's largest, natural hot water source." Mit 15 Quadratmetern Fläche war der See also die größte Heißwasserquelle der Welt. Dampfschwaden kämpften, um sich von den dunklen Gewässern abzulösen und trieben hinauf in Richtung Nebel, der am Fuße des rötlichen Gesteins des Cathedral Rocks das Ufer säumte. Leichter Regen fiel, umschloss alles, soweit das Auge reichte, mit einem prächtigen Mantel. Die einzigen Geräusche, die ich gelegentlich hörte, waren das Blubbern einer der Quellen, der sanfte Klang des Regens und des behutsam die Bäume umspielenden Windes, oder den fremden Gesang eines nicht identifizierten Vogels, der in den Baumkronen umhersprang.

Ein uralter Frieden fand sich dort ein, durchtränkte jede meiner Poren und Fasern und entfernte vorsichtig, Schicht um Schicht; Dinge, an denen ich nicht länger festhalten wollte. Ganz so, als legte jemand ein Pflaster auf mein Herz und ich wünschte mir, ich hätte für immer an jenem Ort, in jenem Moment, bleiben können ... *Dort, wo die Erde noch sie selbst sein kann und weder Zeit, noch Entfernungen messbar sind – in der Ewigkeit, wo der Mensch winzig klein scheint. Dort möchte ich sein!*

Die Stimmen einer kleinen Gruppe, die noch außer Sicht war, katapultierten mich zurück in die Gegenwart. Ich hielt Abstand zu ihnen, blieb immer etwas vor oder hinter der Gruppe, um den Rest des Wanderwegs durch Waimangu Valley so ungestört wie möglich genießen zu können. Letzten Endes gelangten wir alle an eine Bushaltestelle, von welcher man uns zurück zum Visitor Center brachte: Einen Snack, einen heißen Kaffee und eine Postkarte an meinen Bruder, Lucas. Später ging es weiter auf dem Weg zu meiner zweiten Tagesetappe.

Ich fuhr 52 Kilometer weiter in Richtung Süden – die Gegend um Wairakei war mein Ziel und lag nur wenige Minuten nördlich von Taupo. Es regnete immer noch, als ich an die Huka Falls gelangte, aber wie sagt man? „Wahre Schönheit kann nichts entstellen."

Es verschlug mir die Sprache, zu sehen, mit welcher Kraft der Waikato River unter der Brücke her raste, die ich überqueren musste, um zu dem Trail entlang des gegenüberliegenden Flussufers zu gelangen. Mit atemberaubender Geschwindigkeit und ohrenbetäubendem Lärm schoss der Waikato durch einen engen

Felsspalt, stürzte die Huka Falls herab und sammelte sich in einem schäumenden Becken, 11 Meter unterhalb der Brücke.

Das aufgewühlte Wasser des Flusses leuchtete türkis, die Gischt kreierte kleine Regenbögen in einem zögerlichen Sonnenlicht und, ganz nebenbei, setzte der Waikato in ein paar Stunden genug Energie frei, um Auckland für ein paar Tage damit zu versorgen.

Danach ging es weiter ... Lake Taupo war mein nächstes Ziel. Der Taupo Vulkan war vor vielen Jahrhunderten ausgebrochen und hatte eine riesige *Caldera*, oder Krater gebildet, in dem sich im Verlauf der Zeit ein See angesammelt hatte – ähnlich wie im Waimangu Valley. Die Sonne kam dann doch schön zum Vorschein und ich hätte liebend gern eine Rundfahrt auf dem See gemacht, wollte aber wenigstens einen Tag verbringen, ohne wieder etwas organisieren zu müssen. Ich suchte einfach nach einem gemütlichen Plätzchen am Seeufer, schlenderte an vielen Wohnhäusern vorbei und begann zu träumen, *Wie toll es wohl wäre in einem dieser schönen Häuser zu wohnen!?*

Ich machte es mir unter einem Baum bequem, atmete die kühle Luft tief ein und schaute auf den See, der, unbeirrt von den vorübergleitenden Booten, vor mir ruhte. Ich saß und schrieb in mein Tagebuch, bis sich mein Herz leichter fühlte und nahm meine Route nach Turangi auf.

Ich reiste südlich um den Taupo See und hielt oft an, um einen immer noch etwas besseren Ausblick auf den See zu genießen. Eines dieser Male erhaschte ich einen Blick auf eine Mini-Insel nicht allzu weit entfernt vom Seeufer. Nach einem ausgesprochenen Regentag, öffnete sich plötzlich der Himmel genau über der Insel, sodass das Licht in einem einzigen gewaltigen Strahl auf die Insel fiel.

Bei Nachteinbruch kam ich endlich an meiner letzten Etappe in Turangi an und checkte in einem neuen Backpacker ein, der wirklich etwas Besonderes war. Die Schlafräume waren in einem

Kreis angesiedelt mit einer kleinen Grünfläche in der Mitte, wo Leute entspannen oder auch zelten konnten – und dabei noch Geld sparten. Die Pfade, die zum Haupthaus mit der Küche und dem Gemeinschaftsraum führten, wurden von präzise aufgehängten Planen vor schlechtem Wetter geschützt. Die Hostelbesitzter hatten die Küche mit mehreren Kühlschränken und Kochstationen ausgestattet, einer riesigen Kücheninsel zur Essenszubereitung in der Mitte des Raumes, worunter sich viele kleinere Fächer mit Körbchen für jedermanns Lebensmittel befanden. Das großzügige Esszimmer grenzte an das Gemeinschaftszimmer an, das mit einem Dutzend Couches und Futons ausgestattet war, sowie einem Kamin und einem riesen Fernseher.

Ich begegnete einigen Backpackern, die aus ganz Deutschland hergekommen waren – teilweise sogar nur 30 Minuten entfernt von Bad Sassendorf. Jeder von uns hatte fest vor, die Tongariro Crossing Wanderung am nächsten Tag in Angriff zu nehmen. Einer der Deutschen sagte, «Mann, mir wird gerade erst klar, dass es 11 Meilen sind von Mangatepopo nach Ketetahi.»

Die Anderen antworteten ihm, «Es wird sich auf jeden Fall lohnen.» «Viele sagen, der Trail ist eine der schönsten Tagestouren im ganzen Land.»

Bilder von der Route hatte ich bereits gesehen, Aufnahmen von unglaublich schönen Vulkantälern zwischen Mount Ngauruhoe and Mount Tongariro. Neben Mount Ruhapehu, dem höchsten Berg auf der Nordinsel, gibt es noch zwei weitere Vulkane im Zentrum des Nationalparks, wodurch er zu einer Art ganzjährigem Mekka für Outdoor-Freaks geworden ist. Mount Tongariros Plateau ist das zu Hause der Emerald Lakes – einer bezaubernden Gruppe von Kraterseen die so grün wie Jade leuchten.

Die Aufregung im Hostel war groß – alle von uns hofften am nächsten Tag auf den Berg hoch zu können, aber das Wetter sollte nicht mitspielen. Trotz einer bedrückenden Wettervorhersage, standen wir im Morgengrauen auf, immer noch voller Hoffnung, dass wir die Tongariro Crossing machen könnten. In unsere Regenkleidung eingehüllt stiegen wir stillschweigend in den Bus, der uns zur Bergstation innerhalb des Nationalparks bringen sollte. Als es zu regnen begann, erwartete ich naiver Weise, *Das Wetter auf dem Berg könnte besser sein als hier unten.* Doch meine Hoffnung schwand, je näher wir kamen. Die Wolken drohten ein feuchtes, enges Netz zu weben und schienen sich mit dem aufsteigenden Nebel zu verknüpfen. Endlich am Besucherzentrum und dem dort beginnenden Trail angekommen, sagte einer meiner Mitwandernden das, was wir alle befürchtet hatten, «Dude, keine Chance. Wir haben weniger als zwei Meter Sicht.»

Zwei oder drei Leute stiegen trotzdem aus. Sie zurrten ihre Jacken und Mützen zurecht und verschwanden hinter einer sich absenkenden Nebelwand, noch bevor sie Gelegenheit hatten ihre Rucksackgurte festzuziehen.

Der Rest von uns blieb im Bus und kehrte zum Hostel zurück. Einer der Deutschen, die mit mir unterwegs waren schmollte, «Echt schade. Das war jetzt unser vierter Versuch seit wir in Turangi angekomen sind ... Hoffentlich wird's morgen endlich was.»

Eine der Frauen beschwerte sich, «Tja, wenigstens hast du noch einen Versuch. Wir reisen morgen ab.»

Auch mich packte die Sorge, «Ich muss mich auch an einen Zeitplan halten. Das Wetter oben auf dem Berg ist also reine Glückssache?»

«Ja, selbst wenn du ein oder zwei Tage wartest, ist das noch lange keine Garantie dafür, dass du die Emerald Lakes sehen wirst.»

In Whitianga hatte ich bereits einen extra Tag für den Hot Water Beach und Cathedral Cove verbracht – ich hatte keine Zeit zu verplempern und cancelte kurzentschlossen meine Reservierung für eine zweite Nacht im Hostel, packte meine sieben Sachen und machte mich auf, in Richtung Nordosten, nach Napier, wo ich mir besseres Wetter erhoffte.

Die Straße schlängelte sich durch eine ganze Reihe von mit Steppengrass bedeckten Hügeln und endlosen Tälern, die keinerlei Bäume oder Blumen vorzuzeigen hatten und doch war es vollkommen friedlich dort. Das Radio knackte und rauschte, bis es jegliches Signal verlor.

Schnell wurde mir bei einem kleinen Boxenstopp an einem der ausgeschriebenen Aussichtspunkte bewusst, dass ich den Reiz des, wie ich zunächst angenommen hatte, vollkommen trostlosen Terrains, unterschätzt hatte. Die Aussicht auf das vor mir liegende Tal und die in der Ferne liegenden Berge war unfassbar. Wäre ich die letzten zwei Tage durch die Sahara Wüste geirrt, hätte ich meinen Augen nicht mehr getraut als jetzt. Die Sonne kämpfte tapfer ihren Weg durch die Wolken, hauchte dem Tal neues Leben ein und enthüllte einen von Weitem glitzernden Fluss – wieder ein wohltuendes Pflaster für das müde Herz eines Reisenden.

Zurück hinter dem Steuer bemerkte ich, wie die Tanknadel auf ein erschreckendes Tief hinunterfiel. Zwar hatte ich gehört, dass es keine einzige Tankstelle auf dem Weg nach Napier geben würde, nahm aber trotzdem, fälschlicherweise, an, dass ich es auch so schaffen würde. Die letzten 20-30 Kilometer meines Trips schaute ich unentwegt auf die Nadel, die sich erbarmungslos immer weiter hinunter senkte.

Ich sah mich bereits in der Mitte des neuseeländischen Nirgendwo stehen – ohne Handy und ohne ein Anzeichen menschlichen Lebens, das mich aus meinem Elend erlösen würde. Ungefähr einen halben Kilometer vom Ziel entfernt, rollte mein Yaris den letzten Hügel der Tagesetappe hinunter und schleppte sich „Rad für Rad“ an die, wie ich fand, schönste Tankstelle auf der ganzen Welt.

In Downtown Napier angekommen fand ich mich durch die Architektur in eine längst vergangene Zeit zurückversetzt. Meinem Reiseratgeber zufolge zerstörte 1931 ein Erdbeben die ganze Stadt. An der Ostküste von Neuseelands Nordinsel zwischen Hawke's Bay und Cape Kidnappers gelegen, verschlang der Ozean damals das meiste vom Strandort und ein Feuer vertilgte all das, was nicht im Beben begraben worden war. Die Erschütterungen wirkten mit solcher Wucht, dass das umliegende Sumpfland und das Flussbett davon angehoben wurden und, wenn auch unbeabsichtigt, dadurch mehr Platz für den Wiederaufbau der Stadt gemacht wurde.

Die 1930er waren die Zeit des *Art Déco* und so wurden alle neuen Gebäude in diesem Stil errichtet. Das Daily Telegraph Gebäude zeigt die typischen Motive, wie etwa das Sonnensymbol, Blitze und Floral-Ornamente; das Masonic Hotel beeindruckte mit seinem hervorstehendem Bogengang; das Criterion Hotel mit seinen eleganten Bleifenstern. Viele der Gebäude hatten aufwendig verzierte Balkone, aber das A&B Building, mit seiner beeindruckenden Glaskuppel, wurde schnell zu Napiers architektonischem Vorzeigemodel, zusammen mit dem original erhaltenen Public Trust Building, das wie durch ein Wunder das Beben von 1931 überstanden hatte – nicht zuletzt wegen seiner zahlreichen Pfeiler und Eichenholzquerbalken.

Palmen säumten die Bürgersteige und die Straßenlaternen auf Emerson Street, wirkten wie ein abstraktes Bouquet aus Lollipops. Ich überquerte die Marine Parade und spazierte die Strandpromenade entlang und meldete mich für eine Architekturführung an. Meine Augen inspizierten eines der Gebäude, ich hielt an und suchte brav nach den für Art-Déko typischen Symbolen und Motiven als ich plötzlich ein bekanntes Gesicht auf der anderen Straßenseite erspähte. Ich rief, «Anna!»

Mit einem vertrauten Lächeln lief Anna auf mich zu und lachte, «Wer hätte gedacht, dass man sich noch mal so mir nichts, dir nichts, über den Weg läuft?»

«Ich dachte, wir sehen uns nie wieder. Was machst du hier?»

«Naja, ich schlendere einfach nur durch die Stadt», sagte sie.

«Weißt du, ich muss diese Führung nicht bis zum Ende mitgehen ...»

« Kaffee?»

«Klar.»

Wir suchten uns ein nettes Café direkt bei der Napier Mall aus und genossen die mehr als willkommene Sonne. Dazu gönnten wir uns einen „echten“ Latte – mit dem üblichen Milchschaum, der so schwierig in Neuseeland zu finden war. Anna freute sich, «Wie lecker! Es ist schon viel zu lange her.»

«Aber wirklich. So was findet man *on the road* kaum.»

Wir quatschten den Großteil des Nachmittags bis wir auf eine der Bars umsattelten und über ein paar Bier und Cosmopolitans unsere Pläne für den nächsten Tag schmiedeten.

Überkommen von frischem Optimismus hinsichtlich unserer Chancen, die Tongariro Crossing zu wandern und die Emerald Lakes zu sehen, schälten Anna, Dinah und ich uns in aller Frühe aus dem Bett. Wir schafften es in weniger als drei Stunden zurück nach Turangi, aber die Gesichter der Backpackers dort im Hostel waren genauso finster wie am Vortag. Neuschnee bedeckte die Tongariro.

Wir entschieden uns, erst einmal für ein spätes Frühstück, konnten aber die Enttäuschung, die sich in unserem Innern breitmachte kaum verbergen. Wir stocherten nach frischen Früchten in unserem Müsli und zerbrachen uns den Kopf für einen alternativen Plan. Anna brach das Schweigen, «Ich hab ein sehr nettes Pärchen in einem anderen Hostel getroffen. Sie waren gerade zurück aus Matamata.»

Ich rührte weiter in meinem Müsli; gedankenverloren tauchte ich tiefer in die *algenartigen Windungen* meines Hirns, auf der Suche nach einer einzigen sensationellen Idee.

«Dort wurde Hobbiton aufgebaut, wisst ihr?», fuhr Anna fort.

Mit einer Geschwindigkeit, die jeden zu schnell aufsteigenden Taucher krank gemacht hätte, sprang ich heraus aus meinem von Gedankenschlamassel und schnappte nach Luft, «Warte! Hast du gerade „Hobbiton“ gesagt? Wie in „Herr der Ringe“?»

Kurz darauf machten wir drei uns schnell etwas Proviant und schnappten uns wiedermal unsere Regenkleidung, fanden Matamata auf einer Karte und stürmten los. Die Gegend um Matamata bestand aus Quadratkilometer um Quadratkilometer an Farmland. Die sanften Hügel, die Straßen und Felsen ähnelten sich alle und es fiel uns schwer, den Bauern, von dem das Pärchen Anna erzählt hatte, zu finden. Schlimmer noch, nichts sah auch nur ansatzweise nach einem Filmset aus „Herr der Ringe" – oder sonst irgendeinem Film – aus.

Wir hielten an einem kleinen Feinkostladen, um nach dem Weg zu fragen und fanden dort jemanden, der uns den Weg besser beschrieb. Wir stießen auf mehrere Felder, sahen dutzende Schafe und kleine Bauernhöfe. Je länger wir fuhren, desto mehr wurde unsere Fantasie angeregt. Dinah überlegte, «Hier, könnte es das hier sein?»

«Nein», sagte Anna, «Aber vielleicht dort drüben? Sieht so aus wie die Stelle, wo Merry, Pippin, Sam und Frodo sich vor den Ringwraights versteckten.»

«Und was ist mit den Bäumen dort drüben? Schau' dir mal die fetten Wurzeln an», ich zeigte grob in die Richtung, von der ich dachte, dass wir dort vielleicht richtig lägen.

«Hm, ich weiß nicht», zuckte Anna mit den Achseln, fuhr geradeaus und zweifelte, «Meinst du wirklich?»

Offensichtlich hatten wir keine richtige Ahnung und später stellte sich raus, dass wir alle komplett falsch lagen. Immer noch gab es keine Spur von unserem Farmer und wir hielten an dem schönsten Haus, das wir finden konnten, um noch einmal nach dem Weg zu fragen. Eine sehr freundliche Dame mit durchschnittlicher Figur, rötlichem, gewellten Haar und einer kleinen Schürze um ihren kurzen Hals kam uns entgegen. Sie begrüßte uns, *«Kiaora, girls! Can I help you?»* Mit einem deutlichen Kiwi-Akzent bat sie uns ihre Hilfe an und musterte uns wie eine neugierige und behutsame Glucke. Sie bot uns an,

«Vielleicht wollt ihr ja kurz reinkommen? Ich habe gerade ein paar Muffins gebacken.»

«*Oh, no!* Wir möchten keine Umstände machen. Wir suchen nur nach der Farm, wo „Der Herr der Ringe" gedreht wurde», erläuterte Anna.

«Ah! Ihr habt sie nur um ein paar Häuser verpasst», freute sich die Dame für uns, als hätten wir bereits dafür einen Preis verdient.

Ihren Beschreibungen folgend fuhren wir ein paar Kilometer zurück (Nachbarn wohnten hier nicht dicht an dicht) und standen schließlich vor einem kleineren, sehr bescheiden aussehenden Farmhaus. Ein Bauer mit grauem Dreitagebart machte uns in Jeans-Shorts, weißem Unterhemd und schweren Gummistiefel gekleidet die Tür auf. Er spiegelt schon einmal nicht den Glamour wider, den ich automatisch erwartete wenn es ums Thema Film ging.

Wie immer, machte Anna den Anfang, «Sir, wurde bei Ihnen „Herr der Ringe" gedreht? Wir würden uns sehr gerne Hobbiton ansehen.«

Der Mann antwortete, «*Sure*! Wenn ihr wollt. Allzu viel gibt's da aber nicht mehr zu sehen, Kleines. Fahrt durch die Tore und macht sie wieder fest hinter euch zu.»

Wir fuhren in die Richtung, in die der Bauer gezeigt hatte, fuhren einen engen, ausgetretenen Pfad entlang, wobei wir vorsichtig ein paar Schafe verscheuchten, die sich laut darüber beklagten. Nachdem wir das dritte Tor hinter uns gelassen hatten, wateten wir durch eine nicht unbeträchtliche Schicht aus Schafdung, einen steilen Berg hinauf. Dann, endlich, konnten wir es sehen: „Hobbiton" – eine üppige Senke mit einem kleinen See, hohen Bäume und dichtem Gebüsch breiteten sich vor uns aus. Steinplatten markierten den Weg zu einem der kleinen „Häuser". Weißes Furnierholz war geschickt in einen massiven Hügel mit runden Öffnungen als Türen und Fenster eingearbeitet worden. Die Einzigen, klein genug, bequem hindurch zu passen, waren die Schafe.

Alles stank nach Schafdung, der im Profil unserer Wanderschuhe kleben blieb. Anna hatte mittlerweile rote Wangen bekommen. Unsere Kameraobjektive zoomten ein und aus, während jede von uns in ihrer eigenen kleinen Welt verloren ging. Ich erinnerte mich an Szenen aus dem ersten Teil der „Herr der Ringe“-Trilogie, den ich nur ein paar Wochen vor meiner Abreise gesehen hatte. Etwas in jenen Bildern hatte mir solch einen heftigen Impuls gegeben, dass ich es kaum hatte erwarten können, meine Koffer zu packen. Nun, da ich quasi in „Mittelerde“ stand, hinterließ das Niemandsland Neuseelands für immer Spuren in meinem Herzen. Ich spazierte zwischen den Hobbit Häusern umher, in Richtung eines der erstaunlichsten Bäume, die ich neben Tane Mahuta je gesehen hatte. Er musste mehr als neun Meter in den Himmel hinauf geragt haben und beeindruckte mit seinen großzügigen, ausladenden und üppigen Zweigen. In einigem Abstand dazu verlief ein Fluss, der gut der „Brandywine“ hätte sein können. Mit jedem Atemzug nahm ich mehr von dieser aufregenden Atmosphäre in mich auf, bis ich über Beutels' Ende stolperte. (Für die Tolkien Fans unter uns: Ich meine tatsächlich Bilbo Baggins' geräumiges und gemütliches Haus, in dem er Mithrandir, Gandalf den Grauen, begrüßt hatte, bevor die Feierlichkeiten zu Bilbos 111ten Geburtstages begannen.)

Ich erinnerte mich daran, wie entschlossen Bilbo gewesen war, seinen Freund willkommen zu heißen, wie er ihm Tee machte, das Feuer anfachte und der Geruch seines Pfeifentabaks in der Luft gelegen haben muss; die hochgewachsenen Blumen in seinem Vorgarten, die weit über die Höhe der Fensterbank hinausragten und im Schein des Feuers sichtbar waren, das rege Treiben der Vorbereitungen für seinen Geburtstag, den er mit hunderten von Nachbarn und Freunden aus dem ganzen Shire feiern würde – inklusive eines Feuerwerks als großes Finale.

Als ich meine Augen wieder öffnete war alles mit einem Augenaufschlag verschwunden. und ich dachte mir, *Für jeden, der sich nicht besonders für Tolkien oder Peter Jackson interessiert, gab es wahrscheinlich nicht viel zu sehen.*

Solch eine Person hätte es nicht interessiert, dass jemand mit Bleistift auf die Rückseite der Holzbretter geschrieben hatte: Bilbo Baggin's Bedroom Window. Auch hätte diese Person kein Verständnis dafür gehabt, dass sich drei Mädchen kreischend in die Engen Spalten zwischen Brettern und Erde zwängten. Aber genau wie hunderttausende Menschen, die es sehr wohl interessierte, erinnerte ich mich, einen Artikel gelesen zu haben, der davon berichtete, wie die Filmcrew vorsichtig den Schornstein und Teile von Bilbo's Haus und Garten aus dem Boden aushob und dies zur Premiere von *Herr der Ringe: The Fellowship of the Ring* zeigten.

Ich weiß nicht, wie viel Zeit wir an diesem Tage in Matamata verbrachten, aber wir gingen nicht ohne wenigstens ein paar Rollen Film verschossen zu haben und den Schafdung wieder aus unseren Schuhsohlen gestochert zu haben.

Auf dem Rückweg nach Turangi wurde das Wetter zusehends schlechter und der Himmel immer dunkler. Bis wir unser Hostel erreichten, war starker Regen von den schneebedeckten Bergen herabgezogen, um uns daran zu erinnern, dass wir es nicht hinauf schaffen würden, um die Emerald Lakes zu sehen. Aber Anna und ich zuckten mit den Schultern und lächelten einander unbeirrt zu.

Wir rannten vom Auto zum Hostel durch den Regen um es uns so schnell wie möglich vorm Kamin gemütlich zu machen. Zu unserer Überraschung hörten wir aber nicht das Prasseln eines wärmenden Feuers, sondern das unvergleichliche Geräusch eines Feuerwerks. Unser Timing war unglaublich, aber die anderen in Turangi gestrandeten Wanderer sahen sich gerade *Herr der Ringe: The Fellowship of the Ring* auf DVD an – und die Hobbits waren gerade dabei Bilbo's 111ten Geburtstag zu feiern. Anna zwinkerte mir zu und mit einem breiten Lächeln auf dem Gesicht machen wir es uns auf einer der vielen Couches bequem.

*

Früh am nächsten Morgen brach ich in Richtung Wellington auf – Neuseelands traumhafte Hauptstadt.

Anstatt stur dem Highway für mehrere hundert Kilometer zu folgen, fuhr ich den Schildern in Richtung *Jerusalem* nach. Es faszinierte mich, dass es in der südlichen Hemisphäre auch ein Jerusalem gab und wollte wissen, was es damit auf sich hatte. Ich genoss den kleinen Umweg direkt oberhalb des Whanganui Rivers. Die schmale, schlammige Straße war unbefestigt und ich fuhr so langsam, dass ich vielleicht besser hätte laufen können. Ab und zu gelangte ich an eine kleine, grasbewachsene Einbuchtung, wo ich anhalten, durchatmen und ein paar Bilder machen konnte.

Als ich hinter einem tuckernden Lkw hängen blieb, ging es nur im zweiten Gang voran und ich schaltete gedanklich ab ... zurück nach Mittelerde. Ich stellte mir vor, wie „Urukais" durch das Gebüsch und zwischen den Bäumen auf dem anderen Ufer umher eilten. Vor meinem inneren Auge konnte ich die Umrisse ihrer dunklen, klobigen Körper und schrecklichen Gesichter sehen. Fast war mir so, als hörte ich das Bersten junger Zweige und Setzlinge unter ihren schweren Füßen. Gimli und Legolas, Frodo, Sam und Aragorn, Boromir, Pippin and Merry paddelten in Elben-Kanus auf eine dunkle Zukunft zu. Ich begann mich vollkommen in Tolkiens Welt zu verlieben. In vielerlei Hinsicht schien sie mir wirklicher, plausibler als alles andere, was ich seit der Krankheit meiner Mutter erlebt hatte. Ich suchte nach mehr Informationen über die Drehorte. Matamata, „Hobbition", hatte etwas in mir aufgewirbelt, das sich nicht so bald wieder legen würde. Ich war total aus dem Häuschen, als ich in einer der Lokalzeitungen eine Landkarte fand. In wahrer J.R.R. Tolkien Manier gezeichnet, zeigte die Karte einige der Locations, quer durchs Land verteilt, und gab zu jedem Drehort eine Zusammenfassung der passenden Filmszenen wieder.

Als der Highway 1 begann parallel zur Ozeanküste zu verlaufen, wusste ich, Wellington war nicht mehr weit. Ich navigierte eine Weile kreuz und quer durch die Stadt und verliebte mich Hals über Kopf in den Hafen der Stadt mit ihrem Architekturmix aus Viktorianischen Villen, modernen Hochhäusern und unerwarteten Skulpturen.

Ich rollte *The Terrace* hinab, eine der belebteren Hauptstraßen, voller Menschen mit Aktenkoffern und Laptops, mit denen sie aus Gebäuden marschiert kamen und sich auf Fahrräder schwangen oder ihrem Bus hinterherliefen während die Sonne sich langsam hinter den Hochhäusern senkte. Mein Städte-liebendes Herz schlug höher als ich all die kleinen Straßencafés und Street Art durch die Nachbarschaft meines nächsten Backpackers verteilt sah. Das riesige Aufzug-betriebene Gebäude war vor seinem Umbau ein Hotel gewesen und wartete mit einer kleinen Bar und einem Restaurant auf. Das Hostel hatte auch die Größe der einstigen Chefküche beibehalten, wo jetzt jeder sein Essen in einem begehbaren Kühlschrank unterbringen konnte. Es musste dort dutzende von Schlafsälen gegeben haben, wo sich selbst große Gruppen unterbringen ließen. Ich versuchte den Mangel an Privatsphäre zu ignorieren und wälzte mich in meinem Hochbett hin und her. Der eisige Wind trug die Geräusche einer belebten Hauptstraße durch die alten Fenster hinein, bis auf mein Kopfkissen. Es sollte schnell zu einem Schlaflied mit einem ganz besonderen Platz in meinem Herzen werden.

Am nächsten Tag zog ich los, alles zu erkunden, was Wellington zu bieten hatte. Zahllose Boutiquen, Geschäfte und Cafés reihten sich aneinander mit von sorgfältiger Hand beschriebenen Kreidetafeln, Blumen und vielen Sitzgelegenheiten im Freien. Ich spazierte den beschäftigen Lampton Quay entlang, Wellingtons namhaften Boulevard mit den größeren Läden und Einkaufspassagen. Steile Stufen überredeten Besucher dazu, Wellingtons Anhöhen zu erkunden oder die schmalen Seitenstraßen, die zur modernen Hafenpromenade hinunterführten.

Ich ging weiter auf der Willis Street, runter zum Civic Square. Hunderte Menschen liefen an mir vorüber, vermutlich auf ihrem Weg zur Arbeit oder den Berg hinauf zur Victoria University – die ganz sportlichen hatten sich einen Rucksack aufgesetzt und joggten.

Musik rieselte aus den Plattenläden und echote durch die Straßen, aber meine Aufmerksamkeit war hart umkämpft. Der Duft ofenfrischer Cookies lag ebenfalls in der Luft und ließ mir das Wasser im Mund zusammenlaufen. Ich verputzte genüsslich einen Brownie und ein paar Cookies unterwegs zum Hafenviertel, wo ich einfach nur dort saß und die Menschen und Boote beobachtete. Ich überflog die Häuser, die von einer Anhöhe aus die Hafenbucht überblickten und fragte mich, wie die Aussicht wohl war; stellte mir vor, wie es denn sein musste hoch oben über der Stadt zu wohnen. Ich sah mich selbst, ganz in weiß gekleidet, wie ich langsam an die Glasfront eines der Häuser herantrat und von dort einen Blick auf die Boote, Menschen und die offene See warf, *Vielleicht eines Tages.*

Ich wühlte durch meinen Rucksack und schaute mir noch einmal die Karte aus der Zeitung an, als mir auffiel, dass einer der dort markierten Stellen auf der anderen Seite der Bucht lag – Peter Jacksons Haus.

Die Menschen in Neuseeland waren mir gegenüber immer so wundervoll gewesen, egal wo oder wann, ich konnte mir beim besten Willen nicht vorstellen, dass das beim Regisseur einer milliardenschweren Trilogie anders sein könnte. Ich hatte weder einen Plan, noch den blassesten Schimmer, was ich ihm sagen würde, wenn er tatsächlich die Tür öffnete. Aber ich hatte Lust, es herauszufinden.

Zwar stand auf der Karte keine Adresse, aber es gab detaillierte Angaben des Hauses und das war mir schon genug. Ich fand ein Haus, auf das die Beschreibung passte und parkte etwas weiter weg. Mein Magen begann sich so anzufühlen, wie er es immer tat, wenn mir etwas eine gewisse Portion Mut abverlangte. Ich wartete in meinem Wagen, hoffte, dass die Übelkeit nachlassen würde. Ich redete mir beim Aussteigen ein, *Vielleicht kommt er ja zufällig gleich raus.* Zweifel plagten mich, *Was, wenn er überhaupt gar nicht nett ist?*

Ich hielt direkt vor Jacksons Haus an und klingelte an der Tür. Nichts. Ich klingelte noch einmal. Immer noch nichts. Mir fiel ein, dass der Artikel erwähnt hatte, dass Philippa Boyens nicht nur eine der Trilogie-Drehbuchautoren war, sondern auch eng mit Jackson befreundet und Nachbarin war. Ich wurde immer entschlossener, *Naja, vielleicht ist er ja nebenan?*

Das Nachbarhaus war mit Spinnweben und Skeletten dekoriert. *Wie seltsam!* Ich klingelte bereits zum zweiten Mal, als die Tür aufging und eine hübsche Frau mit langen bräunlichen Haaren, Brille und großem Sonnenhut herauskam. Mit einem freundlichen Lächeln und einem geflochtenem Korb am Arm näherte sie sich dem Tor, sagte „Hi", und vermutete, «Bist du für *Trick or Treat* hier?»

«Hi! Ehm, Trick oder was?» , fragte ich.

Die Frau musterte mich gründlich, wenn auch eher fasziniert als kritisch, «Trick or Treat. Heute ist doch Halloween.»

Erst jetzt bemerkte ich, dass ihr Körbchen voller Süßigkeiten war und begriff, «Ach so! Ha! Ehm, nein.» Ich erklärte, «Wir feiern Halloween nicht wirklich in Deutschland ... daher komme ich nämlich. Ich wollte nur ... ich bin nur vorbeigekommen, um zu schauen, ob ich möglicherweise ... mit Mr. Jackson sprechen könnte?»

Mit einem gedankenverlorenem Gesichtsausdruck, kräuselte die nette Lady ihre Nase, rückte ihre runde Brille zurecht und seufzte, «So sorry! Leider ist er nicht zu Hause. Er hat heute Geburtstag. Aber vielleicht kann ich dir ja weiterhelfen? Ich bin Philipa.»

«*Really? Wow!* Schön Sie kennenzulernen, Philippa.» Ich konnte es kaum fassen, dass ich Philippa Boyens die Hand schüttelte, «Es muss einfach unglaublich gewesen sein an „Herr der Ringe" zu arbeiten!»

Sie schenkte mir noch ein Lächeln und nickte mit dem Kopf.

«Wie sind sie denn Drehbuchautorin geworden?», wollte ich wissen, «Können Sie mir dazu einen Rat geben?»

«Hm. Das ist wirklich gar nicht so einfach zu sagen. Ich würde sagen, fang einfach an etwas zu schreiben – irgendetwas. Der Rest kommt dann schon.»

Philippa signierte mein kleines Tagebuch, dass ich mittlerweile überall mit hin schleppte und verabschiedete sich. Ich stieg glucksend in mein Auto ein und schüttelte mit dem Kopf, als ich mir vorstellte, wie ich Sabrina von den letzten zehn Minuten erzählen würde.

Der Weta-Workshop (das Studio, das den Großteil der „*HdR*" Special Effects lieferte) stand als nächstes auf meiner Liste. Ich hielt vor einem Haus an, das wieder einmal nicht im Geringsten so aussah, wie ich es mir vorgestellt hatte. Fast hätte ich mein Vorhaben schon über den Haufen geschmissen, *Ich bin hier bestimmt falsch.*

Es gab keine Kameras, Tore oder wenigstens ein „Eintritt verboten"-Schild. Das Einzige, das zwischen mir und dem Eingang stand, war ein älterer Mann, hoch oben auf einer Klappleiter, die wie ein umgekehrtes „V" direkt vor der Tür aufgestellt worden war.

«*Excuse me, Sir.* Bin ich hier bei ... ist es in Ordnung, wenn ich reingehe?», tastete ich mich vorsichtig vor.

Der Mann pfiff eine unbekannte Melodie, die er nur unterbrach um breit zu grinsen und mit den Schultern zu zucken, bevor er sein Lied von vorne begann und sich wieder der Tür widmete. Ich holte tief Luft und ging hinein.

Auf meinem Weg nach oben, wo ich die Büros vermutete, ging ich unmittelbar an ein paar Modellen bekannter Kampfszenen vorbei und an Kreaturen, die sich in Khazad Doom eine erbitterte Schlacht geliefert hatten. Ich sah mehrere schillernde Awards, die an den Weta-Workshop gegangen waren. Innerlich schrie ich, *Das ist doch verrückt! Ich glaub es einfach nicht!*

Letzten Endes begegnete ich jemandem, der dort hinzugehören schien. Sie grüßte, «Kiaora! Can I help you?»

Ich zögerte, «*Ehm, I don't know*. Ich dachte, dass Sie vielleicht eine Tour anbieten?»

«Wie bist Du denn reingekommen?», fragte sie gelassen.

«Die Tür war offen. Ich dachte es gäbe irgendwo einen Empfang.»

«No, honey», die Frau schüttelte mit dem Kopf und erklärte mir, «Wir bieten keine Touren an. Kommst du bitte mit mir mit? Es gibt ein paar Dokumente, die ich gern von Dir unterschrieben hätte.»

Ich unterschrieb eine Verschwiegenheitsvereinbarung, die besagte, dass ich unter keinen Umständen Details des hier Gesehenen wiedergeben durfte. Es störte mich nicht. Immerhin blieben mir ja noch die Erinnerungen und ich hatte mich eh schon Hals über Kopf in dieses Land, das ich mir nicht besser hätte träumen können, verliebt. In meinem Herzen hatte ich längst ein Abkommen mit der Stadt Wellington und ihren Einwohnern getroffen...

*

Widerwillig ging es am nächsten Morgen bei Sonnenaufgang mit der Fähre von Cook Straight nach Picton auf der Südinsel weiter. Auch wenn ich Wellington schwermütig verließ, freute ich mich doch darauf die majestätischen Fjorde und die Pracht, die der Süden versprach aus nächster Nähe zu erleben. Ich durchquerte Nelson, eine sonnige Kleinstadt und verbrachte die Nacht in Motueka, einem beliebten Ausgangspunkt für die vielen verschiedenen Touren im Abel Tasman National Park. Die Dame, der das Backpacker gehörte, bat mir selbstgemachte Zitronen-Mohn-Muffins an und sicherte sich damit einen Platz in den Top 5 Lieblingsunterkünften in Neuseeland.

Ich studierte meinen Reiseführer und meine Landkarten um sicherzugehen, dass ich immer noch gut in der Zeit lag um all das, was ich ursprünglich eingeplant hatte zu sehen. Lake Tekapo, Queenstown, Mount Cook, Milford Sound, Dunedin und, last but not least, Christchurch riefen meinen Namen. Aber mit nur 14 Reisetagen übrig fing die Zeit zu rasen an. Ich wusste schon jetzt, Ich wünschte, der Trip ginge nie zu Ende.

Mit der festen Absicht so viel wie möglich aus allem rauszuholen verließ ich Motueka's Bakers Lodge in aller Frühe für einen Buschwalk durch einen vergleichsweise kleinen Teil des Abel Tasman National Parks. Natürlich nicht, ohne ein leckeres Frühstück mit frischen, home-made Muffins und Scones.

Die Sonne hatte bereits begonnen die Morgenluft etwas aufzuwärmen, als mich das Wassertaxi an der halbmondförmigen Küste von Totaranui Bay absetzte. Die türkisfarbene See säumte die Bucht und verblasste zu einem Grün, einem blassen Blau bis es wie eine Kristallscheibe über dem ockerfarbenen Sandstrand zu liegen schien, der in den üppig grünen Wald und leuchtend grünen, mannshohen Farn führte. Wenn es wirklich eine Mary Poppins gäbe, die mich aus meiner dunklen sterbenden Welt hätte herausholen können, um mich anschließend in ein Gemälde hinein zu zaubern, damit ich mal was Schönes sah, dann wäre es mit Sicherheit genau hier gewesen.

Ich folgte dem Trail eine Weile und stand plötzlich in einem ganz anders aussehenden Teil der Bucht, der von der Ebbe trocken gelegt worden war. Vermutlich tausende kleine Krabben trippelten rein und raus aus ihren Schlammlöchern um mir auf meinem Weg in die Berge des Waldes, der am Ende der Bucht begann, auszuweichen. Der steile Pfad brachte mich in einen dichten Regenwald. Ich spürte wie die Feuchtigkeit die winzigen verzweigten Äste meiner Bronchien füllte und reinigte, wie Sonnenstrahlen in mein Herz hinabschwebten und meinen hektischen Verstand beschwichtigte.

Tiefer im Wald war die Luft immer noch feucht, aber die Sonne versteckte sich hinter den Wolken und ein feiner Sprühregen begann sich dort zu senken, wo sich neu und alt, sprießende Knospen und verwelkendes Gewebe die Hand reichten und tummelten.

Ich setzte mich auf einem Felsen neben einem gemächlichen Fluss und ruhte mich aus. Ich richtete meine Augen nach oben und starrte auf die Kronen uralter Bäume. Es schien sie nicht zu beirren, wie fein die Linie zwischen Leben und Tod hier wirkte und für einen kurzen Moment konnte auch ich es akzeptieren.

Ganz zu Anfang meiner Reise nach Neuseeland spielte ich noch mit dem Gedanken Lucas von jedem Ort, den ich besuchte, eine Postkarte zu schicken. Ich sehnte mich danach, dass es ihn interessieren würde, stellte mir vor, wie mein kleiner Bruder meine Route auf einer Weltkarte verfolgte. Ich schickte Karten aus Auckland, Napier und der exotischer klingendem Paihia Whitianga und Roturua. Ich hoffte, dass die Karten die gewaltige Distanz, die zwischen uns klaffte, verbergen würden. Ich zog eine neue Karte, diesmal vom Abel Tasman National Park aus einer Tasche in meinem Hosenbein. Zunehmend dicke Regentropfen fingen an mich zu ärgern, während mich die Überschrift der Karte ins Grübeln brachte, „I am here and you are not. Ich bin hier und du nicht. Ich bin hier und DU NICHT. Ich bin hier und du ... bist es nicht."

Fast ein Jahr war seit dem Tod meiner Mutter vergangen. Seit ich zugestimmt hatte, dass Lucas zu einer Pflegefamilie gehen sollte. Wäre er bei meiner Abreise älter gewesen, hätte ich vielleicht versucht ihm zu vermitteln, warum meine einzige Chance darin bestand abzuhauen. Vielleicht hätte ich versucht den Lebensmangel, den ich in Deutschland empfand, zu erklären – den stets lauernden Geist des Todes, das Gefühl lebendig begraben zu werden. Aber mit Logik konnte ich diese Dinge nicht erläutern – so viel stand fest.

Ein Wanderer erschreckte mich, ging aber schnell weiter ohne einen Hinweis darauf, dass er mein Selbstgespräch bemerkt hatte. Ich machte ein paar Schritte und versuchte kostbare Erinnerungen an den Memorystick meiner neuen Digitalkamera zu fesseln als das altbekannte Summen wieder auftauchte, bereit die beruhigenden Geräusche des Regenwaldes zu übertönen. Ich schaute noch einmal verzweifelt nach oben, in der Hoffnung, dass die Sonne mir helfen würde die Last der Dinge, an die ich mich nicht erinnern wollte, zu tragen.

Ich nahm an, dass der Wanderer inzwischen außer Hörweite war und fragte meine neuen Freunde, die Bäume über mir, «Wie kann ich erwarten, dass ein Neunjähriger versteht, was mir selbst noch entgeht?»

*

Als Mama krank wurde, wusste ich nicht was ich denken, oder nicht denken sollte. Ich zog mich ständig an den Möhnesee zurück, den See in der Nähe meiner Heimat, auf der Suche nach neuen Überlebensstrategien. Einen Führerschein endlich in der Tasche zu haben, war nicht nur ein weiterer Schritt des Erwachsenwerdens, sondern ich wusste die Unabhängigkeit, die ein eigenes Auto mit sich brachte, sehr zu schätzen. Ich fühlte mich in meinem Faraday'schem Käfig vom Donnern und Blitzen der Welt beschützt. Egal ob Sonne oder Regen, Tag oder Nacht, wann immer ich das Gefühl hatte nicht atmen zu können, fuhr ich an den

See. Je schöner das Wetter, desto mehr Besucher kamen natürlich. An einem heißen Sommertag war es eine echte Herausforderung, einen Parkplatz in Ufernähe zu finden und der Verkehr schob sich langsam um den ganzen See, wie träge Lava.

Ich liebte die seltenen Momente, an denen ich das dunkelgrüne Wasser ganz für mich hatte, vor allem an den kühleren Herbsttagen wenn feuerrote Blätter von den Bäumen fielen. Der seichte Regen und kleine Pfützen fingen ihren Aufprall auf dem Boden ab und das Laub verteilte sich am Ufer. Es ließ sich nieder bis jeder spitze Stein unter diesem kostbaren rot-goldenem Teppich verschwand, der mir den Weg in die leisen Wellen bereitete für ein Grand Finale. Aber Mama brauchte mich.

Ich kam, um über den Rand dieser Szenerie zu gleiten, wie eine haarige Raupe, die über einen prallen Tautropfen rollt und alles in sich hinein saugt, um neue Stärke zu finden.

Mein Leben zu Hause glich eher einem expressionistischen Gemälde, als hätte jemand einen schweren Stein in den See geschmissen und so alle Äußerlichkeiten für immer in Unruhe versetzt. Ich verfolgte die ausgefransten Ränder eines blassen Umriss eines Lebens, das ich kaum wiedererkannte und wünschte mir verzweifelt, dass die Dinge wieder zum Alten zurückkehrten. Zurück zu etwas, das irgendwie richtig aussah, aber ich erinnerte mich nicht daran, wann es das letzte Mal der Fall gewesen war. Ich war nicht mehr Clarissa, sondern M.K's Mercutio: „This face I carry in the carnival of everyday, deceives till death." Dieses Gesicht, das ich im Karneval des Alltags trage, täuscht bis in den Tod.

Schätzungsweise zwei Wochen nach Mamas Tod brachte ich Lucas an meinen See. Der graue Himmel und die eisige Luft verrieten mir, dass wir kaum auf andere Besucher stoßen würden. Ich konnte mir keinen anderen Ort vorstellen, an dem ich mit meinem Bruder über den letzten Willen unserer Mutter sprechen wollte. Gelähmt von der ohrenbetäubenden Stille der Intuition wechselten wir auf der Hinfahrt kaum ein Wort miteinander. Ich konnte mir die Argumente, die ich in der vorigen Nacht fein säuberlich in meinem Kopf zurechtgelegt hatte, nicht merken. Das Einzige was mich davon abhielt umzudrehen war, dass ich mich der Tiefe des Sees schon so viele Male anvertraut hatte.

Wie soll ich es ihm nur sagen, hallte es durch meinen Kopf. Was bin ich für ein schrecklicher Mensch, dass ich ihn noch nie hierher mitgenommen habe? Wenn wir hier fertig sind, will er bestimmt nie wieder hierher kommen.

Die Beraterin vom Jugendamt, die den Fall meines Bruders bearbeitete, hatte gedrängt, dieses Gespräch nicht länger hinauszuzögern. Ich hatte eine Heidenangst als ich einen anonymen Anruf beim Jugendamt gemacht hatte. Es graute mir vor dem Gedanken, dass das Amt jemanden schicken könnte um Lucas abzuholen und ich befürchtete das Schlimmste, Was, wenn sie ihn in ein Kinderheim bringen? Warum muss ausgerechnet ich diejenige sein, die sein Leben mit einer Unterschrift besiegelt?

Ich hatte keine Ahnung, wie ich es ihm beibringen sollte. Stattdessen redeten Lucas und ich über Schule, Basketball und sogar über Mädchen. Wenn ich ihn anschaute, sah ich nur einen Neunjährigen, der gerade seine Mutter verloren und seinen Vater nie gekannt hatte. Ich erblickte ein Kind, das noch früher als ich Leere empfunden hatte. Einige seiner jüngsten Erinnerungen waren, wie Mama sich „seltsam verhielt“ und ihm vielleicht erzählte, dass er der Messias war – da war ich mir nicht sicher. Nach vier erschreckenden Jahren, in denen er mit ansah, wie fast jeder, dem er vertraute und liebte kränker wurde und starb, brachte ich ihn nun an den See, um sein Leben noch schwieriger zu machen.

Jedes Mal wenn ich zur „Beichte“ ansetzte, fühlte ich Hitze in mein Gesicht steigen und mein Mund trocknete vollkommen aus. Lucas schnappte sich ein paar Steine und ließ sie übers Wasser springen. Zögerlich nahm ich ihn bei der Hand, damit er sich neben mich setzte und beugte mich nach vorn um selbst ein paar der unzähligen Steine aufzuheben. Die Steine springen zu lassen weckte nur seinen Konkurrenzwillen und er interpretierte meine Geste als Einladung zum Wettkampf. Seine Augen blitzten auf und schon war er wieder verschwunden. Ich fühlte mich so erleichtert.

Ein paar Minuten verstrichen und ich zwang mich dazu in unerforschte Gewässer vorzudringen. Ich fing an mit der Frage, «Wie kommst du mit Max zurecht? Hast du gerne dort übernachtet?

«Ja, wir hatten Spaß», sagte Lucas und fixierte das Wasser mit seinen Augen, «Wir blieben bis drei Uhr wach und erzählten uns Geistergeschichten.»

Ich wusste, dass er total übertrieb. Julia, Max' Mutter, hatte sie auf dem Weg ins Bett um halb eins friedlich schlafend vorgefunden.

«Wow, echt jetzt? Das ist wirklich spät. So lange bin ich ja noch nicht einmal wach geblieben.» log nun ich.

Lucas grinste und schmiss weiter Steine ins Wasser.

«Hast Du Dich dort wohlgefühlt? In seinem Haus, meine ich.» Langsam tastete ich mich weiter vor. Lucas zuckte mit den Achseln, spitzte seine Lippen etwas und nickte, schüttelte dann den Kopf und nickte noch einmal.

«Wäre es nicht schön, wenn du mehr Zeit bei Max zu Hause verbringen könntest?»

Lucas blieb wie angewurzelt stehen. Das Plätschern aufgewühlter Wellen verstummte.

Verdammt, schoss es mir durch den Kopf. Wie konnte ich nur so anfangen? Toll gemacht.

Ich fühlte mich mehr und mehr unter Druck und gelangte zu dem gleichen Entschluss wie schon am 11. September 2001. Es gibt einfach keinen guten Weg jemandem, den man liebt, etwas Schlechtes beizubringen.

Platsch-platsch-blub! Platsch-platsch-blub!

Die Steine sprangen über das Wasser. Ich starrte meinen Kleinen ängstlich an und wusste nicht was als nächstes kommen würde. Ich sah wie sich seine Schulten versteiften als ich mit der Wahrheit rausrückte, «Du wirst von jetzt an bei Max und seiner Familie bleiben, Lucas.»

Platsch-platsch-blub!

«Ich werde bei dir bleiben.» Stellte er fest. «Das ist nicht meine Familie. Ich will bei dir bleiben!»

Platsch-platsch-blub!

Plötzlich drehte er sich mir zu und brach in Tränen aus, ein weiteres Gesicht, eines von mir geliebten Menschen, das sich wegen dem, was ich sagte in eine Grimasse verzog.

Ich wollte Lucas in den Arm nehmen und ihm sagen, dass es alles nur ein gemeiner Witz gewesen war. Aber ich konnte es nicht zurücknehmen. Als ich einen Schritt auf ihn zuging, drehte er sich blitzschnell um und machte sich davon. Ich konnte kaum mit ihm Schritt halten und verfluchte mich selbst, hauptsächlich aber nicht nur deswegen, weil ich die falschen Schuhe angezogen hatte, um ihm hinterherzurennen.

Es gelang mir, ihn am Arm zu packen und als ich ihn an mich zog, sah ich den Schmerz in seinen alles-in-Frage-stellenden Augen. Ich stammelte, «Ich werde die Schule zu Ende machen, eine Job finden und vielleicht kannst du ja dann zu mir ziehen?!»

Er riss sich los, stolperte ziellos umher wie eine wütende Wespe im Spätherbst. Er hob zunehmend größere Steine hoch, um sie mit aller Wucht in den See zu feuern. Von seiner plötzlichen Kraft überrascht, gab es für mich nichts zu tun, außer ihm zuzuschauen. Kleine, rote, nervöse Punkte tauchten auf seinen Wangenknochen auf und für einen Moment schien er zu überlegen, ob er mich ins Wasser werfen sollte. Stattdessen drehte er sich noch einmal um und steuerte direkt auf den gewichtigsten Felsbrocken in Sichtweite zu. Ich blieb zurück, in Sorge, dass er sich vielleicht verletzen könnte. Wir beide mussten hilflos lachen, als ich ihn an seinem Rücken berührte, um von dem Felsen abzulassen und zu versuchen ihn mit meinem Netz nutzloser Erklärungen und leeren Versprechen aus dieser anderen Dimension zu fischen. Mit der Wahrheit konnte ich ihn endlich wieder einfangen, «Es tut mir so leid. Es war Mamas letzter Wille.»

# 9. Gnadenrettung

Ich hatte die Südinsel bereits zur Hälfte erkundet als meine anfängliche Begeisterung über Neuseelands majestätische Schönheit zu verblassen begann. Erinnerungen, die ich aus der sicheren Entfernung des Able Tasman National Parks auf mich wirken ließ, bedrückten immer noch mein Herz und meine Gedanken.

Stunden- manchmal tagelange Touren von einem Backpacker zum nächsten und das tägliche Ein- und Auspacken fingen an, Spuren zu hinterlassen. Das Ausmaß des Kollapses meiner Welt wurde mir nun langsam bewusster und ich lernte, wie ich die Fußabdrücke meines desaströsen Familieninfernos zu lesen hatte. Ich fand heraus, wie ich den Pfad der Zerstörung durch die verschiedenen Lebensabschnitte hinweg zu deuten hatte und die mehrfachen Brandherde identifizieren konnte. Einst entfacht drohte uns das Feuer des Krebses, der Scheidung und der Mangel an Identität zu verschlingen und zwang Lucas und mich viel zu früh aus unserem Kokon heraus und vermachte uns angesengte Flügel.

Ich brauchte *mein* Neuseeland mit all seinen Felsen der Tasmanischen See, die durch meine Venen strömte ... Denn es gab eine Kindheit, die es verdiente friedlich begraben zu werden und ein kindliches Herz, das aus den Dünen zurückgewonnen werden musste. Und zwar genau dort, wo die Ozeane kollidierten und der Wind mit solcher Kraft blies, dass alles gewonnen oder verloren gehen konnte an einem einzigen Tag.

Ich brauchte Aoteaora – jeden Zentimeter, jeden Tropfen und jeden Lebensatem, der mir entgegen kam wie eine Einladung ein verlorenes Leben zurückzuerobern. Es füllte mich behutsam mit einer zerbrechlichen Freude, verbarg das Schlechte und Hässliche, das ich nicht mehr anschauen wollte, bis es endlich wieder sicher war mich zu öffnen und meinen Wunden zu heilen erlaubte.

Wie schon so oft, fuhr ich an einem abgelegenen Ort, irgendwo entlang des Waiho Rivers in der Gegend des Franz Josef Gletschers, an die Seite. Ich ließ den Motor und die Heizung laufen während ich dem Gluckern und Rauschen des vorbeiströmenden Wassers aus ein paar Metern Entfernung lauschte.

Anders als sonst spürte ich, dass mich jemand beobachtete, mich beschützte und ich wurde still. Gedanken kamen und gingen genauso schnell, wie sie aufgetaucht waren und meine Augen wurden schwer. In dem Moment als ich sie schloss, fühlte es sich an als stürzte sich jemand durch mein Autodach und ergriff mein Herz. Nicht um mir wehzutun, sondern wie ein fürsorglicher Vater, der die Dinge besser weiß als sein Kind, um die einst hilfreichen doch jetzt verschmutzten Pflaster, die ich seit meiner Fahrt durch Napier angesammelt hatte, vorsichtig abzuziehen: Bilder meiner Mutter, wie sie während ihrem letzten Krankenhausaufenthalt in einem der Klinikbetten lag, tauchten wieder auf. Sie sprach mit den Praktikanten und einer jungen, bildschönen japanischen Ärztin. Mama erzählte ihr, «*I lived in the U.K. once, you know. I've always dreamt of making it to Ireland some day.*" Mama erzählte der Ärztin auf Englisch, dass sie mal in England gelebt und immer davon geträumt hatte, es eines Tages nach Irland zu schaffen. Ich lenkte ein, «Es tut mir leid, dass sie Sie alle dazu zwingt auf Englisch zu reden.»

«Oh, no worries», versicherte mir die Ärztin, «Es macht mir irgendwie Spaß.»

«Wissen Sie, ich verstehe, dass sie sich vielleicht wegen dem Morphin so benimmt. Aber was, wenn es einer ihrer verrückten Episoden ist?»

«Das ist möglich. Aber vielleicht ist es auch nur ein Mechanismus, der ihrer Mutter hilft mit der Situation umzugehen.»

Umhüllt von dem auf das weite Flussbett fallenden Regen, mit meinem Herzen sicher gehalten, erkannte ich, dass meine Mutter vielleicht die klügste Person war, die ich kannte. Sie musste eine Entscheidung getroffen haben, so nüchtern und weise wie nur menschlich möglich, ihre Leidenschaft, ihre wahre Substanz mit diesen Doktoren zu teilen.

Kein Selbstmitleid – nur eine Frau, die ein wenig Kraft daraus schöpfte, dass sie glücklichere, gesündere Zeiten wieder zum Leben erweckten. Sie lächelte so lieb, so bezaubernd, man konnte sich nur allzu gut vorstellen, wie sie sich an dem Ort, zu genau der Zeit bewegte, in dessen Erinnerungen sie schwelgte, ungehindert von meiner offensichtlichen Unfähigkeit ihr Verhalten, oder das was vor der Tür lauerte, zu begreifen.

Gegen Ende der Visite schlängelten sich die Ärzte hinaus in den Flur. Einer von ihnen drehte sich um und stellte sachlich fest, «Dieser Krankenhausaufenthalt ist nicht wie jeder andere. Ihre Mutter wird sich nicht mehr erholen. Mit ziemlicher Sicherheit können wir davon ausgehen, dass ihr jeder Körperteil unsagbare Schmerzen bereitet. Die Medikamente, die wie ihr zur Linderung der Bettlägerigkeits-Wunden gegeben haben, machen sie zunehmend schläfrig.»

«Ich habe gemerkt, dass ihr Körper mehr und mehr Wasser anstaut –»

«– Wie gesagt, sobald wir eine bestimmte Dosis überschritten haben, gibt es kein Zurück mehr. Nichtsdestotrotz, würden wir ihnen genau das inzwischen raten.»

Es war ein Gefühl, als hätte mich jemand in einen tiefen Steinbrunnen fallen lassen. Vollkommen von Wasser bedeckt schaute ich der Öffnung entgegen, die eine ganze Zugreise entfernt schien. Ich erhaschte lediglich das Flackern einer Leuchtstoffröhre. Die gedämpften Worte des Doktors klangen so unwirklich, «In Anbetracht der Situation Ihrer Mutter, halte ich es für das Beste. Willigen Sie ein?»

Ich erinnere mich nicht mehr daran, wie lange ich „am Grund des Brunnens“ stand, aber als ich mich endlich zusammenriss, seufzte ich ein schwaches ‚Ja' in eine kleine Blase hinein und schickte sie zur Oberfläche hinauf.

Leise ging ich zurück an Mamas Bett. Die Wasseransammlungen in ihrem untergewichtigen Körper wurden so massiv, dass sie schon fast wieder gesund erschien. Ich versuchte sie in eine, wie ich annahm, bequemere Position umzulegen, aber sie wimmerte vor Schmerzen. Meine Hände glitten zurück an meine Seiten und ich stand einfach nur da.

«Ist schon okay...» Sie lächelte mir zu.

*Wirklich? Wie könnte auch nur irgendetwas hiervon in Ordnung sein? Irgendetwas? Ich bin noch nicht soweit.*

«Was soll ich denn mit Lucas machen, Mama?»

In ihrem letzten Willen hatte sie bestimmt, dass Lucas zu dem evangelischen Pastor und seiner Familie gehen sollte. (Meine Mutter hatte die katholische Kirche vor einigen Jahren verlassen und sich mit dem Pastor und seiner Familie angefreundet, nachdem sie konvertiert war.) In letzter Zeit hatte sie überlegt, ob Lucas nicht stattdessen zu Julia, Martin und Max sollte. Aber sie hatte ihren Willen nicht offiziell ändern lassen und jetzt blieb uns nicht mehr viel Zeit.

Millionen Fragen schossen mir durch den Kopf. Fragen, die ich ihr vor lauter Teenagerignoranz nicht gestellt und vor lauter Arroganz einer Zwanzigjährigen nicht stellte. Die Frage der Stunde, wo Lucas nach ihrem Tod leben sollte, hing weiter in der Schwebe. Meine Mutter stand unter starken Medikamenten und ich wartete an ihrem Bett und sah mit an, wie sie immer weiter abrutschte. *Wie konntest du dir eine komplette messianische Theorie zurechtlegen und mich vollkommen außen vor lassen? Wie ist so was fair? Bin ich dir nicht wichtig? Interessiert es dich nicht, was M.J. und ich ohne dich anstellen?* «Konzentrier' dich, Mama! Wo soll er hin? Zum Pastor oder zu Max», bohrte ich weiter.

Wortlos griff sie nach etwas auf ihrem Nachtschrank.

Ich fragte, «Hast du Durst? Willst noch ein Zitronenstäbchen?»

Ihr Körper verlangte schon lange nicht mehr nach Nahrung und behielt nichts bei sich. Um ihre Lippen zu befeuchten und ihren Durst zu löschen, gaben ihr die Schwestern lange, in Zitronenwasser getränkte Wattestäbchen. Ich nahm einen und steuerte damit auf ihren Mund zu, aber Mama schüttelte mit dem Kopf. Zurückstellen wollte sie mich es auch nicht lassen und hielt es fest. Ich gab nach, weil ich annahm, dass sie wusste was sie damit machen sollte. Aber sie grinste wie ein ungezogenes Kind, hob ihre Decke hoch und ließ das Stäbchen darunter verschwinden.

«Was machst du denn da?» Ich wurde rot. «Das ist doch wohl nicht dein Ernst, Mama?!»

Ich schnappte mir das Zitronenstäbchen und schmiss es in den Müll. Mir kamen die Tränen hoch, kurz davor eine Welle des Frustration und Angst loszutreten. Mama saß einfach nur da mit dem unberührten Grinsen einer gerade gerügten Vierjährigen, die nur auf eine zweite Chance wartete.

«Für so einen Mist hab ich mich echt nicht angemeldet, Mama! Gott verdammt noch Mal!»

Mein Kopf stand kurz davor zu explodieren und ich wischte mir wütend die Tränen vom Gesicht und nahm mit meinem aller letzten Anliegen wieder neben ihr Platz.

«Mama, ich weiß, du willst nicht drüber reden. Ich auch nicht, glaub's mir. Aber du musst mir sagen, was du glaubst, was für Lucas am besten ist, damit ich allen Bescheid sagen kann.»

«Ich bin zu müde», stöhnte sie.

Nachdem sie die gerade auf ihr Zitronenstäbchenabenteuer verschwendete Energie für immer verloren hatte, blinzelte sie mit blassblauen Augen träge in die Sonne, die durch die Krankenhausfenster hineinschien.

Ich kämpfte um ihre Aufmerksamkeit, «Ich weiß, Mama. Ich lass dich gleich schlafen. Du musst es versuchen–» Meine Stimme zitterte. «Komm schon, bleib wach! Sag mir das erst noch.»

«Ich glaub, er soll da hingehen», flüsterte sie.

«Wohin?»

«Wirst du hier sein, wenn ich aufwache?»

«Was? Ja, ich werde hier sein, wenn du aufwachst. Ich verspreche 's. Aber sag mir das erst noch. Willst du, dass Lucas bei Max bleiben soll?»

«Ehm, ich glaube ... hab ich dir gesagt, dass ich dich lieb hab?»

Brennende Tränen schossen hoch. Ohne Zeit zu verplempern beugte ich mich nach vorn, küsste sie auf die Stirn und wiederholte ihr Auf Wiedersehen, «Ich hab Dich auch lieb, Mama.»

Ihre Augen waren zugefallen. Ich bezweifelte, dass sie ihr Ende des Deals halten würde und versprach ihr, «Ich werde hier sein, wenn du aufwachst.»

*

Der Waiho River tröstete mich. Der Regen ergoss sich in nicht enden wollende Ströme vor meinen Augen. Schwere Tropfen fielen, bis ich nichts anderes mehr sehen konnte. Ein Lied des *Herr der Ringe* Soundtracks spielte durch meinen angeschlossenen Discman im Autoradio. Ich wusste, dass die melancholische Melodie zu einer Szene gehörte, in der die Elben den vermeintlichen Tod Gandalfs beklagen. Ich verstand ihre Sprache nicht, aber mein Geist wusste ganz genau, was sie sangen. Ich verstand Worte der Trauer über die vorzeitige Trennung, die vielen Dinge, die ungesagt blieben, unentdeckt, unerklärt, entrückt, unbeantwortet und unerfüllt. Ich bereute die Scham, die ich empfand, als meine Mutter versuchte sich zu glücklicheren Zeiten zu flüchten, indem sie auf ihrem Sterbebett Englisch sprach. Es zerriss mich fast, *Warum konnte ich sie nicht einfach diesen Moment genießen lassen?*

Zeit wurde wertvoller während sie verstrich. Ich checkte Stadt um Stadt von meiner Liste, Ort um Ort, immer bereit den nächsten Halt schnell auf meiner Karte zu suchen, damit ich meinen Zeitplan einhielt. Die langen Strecken durch die Einöde zwischen den Stopps zogen sich in die Länge wie erkalteter Ahornsirup und zwangen mich dazu, meine organisatorischen Gedanken Pause machen und abschweifen zu lassen.

Ich tuckerte die Straße nach Milford Sound entlang und freute mich schon so auf den Fjord im Südwesten der Südinsel, dass ich kaum still sitzen konnte. Zuvor hatte ich gelesen, dass eine Māori Legende Milford als den Ort definierte, an dem die Menschheit den Kampf um die Unsterblichkeit verloren hatte. Nach allem was ich bisher gesehen hatte, erwartete ich einen Ort so mystisch, dass er mein Innerstes berühren würde. Die Fjordbecken und unzähligen Wasserfälle die für einen feinen, nie endenden Sprühregen sorgten, das Plätschern und Gluckern rechts und links herauslaufenden Wassers und die dichte, gewichtige Gegenwart von etwas, dass ich zwar bereits am Waiho River erlebt, aber bisher noch nicht zu identifizieren gelernt hatte, sättigte die Luft. All das erwartete mich, aber fast hätte ich es nicht bis zum Fjord geschafft.

Zwei Tage regnete es ohne Unterlass und Wasserfälle strömten von jeder Bergwand hinab und hinein in die Felder, die den Highway säumten. Ich hielt oft an – immer auf der Suche nach dem einen Foto, das meinen Hunger für die Schönheit des Lebens stillen könnte. Und ich hatte einen Mordsappetit, der mich morgens aus dem Bett und zurück auf die Straße lockte. Ich reiste auf dem Highway und es gab absolut nichts zu sehen. Keine Häuser, keine Autos – nicht einmal die obligatorischen Schafe, die zu Neuseeland gehörten, wie Fassung und Ruhe zu Queen Elizabeth II.

Der Regen drohte mich hinterm Steuer einzulullen als ich endlich auf einen Silberstreifen am Horizont stieß. «Ein Wasserfall!»

Ich setzte mich schnell auf; mein Kopf war immer noch von der langweiligen Fahrt benommen. Wasser schoss die Felsen einer kahlen Bergwand hinab, Nebel stieg aus dem kniehohen Gras hinauf. Entkräftet, wie jemand der gerade erst wach wird, wurde ich nachsichtig auf meiner Suche nach einem vernünftigen Platz zum Anhalten und machte mich daran, das überhaupt dümmste zu tun, was einem einfallen kann, wenn man sich alleine durchs Niemandsland wagt.

Ich entschied mich von der Straße runter zu fahren. Der Wagen sank sofort in den Boden und die Räder gruben sich tief in den Schlamm. Ein nervöses Giggeln kam mir über die Lippen, «Das hast du jetzt nicht wirklich gemacht, Clarissa? Oder?»

Der ganze Trip war bis dahin ein einziger Spaziergang gewesen: Tausende Kilometer ohne Unfall, Knöllchen oder sonst irgendetwas Negatives. Fremde schenkten mir Fleischpasteten, ich schloss Freundschaften, sah spektakuläre Aussichten und Locations, wo auch immer ich anhielt. Ich hatte Philippa Boyens getroffen und mehr über die Entstehung von *Herr der Ringe* gelernt, als ich mir je vorgestellt hatte, als ich die DVD in Deutschland zum ersten Mal sah. Wo ich auch hinkam begegneten mir die Leute mit aufrichtiger Güte und Gunst.

Was auch immer ich am Laufen hatte ... nicht jedem ging es so. In Annas Auto wurde zweimal eingebrochen, bevor wir uns kennenlernten. Anderen war es sogar noch öfter passiert oder sie verletzten sich beim Wandern, wurden in einem der Backpackers beklaut und Alexis wurde sogar mit einem Messer angegriffen. Meine Reise verlief perfekt arrangiert, als passte jemand auf mich auf, um zu garantieren, dass alles *besser* als gut lief. Außer jedoch der Moment, an dem ich entschied, meinen Wagen auf der Wasserfalljagd in einem Schlammloch zu parken.

Ob in Schock oder der Phase des Leugnens, stieg ich aus dem Auto, knipste ein paar Bilder der „Wahnsinnskulisse" und hoffte, dass sich das Problem von selbst gelöst haben würde, bis ich zurückkam – aber natürlich war das nicht der Fall. Ich plumpste auf den Fahrersitz und gluckste nervös, «Ich fass es einfach nicht.»

Ich startete den Motor und griff mit meiner Linken nach dem Schaltknüppel. Ich legte den Rückwärtsgang ein und ließ die Kupplung langsam kommen. Für den Bruchteil einer Sekunde sah es so aus, als würden die Reifen packen und bevor ich's mich versah, spritzte der Schlamm in alle Richtungen. Ich drehte am Steuer und drückte etwas mehr aufs Gas. Nichts. *Wenn ich was hätte um die Reifen zu stabilisieren ... aber mir fällt nichts ein.*

Ich schaute im Kofferraum nach und entschied mich eins meiner Handtücher zu opfern. Es segelte nur geradezu über den einsamen Highway und machte es deutlich, wie lächerlich diese Idee war und nicht funktionieren würde. Niemals.

Ich war nass und schlammig und mir war kalt. Hagel viel mit immer kürzeren Abständen auf mein Autodach und hämmerte mir die Konsequenzen meines Verhaltens in den Schädel. Ich dachte an das dramatische Klischee einer Frau, die erst mit ihren Fäusten, dann mit ihrem Kopf gegen das Lenkrad haut, bevor sie tief Luft holt und losschreit. Ich nahm mir einen Moment um es aus zu probieren, aber es brachte mir nichts und ich verwarf die Idee genau so schnell wie das Handtuch. Meine Stirn ruhte immer noch auf dem Lenkrad als ich vor meinem inneren Auge das Bild von einer Farm sah. *Hab ich wirklich da hinten ein Haus gesehen? Ich könnte schwören es ist meilenweit nichts in der Nähe.*

Ich ging zurück in den Regen und schaute mich in der Gegend um, konnte aber nichts ausmachen. Zu verlieren hatte ich allerdings auch nichts und so lief ich zurück in die Richtung aus der ich gekommen war. Der Hagel hörte auf, aber der Guss durchnässte meine Cargohose und die ständigen Tropfen, die von meiner Baseballkappe unter meiner Kapuze auf meine Nase tropften, nervte mich auch. Ich lief zehn oder fünfzehn Minuten, vielleicht eine halbe Stunde, aber fand immer noch nichts. Fast gab ich auf. *Da war kein Haus. Selbst wenn ich den ganzen Tag laufen würde, würde ich kein Haus finden!*

Ich trottete der Straße nach und schaute nach unten, um das Getröpfel von meinem Gesicht fernzuhalten. Ich fing an mir mehr und mehr Vorwürfe zu machen, aber als ich das nächste Mal aufschaute, sah ich plötzlich einen blassen Umriss. Zögerlich hielt ich an. *Ist das ein Haus?*

Ich ging etwas näher. *Ist das eine Farm? Ich könnte schwören, die war nicht da als ich hier vorbeigefahren bin.*

Ich ging schneller, steuerte auf das Farm Haus zu und betete laut, «Mann, hoffentlich ist auch jemand zu Hause. Bitte seid da!?»

Ich trat durch ein Tor, einen Kiesweg hinunter in Richtung des Haupthauses – zumindest nahm ich das an. An der Vordertreppe angelangt bemerkte ich, dass die Tür sperrangelweit offen stand. Ich lugte durch den Regen und wollte gerade hochgehen, doch ich erstarrte, als ich bemerkte, dass ein riesiger Typ auf einem Holzstuhl mitten im Flur saß und mich schnurstracks anstarrte. Er trug einen Overall, schwere Gummistiefel, eine Regenjacke und einen Hut. Ich befürchtete, ich würde mich jeden Moment aus dem Staub machen, wenn ich Gelegenheit dazu hätte, also zögerte ich nicht länger, «Hey! Sir! I'm sorry. Tut mir leid, wenn ich sie störe, aber ... könnten sie vielleicht versuchen mein Auto aus dem Schlamm zu ziehen? Vielleicht haben sie ja einen Truck oder so?»

Er stand einfach auf und winkte mir zu ihm ins Hinterhaus zu folgen. Durch das Haus eines Unbekannten mitten im Nirgendwo zu laufen war wahrscheinlich nicht die ungefährlichste Variante. Ich dachte mir, *Du kennst den Typ überhaupt nicht. Was wenn er ein Serienkiller ist?*

Es schien mir aber sonst nichts übrig zu bleiben. Ich stieg in seinen Truck und er fuhr direkt zu meinem gestrandeten Fahrzeug. *Moment Mal. Woher weiß er denn, wo er lang muss?* Ich traute mich nicht zu fragen.

Ich fühlte mich seltsam müde und schwer. Ich hätte kein Wort herausgebracht, auch wenn ich es versucht hätte und er stellte mir auch keine Fragen. Bis wir am Auto angelangten, ließ der Regen etwas nach. Er griff nach etwas auf dem Rücksitz und gestikulierte mit der andern Hand in Richtung Auto. Innerhalb weniger Sekunden hatte er ein Seil an meinen Wagen gebunden und sprang wieder in seinen Truck. Ich kam gerade noch dazu den Motor anzulassen, da zog er mich auch schon aus der Senke zurück auf die Straße.

Als ich ausstieg um ihm zu danken grinste ich, als hätte ich im Lotto gewonnen und schwärmte, «Thank you! Ich bin so froh, dass Sie da waren um mir zu helfen. Ohne sie wäre ich da niemals rausgekommen. Gibt es irgendetwas, das ich für Sie tun kann? Wie kann ich ihnen nur danken? Ich habe kein–»

Er zeigte auf mein Lächeln, «You already did. Das reicht schon.»

Danach drehte er auch schon seinen Truck und fuhr davon. Ich hockte eine Zeit lang in meinem Yaris, unsicher, was ich von dem Typ halten sollte, *Echt komisch ... hat kaum ein Wort gesagt. Ich weiß genau, da war kein Haus als ich dort vorbeigefahren bin, aber es war als hätte er nur auf mich gewartet.*

«Ach, Clarissa. Sei doch nicht albern.»

Zurück auf meinem Weg nach Milford Sound erinnerte ich mich an etwas, das Omi und ihre Trümmerfrauen immer sagten, «Glaub mir, Kind. Auch wenn es richtig schlimm ist und niemand da ist, um dir zu helfen, Gott wird dir einen Boten schicken, um dir zu helfen.»

Ich überlegte, dachte an Leute, die in unmöglichen Situationen geraten waren, aber es ohne plausible Erklärung lebend wieder heraus schafften; Mütter die unmenschliche Kraft aufbrachten um ihr Kind zu retten. *Naja, Omi. Wenn die wirkliche Hilfe von Engeln bekamen, dann sahen die mit Sicherheit nicht so aus wie der kleine pummelige Amor.*

Stattdessen waren sie vielleicht eher wie dieser große Typ, der auf mich gewartet und in der Tür eines Hauses gesessen hatte, das aus dem Nichts aufgetaucht war.

*

Die schneebedeckten Gipfel der Remarkables leuchteten in der Ferne. Ich fuhr mit der Skyline Gondola hoch zu einem der beliebtesten Aussichtspunkte in Queenstown und es wurde schnell deutlich, warum: die ganze Stadt und Lake Wakatipu breiteten sich unter mir aus. Die Ironie im Leben wird nur selten von etwas, das wir uns ausgedacht haben, übertroffen und so war es, dass ich mich dort, vollkommen unabhängig von Familienanhang, Karriereplänen oder jemandem in der Nähe, den ich hätte anrufen können, endlich fühlte, als gehörte ich endlich irgendwo hin. Weg zu sein, über allem erhoben, vermittelte mir eine so profunde Dankbarkeit, dass ich mich sorgenfrei fühlte – sogar genug, um einen Schritt zurück zu machen und diese ominöse Glaskuppel, die mein Leben bedeckte, zu begutachten und ganz in Ruhe zu dem Entschluss zu kommen, so zu tun, als gehörte sie jemand anderem.

Ich saß beim Abendessen als ich meine Karten und meinen Zeitplan studierte und fing an den bald bevorstehenden Tag meiner Abreise – also den Moment, in dem ich all diese wunderbaren Orte, das Leben und die Freiheit, von der ich nun wusste, dass es sie gab – zu fürchten.

Ich fragte mich, ob ich jemals mit Menschen wie Peter Jackson oder Phillippa Boyens arbeiten könnte. Ich sorgte mich, wie es wohl sein würde, meine Familie in den USA zu treffen ... Sie hatten mich seit meiner Geburt nicht gesehen und hatten jeden Brief, den ich als Kind je schrieb, unbeantwortet gelassen. *Was, wenn sie gar nichts mit mir zu tun haben wollen? Was wenn ich nicht dazu gehören konnte?*

Ich sehnte mich danach, diese Gedanken um jeden Preis zum Schweigen zu bringen und meldete mich für einen Bungee-Sprung an. Mit einem Seil um meine Füße gebunden sprang ich aus der Gondel an einem Hochseildraht in 134 Meter Höhe über dem Nevis River und schrie so, wie ich es noch nie zuvor getan hatte. Das eher tiefe ‚Ahhhhhhhhhh' war nicht unbedingt das niedliche spaßige Geräusch, was man vielleicht aus Freizeitparks kennt. Die Intensität reichte aus, um so viel Adrenalin auszuschütten, dass ich es mehrere Tage spüren konnte – das erste Mal seit Wochen brauchte ich mir keine Sorgen machen, dass ich hinterm Steuer einschlafen würde.

Christchurch war mein letzter Halt auf der Südinsel, bevor es zurück nach Auckland und rüber nach Chicago, in den Staaten ging. Ich ging zu einem „Red Hot Chilli Peppers" Open-Air-Konzert mit einem Mädel, das ich im Hostel traf. Ich genoss die Show, aber wachte am nächsten Morgen mit einem bedrückten Herzen auf und konnte die Tatsache meiner Abreise nicht mehr länger leugnen – der Tag war gekommen. Ich stellte mir vor, dass ich dem Frontman Anthony Kidis über den Weg laufen würde und wie eifersüchtig dies Sabrina machen würde. Ich merkte, wie sehr sie mir bereits fehlte. Meine Mutter fehlte mir auch und ich fühlte mich so von ihrem Verlust belastet und besorgt, dass es mich nicht interessiert hätte, wenn mir die ganze Band mitten in der Stadt begegnet wäre.

Ich überquerte die Avon River Brücke und schaute umher, auf der Suche nach etwas, dass mich aufmuntern würde, aber nichts interessierte mich besonders. Ich stieg in die historische Straßenbahn, aber das brachte auch nicht viel. Es gab einige kleine Cafés, aber ich wollte keinen Kaffee. Die Sonne schien, aber ich konnte mich nicht entspannen. Meine Seele stand in Brand, Flammen peitschten über mein Herz, das Summen fing wieder an und bereitete mir Kopfschmerzen. Plötzlich ließ mich ein unwiderstehlicher Sound aufhorchen. Ich folgte ihm die Straße hinunter und gelangte zur Christ Church Cathedral. Ein Jungenchor übte sein Repertoire ein und der Sound strömte durch die offenen Türen ins Freie. Meine Füße wollten sich nicht bewegen. Ich stritt mit mir selbst, *Ich bin nicht nach Neuseeland gekommen, um in die Kirche zu gehen ... Ach, was soll's. Die Architektur ist cool.*

Die helle Stimme eines kleinen Jungens schallte solo durch die Kathedrale und über den ganzen Markplatz. Ich wünschte mir auch mit so einer reinen schwerelosen Stimme singen zu können und folgte der Stimme ins Gebäude hinein. Ich hielt vor einem der Holzbretter, die einige der Kathedralsäulen umgaben, an. Das Brett reichte so hoch, dass ich nicht überall drangekommen wäre. Hunderte und aber hunderte kleiner Notizen bedeckten das Brett so dicht aneinanderklebend wie die winzigen Muscheln auf dem Felsen am Cathedral Cove.

Als ich erkannte, wie viele Menschen verzweifelt diesen Jesus Christus um verschiedene Dinge im Glauben baten, überkam mich eine schwere Traurigkeit. Ich griff nach einem Stift und einem Stück Papier und sympathisierte mit ihnen, *Ich weiß, wie das ist.*

Auch ich gab einen Teil meiner Sorgen und Trauer. Auch ich pinnte es an die Gebetswand. Gerade als meine Finger die Heftzwecke losließen, kehrte die gleiche Gewichtigkeit, die zuerst in mein Auto am Waiho River geknallt war und später auch meinen „Straßenengel" umgeben hatte zurück und brachte mich auf die Knie.

# 10. Endlich zu Hause

Mit Tränen in den Augen saß ich auf meinem Fensterplatz im Flieger nach Chicago und schaute auf die Startbahn. Jetzt gab es kein Zurück mehr.

21 Jahre waren vergangen, seit meine Eltern die Staaten verlassen hatten und keiner von Beiden hatte mir je erzählt, warum sie nie wiedergekehrt waren, nicht mal zu Besuch. Ich machte mir Sorgen, dass was auch immer diesen Bruch verursacht hatte, auch für mich und mein neues Lebensgefühl, das ich gerade erst in Neuseeland zu entdecken begonnen hatte, eine Gefahr darstellte.

Die Rückreise zurück in die Nordhemisphäre beanspruchte mehrere Langstreckenflüge. In regelmässigen Abständen wanderte meine Hand immer wieder gedankenverloren zu meinem Jade Anhänger, *Wenn jemand eine ganze Insel aus dem Ozean fischen kann, warum hat Gott sich dann nicht bemüht uns aus der Patsche zu holen?*

Wenn ich meine Augen schloss, konnte ich den Schwefel Roturuas riechen, sah Milford Sound, hörte Wellingtons Cable-Car und das Heulen des Windes, der durch den Hafen pfiff. Ich konnte die Zitronen-Mohn-Muffins des Backpackers in Motueka schmecken, spürte die Feuchtigkeit des Regenwaldes und die Hitze blubbernder heißer Quellen. Ich hörte das Knistern und Klicken klitzekleiner Muscheln, die von der Ebbe entblößt auf einem Fels nach Luft schnappten und sah die Sonne durch die hochgewachsenen Bäume des Abel Tasman National Parks funkeln.

Ich konnte nachempfinden, wie sehr mein Herz gepocht hatte, als ich im Schlamm stecken blieb und das Haus aus dem

Nichts auftauchte. Ich lachte in mich hinein bei dem Gedanken an Momente, die ich mit Anna geteilt hatte und daran, dass wir Hobbiton tatsächlich gefunden hatten. Ich stellte mir vor, wie Philippa ihre Nase kräuselte und die glänzenden Goldstatuen, die sich im Weta-Workshop aneinander reihten. Ich erlaubte meinen Sinnen, Geist und Verstand an den Ort zurückzukehren, den ich am liebsten nie verlassen hätte, dachte an Nicos Einladung zu einer halben Flasche Wein und für einen kurzen Moment, weit oben im Himmel, wog ich mich noch in Sicherheit und fühlte mich: zauberhaft.

Chicagos Willkommen ließ sehr zu wünschen übrig. Ich schaffte es nicht einmal durch die Einwanderungskontrolle. Man teilte mir lediglich mit, den Beamten zu folgen, damit sie sich meinen Pass näher anschauen konnten, «Ma'am, we need to take a closer look at your passport.»

Ich quetschte mich in einen kleinen Raum mit einem Haufen anderer Leute aus der ganzen Welt, denen man vermutlich das Gleiche gesagt hatte. Der grimmige Beamte war der Einzige weiße Mensch im ganzen Raum. Letztlich erkannte er meine Papiere an und nickte mir zu, «Welcome to America, welcome home."

Die Musik und das farbenfrohe Lichtschauspiel, dass an die Decke zwischen den Terminals des O'Hare Flughafens montiert war, kamen mir vollkommen seltsam vor. Ich manövrierte mein Handgepäck über die *Walkways* und Rolltreppen und stellte fest, wie erschöpft ich inzwischen war. Ich stand kurz vorm Einschlafen und die grünen, blauen, gelben, türkis- und lilafarbenen Lichter erweckten den Anschein, dass ich erst noch in ein Ufo einsteigen musste, bevor ich meine Familie treffen würde. Ich freute mich darauf, meine Tante Ella wiederzusehen, aber meine Cousine Marie kam stattdessen, um mich abzuholen. Mit einem breiten Lächeln begrüßte sie mich, «Hi, du musst Clarissa sein. Ich bin deine Cousine, Marie. Gab 'ne kleine Planänderung, du wirst bei mir wohnen so lange du hier bist.»

«Ehm, okay? Schön, dich kennenzulernen.»

Ich war überrascht, dass eine Frau, die mich eigentlich gar nicht kannte, mich in ihr Heim einlud. Sie hatte eine kleine Dreizimmer-Eigentumswohnung, aber an den meisten Nächten teilte sie ihr riesiges Bett mit mir, wollte mich nicht auf der Couch oder der Luftmatratze pennen lassen – das überraschte mich ebenfalls. Ich nahm an, «Naja, irgendwann wirst du da auch keinen Bock mehr drauf haben?» Ich dachte, *Sind wir nicht zu alt für sowas?*

«Oh, no. No problem. Du bist doch meine Cousine und mein Bett ist wesentlich gemütlicher als die kurze Couch.»

Wir waren ein ungleiches Paar. Ich mit meinem, wie Marie fand, seltsamen Hang für „komisches Essen" und einem lustigen Akzent, der Deutsch mit Neuseelands Englisch und dem aus amerikanischen TV Shows vermengte; und Marie, die Burger „Sandwiches" nannte und viele ihrer Besorgungen erledigte, indem sie Drive-Through um Drive-Through mit ihrem viertürigen Infinity abklapperte. Das alles war mir neu. *Mann, wie faul kann man eigentlich sein, dass man am liebsten alle Geschäfte im Drive-Through erledigen will?*

Marie musste meinen Gesichtsausdruck bemerkt haben und wiegelte ab, «Warte nur, noch ein oder zwei Tage, da fallen die Temperaturen auf minus-zwanzig Grad. Dann wirst du schon sehen.»

Während ich mich über die Feinheiten des amerikanischen Lebens wunderte, fragte sich der Rest meiner Chicagoer Familie, was ich nach all den Jahren wohl wollen könnte. Sie blieben unter sich, horchten Marie nach mir aus und mir blieb nur mit dem Kopf zu schütteln, «Ich bin den ganzen weiten Weg gekommen und sie haben nicht einmal genug Interesse, dass sie mich zu sich einladen oder wenigsten einmal anrufen würden?»

«I'm so sorry." Marie entschuldigte sich. «Sie sind sehr eigenwillig. Nimm 's nicht persönlich.»

Sie unterschied sich insofern von allen anderen Familienmitgliedern, dass sie mich wenigstens kennenlernen und mir das Leben in den Staaten, wie sie es kannte, vorstellen wollte. Zum ersten Mal hörte ich Menschen über ein Schwarzes Amerika reden. Bis dahin hatte ich immer angenommen, es gäbe nur ein Amerika. Zwar hörte ich bei allem, was sie mir erklärte gut zu, hätte aber nicht erklären können, worin die Unterschiede im Einzelnen lagen.

Marie bewegte sich innerhalb des Schwarzen Amerikas so wie sie lustig war und so lange wie sie wollte. Sie arbeitete im Weißen Amerika, aß dort gelegentlich, blieb aber immer nur für eine bestimmte Zeit – sie war dort nur Gast. Wie jeder höfliche Besucher, passte sie sich den Gepflogenheiten, dem Äußerem und dem Klang des Mainstream, dem Weißen Amerika für die Dauer ihres Besuchs an. Ab und zu gerieten das Schwarze und das Weiße Amerika ohne Vorwarnung aneinander, zum Beispiel als sie in ihrem neuem Mercedes von einem Polizisten ohne ersichtlichen Grund aus dem Verkehr gewunken wurde. Oder als wir für einen Tisch im Restaurant auffällig lange Schlange standen und das obwohl Leute, die nach uns und ebenfalls ohne Reservierung auftauchten, sofort einen Tisch bekamen. Wenn wir uns dazu entschieden, trotzdem zu bleiben, weil wir nicht wieder hinaus in den Schnee wollten, erhielten wir einen schrecklichen Service.

Allmählich fing ich an zu verstehen, wovon Marie gesprochen hatte. Wenn die schwarze mit der weißen Farbwelt kollidierte, spürte ich die Reibung die zwischen ihren Trennwänden hauste. Chinesisch-Amerika, Italo-Amerika, Griechisch-Amerika, Polnisch-Amerika, Jüdisch-Amerika, ein Hispanisches-Amerika und ein fast vergessenes Uramerika – sie alle waren Teil einer unsichtbaren Matrix, die man nicht auf einer Stadtkarte verfolgen, sondern nur in den Köpfen der Menschen finden konnte. Marie wusste nicht wirklich viel von diesen anderen Amerikas, aber ich war von dem Schwarzen Amerika fasziniert. Es war eine Welt, wo die Leute nicht nur „*Black is beautiful*", also ‚Schwarz ist schön' sagten, sondern ihm ein großes Potenzial zusprachen – Schwarz konnte alles sein, sogar: zauberhaft.

Marie war selbstbewusst, gelassen, smart, hatte eine schöne Wohnung und Designerklamotten. Sie wohnte in Schaumburg, etwa 40 Minuten außerhalb von Chicago und zeigte mir die bei allen „Amerikas" gleichermaßen beliebte Esskultur, die BBQ Läden, und die Hähnchenstuben, die es nur im Schwarzen Amerika gab, brachte mir bei, wie man ein „Sandwich" mit in eine Show hinein schmuggelte ... Nichts war, wie es schien. Ein Sandwich war wie gesagt ein Burger (in der Regel mit Hähnchen und BBQ Sauce) und mit „Show" war nicht etwa, wie fälschlicherweise von mir angenommen, ein Live-Event gemeint sondern ein Kino.

Sie ließ mich ihre Hip-Hop und Rap CDs für meinen Discman ausleihen wenn ich trotz des Schnees und der eisigen Temperaturen Joggen ging. Ich kam total auf den Geschmack der Dinge, die sie eigentlich immer im Haus hatte: Vanilla Coke, tütenweise Peanut M&Ms und Twizzlers. Aber was ich total ekelig fand war *Root Beer.* Vergeblich versuchte ich zu erklären, wie sehr ich Malzbier liebte und weil sie annahm zu wissen, wovon ich redete, bot sie mir Root Beer als Ersatz für Malzbier an, «Probier's mal. Ich bin mir sicher, dass du das hier meinst.»

Der Schluck, den ich nahm ging schlimmer runter als eine aus Versehen als Sprudel interpretierte Sprite. *Nein, das ist definitiv nicht, was ich meinte. Schmeckt für mich total wie Hustensaft!*

Sie machte mich mit ihren Lieblingsmarken bekannt: Coach, Louis Vuitton oder Gucci und kam nicht darum herum mir den Unterschied zwischen einer Perücke und einem *Weave,* also einem in das geflochtene Haar eingewobenes Haarteil, zu erklären. Die einzigen Leute, die ich je mit einer Perücke gesehen hatte, waren meine Mutter nach der Chemotherapie und eine Frau aus unserem Dorf mit lichtem Haar. Mehr als einmal stellte sich mir die Frage, *Warum will jemand freiwillig das Haar eines anderen Menschen tragen?* Schließlich handelte es sich bei Marie um Perücken aus echtem Menschenhaar.

Marie arbeitete während der Woche aber sonntags nahm sie mich mit zur Kirche. Ich war noch nie in einer afroamerikanischen Baptistenkirche gewesen und es dauerte nicht lange, bis den Leuten auffiel, dass ich nicht gerade aus der Nachbarschaft kam.

Keiner der Kirchgänger hatte ein Gesangsbuch so wie ich es aus Bad Sassendorf gewohnt war. Stattdessen, brachten die Leute ihre eigenen Bibeln mit, in denen sie Notizen machten – fast so wie meine Mutter in ihrer verrückten Phase – und sangen die Wörter, die auf einer großen Leinwand angezeigt wurden. Ich kannte keines der Lieder und wollte wirklich nicht noch mehr Aufmerksamkeit auf mich lenken, indem ich die Töne nicht traf.

Ich spürte, wie mich die Anderen anstarrten – genauso wie die Charaktere in „*The Matrix*“ oder „*Inception*“ wenn das System, oder das Unterbewusstsein, einen Eindringling bemerkte. Das Überschreiten der Grenzen zwischen den Farbwelten war immer eine strafbare Handlung und in der Kirche war dies scheinbar auch nicht anders. Die Art und Weise, wie mich die Kirchgänger musterten erinnerte mich an den Tag, an dem uns ein Polizist grundlos aus dem Verkehr gewunken hatte. *Gibt's ein Problem? Was werfen sie uns vor?*

Ein- oder zweimal kamen Maries kleine Nichte Bria und ihr Neffe Saiah mit uns zur Kirche. Bria hatte große, hübsche braune Augen und ihr Haar war zu dutzender kleiner Braids geflochten. Sie trug ein lilafarbenes Samtkleid mit einer weißen Borte am Saum und die Knopfleiste entlang, mit schwarzen Lackschühchen. Saiah, der noch seinen Babyspeck hatte, lächelte und gurrte ohne Unterlass, trug einen grauen Minianzug. Somit sahen die zwei aus, wie eine Miniversion der anderen Kirchgänger, die alle schick gekleidet waren.

Ich liebte es, Zeit mit ihnen zu verbringen und werde eine Unterhaltung, die ich mit Bria hatte, nie vergessen. Wir waren gerade auf dem Heimweg nach der Kirche als Brias Augen aufleuchteten und sie rief, «Tante! Tante! Schau mal die Gänseriche!» – Gemeint waren die Wild*gänse* am Straßenrand.

Dann drehte sie mir ihren Kopf zu und stellte mit ernstem Ton fest, «Ich war auch so weiß wie du, als ich klein war.»

Mir fiel nichts ein, was ich darauf erwidern konnte – was in Gesprächen mit meiner Familie nicht unüblich war. Dieses Mal erwies sich das als Vorteil. Marie erwiderte, *«Yes, baby. Das warst Du. See, Clarissa? Our babies are born quite light and get darker after a couple days.»* Wieder warf das eine Reihe von Fragen auf, *Warum weiß die Kleine besser Bescheid als ich? War das nötig wenn man in Schwarz Amerika aufwuchs?*

Meinen Cousin Paul zu treffen war so als stünde ich plötzlich vor einer kleineren Version meines Bruders, M.J. Er war sehr nett und wir hatten eine Menge Spaß. Ständig foppte er mich, «Wen meinst du mit ‚ihr'? Wer sind ‚die'? Meinst du uns Schwarze?»

Ich wurde rot, weigerte mich einen Unterschied zwischen ihm und mir oder Marie zu machen. So wie in Deutschland gab es für mich innerhalb der Familie kein „Du vs. Ich", es gab nur ein „wir". Aber mir wurde langsam klar, dass es selbst innerhalb meiner Familie vollkommen von meinem Gegenüber abhing, ob ich die ‚richtige' Hautfarbe hatte, das zu sagen, was ich sagte. Um die Sache noch komplizierter zu machen, hatten Paul und ich mehr oder weniger die gleiche Hautfarbe, obwohl beide seiner Eltern Schwarze waren. Paul klärte mich auf, «Look, in Amerika sind Schwarze, Schwarze – selbst wenn es nur um einen Tropfen schwarzes Blut geht. Deswegen gibt es so viele Unterscheidungen wenn es um die Hautfarbe geht. Ich weiß, ich sehe ziemlich hell aus, bin also *yella.* Aber du, du bist *sehr* hell. Bei uns würden wir dich als *high-yella* bezeichnen, wenn deine Mutter nicht deutsch gewesen wäre – du bist also gemischt.»

Diese Unterhaltung echote noch in meinem Gedächtnis als wir uns zur Thanksgiving Feier auf den Weg zu meiner Grandma

Millie machten. Schon zwei Wochen waren seit meiner Ankunft in Chicago vergangen. Marie schenkte mir ein paar neue Anziehsachen (nachdem ich mehr als einen Monat in Wandersachen verbracht hatte, war das keine schlechte Idee) und ich freute mich darauf meine Oma und die anderen Fitzgeralds kennenzulernen.

Dutzender Menschen schwärmten in Oma Millies Haus herum, beeilten sich panisch mit den Last-Minute Vorbereitungen und riefen sich dabei etwas zwischen den verschiedenen Zimmern zu.

«Hey, ich bin deine Tante Heavenly.»

«Hey, ich bin Samyra», sagte jemand.

«Und ich bin Anne. Ella und Kelly, Maries Mutter kennst du glaub ich schon?»

Marie kam mir zur Hilfe, «Dort drüben, das ist Onkel Dave, deine Oma Millie und Dave, Jr.»

Die ganzen Namen gingen durch ein Ohr rein und durch das andere wieder raus. Meine Eltern redeten nie über die Familie meines Vaters und waren also keine Hilfe gewesen. Ich schaute im Zimmer umher, sah dutzende Schwarzer Menschen, die alle irgendwie Verwandtschaft oder Anhang waren: einige sahen meinem Vater ähnlich, hatten seine braunen Knopfaugen, wirklich alle hatten seine große Zahnlücke und waren ungefähr so dunkel wie er, ihre Hautfarbe variierte zwischen Karamell und Vollmilch- oder Bitterschokolade. Auch wenn niemand einen Anzug trug wie in Maries Kirche, so hatten sich doch alle in Schale geworfen, trugen Röcke aus festerem Winterstoff und Anzugshosen und Wollpullover mit Weihnachtsmotiven. Von den Frauen hatten alle glattes, glänzendes Haar – nur meine Cousine Denise, die nicht nur auf Bewährung, sondern auch die Mutter von Bria und Saiah war, trug Cornrows. Mit Ausnahme von Denise, Marie und Paul waren alle eher übergewichtig und alles was mir angesichts dieses Wusts an Informationen einfiel war, «Wow! Ich wusste nicht, dass es so viele von uns gibt!»

Meine Mutter hatte keine Geschwister und Omis Geschwister starben schon, als ich noch klein war. Mama hatte eine Handvoll Cousins und Cousinen. Eine davon hatte mich angerufen, um mir zu sagen, dass Mama gestorben war und die andere kam jedes Mal vorbei wenn Mama Chili kochte. Die anderen zwei lebten weiter weg und das letzte Mal, als ich sie sah, gab die Frau des Cousins meiner Mutter zu verstehen, dass M. J. und ich „es als Mulattos sicher schwer haben würden, später einen guten Job in Deutschland zu finden». Sie wurden nie wieder eingeladen.

Das Thanksgiving Dinner bei Grandma Millie, Ecke 87th-Place und Cottage Grove Avenue, hatte ein vollkommen anderes Flair, als Omis gemäßigter Kaffeeklatsch oder Frühshoppen. Nicht mal unsere „größeren“ Familienfeiern konnte ich heranziehen. Alles in Chicago und so ziemlich jeder in meiner Familie dort war lauter und größer oder dicker.

Der Truthahn, auf dessen Anschnitt sich meine Tanten vorbereiteten, sah noch riesiger aus als die, die ich im Fehrnseher gesehen hatte. Jemand rief aus dem Nebenzimmer, «Clarice! Heavenly hat das *Stuffing* und den Schinken gemacht.»

Alle schauten mich an. Scheinbar war ich mit „Clarice“ gemeint.

«Wow, it looks amazing! Der glänzt ja so», lobte ich den Schinken.

«Yes. Das kommt von der Ananasglasur», brüllte Heavenly, bevor sie mit einem Servierteller für locker 20 Mann aus der Küche stolziert kam.

«Bevorzugst du dunkles oder weißes Fleisch?»

«Pardon? Wie bitte?»

«Sie redet vom Truthahn», mischte sich Onkel Dave ein, «das dunkle Fleisch ist etwas fetter, also mögen die meisten lieber das weiße.»

«Oh, okay. Dann bevorzuge ich das weiße?»

«Das hab ich mir gedacht», kicherte Paul und nahm am Tisch Platz.

«Oooh, was ist denn das?» Fragte ich bevor ich einen Bissen von etwas gebackenem probierte.

Ella lachte, «Girl, das ist doch Maisbrot.»

Ich nickte und murmelte, «Ich liebe es.»

Meine Grandma betete zusammen mit Marie und segnete das Essen, wozu wir uns alle an den Händen hielten. Danach wurde das Essen in großen Schalen und auf schweren Tellern rumgereicht. Der Grünkohl war mir zu bitter und die in Zucker und Zimt getränkten Süßkartoffeln kamen bei meinen europäischen Geschmacksnerven erst recht nicht gut an. Ich verzog meine Mundwinkel und erinnerte mich, «Meine Oma bestellte einmal Süßkartoffelfritten, als wir nach Frankreich ins Euro Disney gefahren sind ... Aus sowas macht ihr auch den Pie?»

Onkel Dave fragte, «Tell me. Wie ist es denn so dort drüben zu leben?»

«Well, ehm. Ich weiß nicht.» Ich stockte, erwiderte dann, «Ich meine ... im Vergleich zu was denn?»

«Well ... es muss hart gewesen sein als schwarzes Kind in Deutschland aufgewachsen zu sein, oder?»

*Als „schwarzes" Kind?*

Eine meiner Tanten unterbrach, «How Junior and Michael, Sr., doing?» Sie wollte wissen wie es Michael Senior und Junior ging, auch, warum sie nicht mitgekommen waren.

Ich war erstaunt. *Wow, lady! You really don't know anything about us do you?* Ich versuchte, dass Thema zu wechseln. «Ich bin nach Neuseeland gereist, bevor ich herkam, also...»

«New Zealand? What anyone ever wanna go there for?» Sie lachte und wollte wissen, was man denn bitteschön in Neuseeland wollen könnte und damit widmeten sich alle wieder anderen Gesprächen.

So viele Fragen schossen mir durch den Kopf, aber ich kam nicht dazu sie auch zu stellen. Wenn ich mit Grandma Millie alleine gewesen wäre, hätte es vielleicht eine Gelegenheit gegeben mich zu öffnen. Als es für mich und Marie Zeit war zu fahren, kam endlich der Moment an dem ich das tun konnte, wonach mir schon seit Jahren der Sinn stand und gab meiner Grandma Mille eine dicke Umarmung. Ich sagte ihr, dass Omi sie manchmal erwähnt hatte, «Omi mentioned you from time to time.» Auch, dass sie mir von den gemütlichen Runden mit Bourbon berichtete hatte.

Grandma lächelte. «Klara? Yes, those were the good days, Clarice». Millie schwärmte von den guten alten Zeiten und versicherte mir, was Omi doch für eine feine Frau gewesen sei.

«Sie hat dich sehr gemocht, Grandma Millie. Good to meet you at last».

Auf unserem Heimweg redeten Marie und ich nicht viel. Ich sehnte mich zurück auf den Highway nach Cape Reinga, einfach auf einen Repeat-Knopf drücken zu können ... Die Leute, die ich dort zum Beispiel getroffen hatte, schienen mehr daran interessiert zu sein wer ich war. Die meisten bekamen meinen Namen auch richtig hin. Bei ihnen fühlte ich mich sicher, so als kümmerte es sie in ihrem Innern, was aus mir wurde. Aber die Reibung, die sich zwischen den Truthahn, die Beilagen und die oberflächlichen Fragen gedrängt hatte, war greifbar. Ich hockte im Wagen meiner Cousine und grübelte darüber nach, was eigentlich gerade vorgefallen war und ordnete meinen Appetitverlust der Inquisition meiner Familie zu. Wieder bohrte ich, *Gibt's ein Problem? Was werfen sie mir vor?*

*

Deutschland war nach meiner Rückkehr aus Chicago nicht mehr wie früher. Beziehungen mit Jungs waren kurzlebig, ich trank und rauchte so viel ich vertragen konnte und machte mehrmals die Woche Party. Ich war ausgehungert nach dem Gefühl, das ich in Neuseeland gespürt hatte und gab mittlerweile alles darum auch nur irgendetwas zu fühlen. Ich sehnte mich zurück an einen Ort, an dem ich nichts und niemanden kannte aber alles mir gehörte.

Ich ging immer noch gelegentlich zur Therapie, arbeitete lange Tage in einem Call Center, um meine Kreditkarte, die meinen Trip finanziert hatte, abzubezahlen. Ich brauchte fast ein ganzes Jahr dazu.

Das was einst mein zu Hause gewesen war, passte nicht mehr und es gab nichts, was mich dort hielt. Mein Herz konnte sich nicht beruhigen und blieb bereit alles im Handumdrehen wieder hinter sich zu lassen. Wie Vianne, eine Nomadin in Lasse Hallströms Film *Chocolat,* konnte mich der Nordwind nur allzu leicht zum Gehen überreden, um die Asche meiner Mutter von einer Stadt zur nächsten zu tragen. Etwas zog mich nach Neuseeland, meiner verlorenen Liebe, zurück. Ich verzehrte mich innerlich so sehr nach dem, was ich dort gefunden hatte, was meine Augen und mein Herz mit neuem Feuer entfachen konnte, dass es mir körperlich Schmerzen bereitete. *Verliere ich jetzt auch meinen Verstand?*

Meine sture Seele lehnte jegliche Friedensangebote meinerseits ab, entschlossen so lange auf Hungerstreik zu gehen, bis ich wieder meine Koffer packte – fast so als ob mein ewiges Schicksal davon abhing. Aber das war nicht das, was die meisten unter meiner augenscheinlichen Unfähigkeit lange an einem Ort zu bleiben verstanden. Mir war bewusst, dass ich einen Abschluss anstreben musste, wenn ich je eine Karriere haben wollte und als Kompromiss arrangierte ich es, zum Studium nach Neuseeland zurückzukehren. Ich ging nach Wellington, worauf meine Seele bestand – dieses Mal um Musik, Theater und Englisch an der Victoria University zu studieren.

„It was the best of times and it was the worst of times.“[2] Die kommenden Jahre sollten einige der schlimmsten, aber auch der

2 *Tale of Two Cities,* Charles Dickens (UK, 1859)

besten werden. Ich verliebte mich immer mehr in Wellington und ihre Menschen, in Musik, Darstellende Kunst und das Schreiben. Aber es häuften sich auch immer mehr Schulden und Depressionen an. Ich wusste einfach nicht, wie ich das in den Griff kriegen sollte, geschweige denn, wie ich aus dieser unförmigen Masse, die vor mir lag ein nettes geordnetes Leben gestalten sollte.

Ich hatte nicht den Mut mein Herz jemandem anzuvertrauen und schmiss im Gegenzug alles andere von mir rücksichtlos hinterher. Ich ließ mich mit den falschen Kerlen ein, wurde Expertin darin, diejenigen die vermutlich ein ernsthaftes Interesse hegten weit von mir entfernt zu halten. Ich trank und rauchte weiter, manchmal auch *Gras* wenn jemand welches hatte, bis mir schlecht wurde und die Nacht damit verbrachte zwischen dem Klo und meinem Bett hin und her zu taumeln, bis ich zu fertig war um noch einmal aufzustehen. In der Regel widmete ich den Tag danach, mich mit Buchstabensuppe, Toast und Wasser aufzupäppeln.

Regelmäßig bat ich die Universitätsspeisekammer um Lebensmittel, wenn ich nicht wusste, wo die nächste Mahlzeit herkam und nicht wusste, wen ich sonst fragen sollte.

Dad war verschwunden und seitdem unauffindbar, nur selten redete ich mit jemandem in Deutschland – wegen der Zeitverschiebung oder einer anderen Ausrede, die mir oder meinem Gegenüber gerade praktisch erschien. Nur Penelope, meine Freundin seit dem Jurastudium, stand mir immer noch nahe genug, dass sie fast alles, was vor sich ging wusste. Sie gelangte eines Tages an einer Frage an, die mir genau so abwegig erschien wie eine Einladung zum Mars, «Warum kommst du nicht nach Hause?»

Mein zweites Trimester stand bereits kurz vor der Tür als ich von dem International Institute of Modern Letters an der Victoria University und ihrem alljährlichen Creative Writing Workshop hörte. Gerade mal zwei Tage blieben mir, um meine Bewerbung vorzubereiten und ich blieb Tag und Nacht wach, um zu schreiben. Ich schnappte mir die geschriebenen Seiten, stopfte sie zusammen mit einem Anschreiben und meinem Manuskript in einen Umschlag, rannte die steilen Stufen der Berge Wellingtons zur Uni herauf und kam nur Sekunden vor Auslaufen der Deadline an.

Die Zeit verstrich ohne, dass ich etwas hörte. Nach ein paar Wochen bekam ich einen Anruf von der Schule, um mir einen der wenigen Studienplätze anzubieten. «We'd like to offer you a spot in our program. Somebody dropped out last minute and you are at the top of our waiting list.»

Es machte mir nichts aus, die Nummer 11 gewesen zu sein, und das ich nur im Nachrückverfahren angenommen wurde – dazu hatte ich keine Zeit. Ich tauchte in die Creative Writing Welt ein und die Stadt wimmelte vor lauter Events, die mit der Wellingtons Premiere von *Die Rückkehr des Königs*, dem dritten Teil der *Herr der Ringe* Triologie, zu tun hatten. Meine Freunde, ein Pärchen aus Deutschland, und ich waren voller Vorfreude, als wir den riesigen Höhlentroll über Wellingtons Civic Square bemerkten oder einen der Nazgûl, der auf dem Dach des historischen Embassy Theaters kauerte. Am Tag der Premiere quetschen wir uns durch die Massen und säumten den roten Teppich, um einen Blick auf Arwen (Liv Tyler), Legolas (Orlando Bloom), Gandalf (Sir Ian McKellen) und natürlich, Peter Jackson, zu erhaschen.

Da mein Geld nur so dahin schwand, wurde ich Teil des Wellington Summer Shakespeare mit einer modernen Interpretation von *Der Sturm*. Die Regisseurin beabsichtigte damit Aufmerksamkeit auf die Atomtests zu lenken, die seinerzeit einige der Welt schönsten Atolle im Pazifik zerstörten. Ich wurde meinem „optischen Typ entsprechend" als Insulaner besetzt und passte somit gut zu dem fast ausschließlich Samoanischen Chor. Die überwiegend weiße Hauptbesetzung blieb unter sich und unser brauner Chor tat es auch.

Wir übten Samoanische Lieder und Tänze und ich schloss dabei langjährige Freundschaften. Meine Freundinnen Valerie und Matalena gaben mir einen Platz, an dem ich einfach dazugehörte, wo nichts an dem wie ich aussah – weder an den Locken, der Zahnlücke oder meinen rundlichen Hüften – verkehrt war. Sie hießen mich wie eine Schwester willkommen, ohne den kollidierenden Welten Beachtung zu schenken und mit dieser Akzeptanz kam Leichtigkeit – zumindest für ein paar Wochen.

Der Sommer ging schnell vorüber, ich war pleite und die Zeit auf meinem Studentenvisum lief auch bald ab. Angesichts des Einwanderungsgesetzes verhielt ich mich wie eine Katze, die ihre Krallen tief in den Teppich grub weil sie wusste, dass sie jemand zum Tierarzt bringen wollte.

Zwei Tage vor meinem Abflug, zurück nach Deutschland bummelte ich ein letztes Mal durch die Straßen Wellingtons. Während ich mir meinen Weg zum Hafen dem Lambton Quay hinunter bahnte, überschlug ich mich innerlich in Wellen der Verzweiflung und ertrank fast daran. Ich ging an Whitcoulls vorbei, dem Buchladen, der an Wochenenden aus allen Nähten platzte, als ein kleines Mädchen das vor mir her spazierte plötzlich stolperte und hinfiel. Sie drehte sich und erhob ihre Arme in fester Erwartung, dass ihr Papa sie hochheben würde.

Ich stellte mir vor an ihrer Stelle zu sein. Genau dort in Mitten der Alltagsturbulenzen, die einfach zu meinem Leben dazu gehörten und im Kontrast zu dem Sturm standen, der mich hierher gebracht hatte. Ähnlich wie Dorothy aus *Der Zauberer von Oz*, bezweifelte ich ernsthaft, dass ich einen „gelben Ziegelsteinweg“ finden würde, der mir den Weg zu einem glücklichen zu Hause zeigte. Ich verschrieb mich stattdessen „dem Nordwind weiter zu folgen“ egal wo er auch hin blasen würde, um die Erinnerungen an eine fehlende Mutter zu zerstreuen.

Ich spazierte weiter in Richtung Wasser und begegnete einem andern Mädchen, das ganz in Pink gekleidet war und mit dem

*Patsch-Patsch-Patsch* ihrer glänzenden Schuhe meine Aufmerksamkeit gewann. Freudenschreie über ihre relativ neue Entdeckung des Laufens kamen über ihre gespitzten Lippen.

Ich wünschte ich wäre mehr wie sie. Und wenn nicht das, vielleicht ein bisschen mehr wie die Menschen, die einfach ihre Schuhe auszogen und sich auf eine der Bänke im Hafen legten. Oder wenigsten wie die, die entlang des Hafenbeckens saßen und ihre Geschichten niederschrieben oder Kreuzworträtsel lösten. Aber ich konnte mich nicht entspannen, verspürte nicht genug Frieden um Platz zu nehmen und die anderen zu beobachten. Ich war gefallen, war öfter gestürzt als ich zählen konnte und jetzt stand ich dort, verzweifelt darauf wartend, dass mich jemand hochheben könnte und all die Stürme in meinem Leben zum Schweigen brachte.

Als ich aufwuchs nahm ich meine Arme immer und immer weiter hinunter. Jedes Jahr einen Zentimeter mehr, jede Chemo etwas weiter runter, mit jeder Beerdigung weiter hinab. Ich war das Mädchen, das sehnsüchtig auf ihrer Fensterbank gewartet hatte und ganz schnell erwachsen werden musste, da die Glaskuppel über ihr einen Knacks bekam. Es wehte ein anderer Wind in Deutschland, er war mit solcher Wucht aufgekommen, dass er jeden Glauben daran verjagte, dass irgendjemand sich krummlegen würde, um mir hoch zu helfen. Ganz zu schweigen davon, dass es ein göttliches Wesen voller Kraft und Interesse an mir sein könnte, das hinunter langen würde, um mich mit einem einzigen Handgriff unter dem Glas hervor in liebende Arme nehmen würde.

Und doch, irgendwann zwischen meinem ersten und meinem zweiten Trip nach Neuseeland hatte ich extrem zögerlich, ganz langsam damit begonnen, meine Arme wieder hoch zu strecken mit jedem Staunen entlang des Weges ein wenig mehr. Zuerst war es gerade mal eine Fingerspitze, dann die ganze Hand, ein gebeugtes Handgelenk, dann ein Unterarm bis sich irgendwann der ganze Arm nach oben reckte.

Nun musste ich den Ort, den ich über alles liebte, verlassen. Es war der einzige Platz an dem sich das Leben erträglich zeigte und doch schien es mir so, als könnte ich es nicht länger vermeiden, wieder einmal ins Ungewisse hinaus zu ziehen. Ich schaute mir den Hafen an, als Zweifel zurückeilten und mich hin- und herzerrten zwischen einem verzweifelten Schrei um Hilfe und dem Anreiz vielleicht bald meine Wurzeln in Chicago zu enthüllen. Irgendwo musste ich ja weiter studieren.

Wie ein total erschöpftes Kind war mein Kopf zu nichts mehr zu gebrauchen und meine Emotionen wurden schnell zu groß für mich. Also machte ich, was ich Kinder schon so oft hatte machen sehen und hob meine beiden Hände so hoch, wie die Hoffnung es zuließ – und wartete.

# 11. Wie die Faust aufs Ohr

Wieder verbrachte ich mehrere Monate in Deutschland bis ich einsehen musste, dass das Hochschulsystem dort mich dazu zwingen würde, mich von mindestens einem Studienfach zu trennen. Aber dieser Mangel an Möglichkeiten verblasste im Vergleich zu der Verzweiflung, die ich jedes Mal spürte wenn mir bewusst wurde, dass sich meine ganze Familie in Luft aufgelöst hatte und nur ein leeres Haus in Mitten eines Scherbenhaufens zurückgeblieben war. Ich hatte kein zu Hause mehr. Wie nach einem Großbrand stand dort nur ein verrußtes Gerippe, von dem ich mir wünschte, es wäre zu Staub zerfallen.

Ich entschloss, wieder meine zwei Koffer zu packen und buchte einen Flug nach Chicago, Illinois. Ich suchte in Michigan Avenue und La Salle, Wicker Park und 87thPlace nach Antworten. *Wer bin ich eigentlich und was soll aus mir werden,* lag ich mir selbst Tag ein und Tag aus in den Ohren. Diese Gedanken waren wie eine diskrete Hintergrundmusik, die einfach nie aufhörte, sondern sich mit dem altbekannten Summen und Fiepen vermischte und somit eine unbesiegbare Einheit zu bilden schien: die Summe all meiner gefragten und nicht formulierten Fragen aus 25 Jahren.

Meine Cousine, Marie schien so ein geordnetes Vorstadt-Leben in einem Vorort Amerikas zu führen. Sie und Royal hatten auf Jamaica geheiratet als ich noch in Wellington studierte. Sie kauften ein Haus in der Nähe von Chicago, fuhren beide teure Autos und gingen jeden Sonntag in die Kirche manchmal sogar mittwochs. Ab und zu schleppten sie mich mit, aber meist zog ich es vor im Bett zu bleiben, da ich der festen Annahme war, das es die bessere Wahl war. Meine Cousine und ihr Mann ließen mich ein paar Wochen in ihrem Gästezimmer wohnen, damit ich in Ruhe vor Semesterbeginn nach einer Wohnung in Chicago suchen konnte.

Ich griff mein Musik, Theater und Creative Writing Studium am Columbia College Chicago wieder auf und nahm dazu noch Film und Tanz. Ich fand ein Zimmer in Wicker Park, hatte endlich meine erste offizielle Adresse in Amerika seit meiner Geburt und wollte so sehr glauben, dass alles endlich in die richtige Richtung ging und bemerkte nicht, welcher Sturm sich dort zusammenbraute.

Es liegt in der ironischen Natur der Sache, dass wenn die Tragödie in sichere Distanz gebracht ist und man einen Platz der „Erholung“ findet, sich der Körper richtig gehen lässt. Er versucht seine Anspannung loszulassen, um der Seele zu erlauben tiefer in den Trauerprozess einzusteigen. Ich trauerte um meine Mutter, konnte dies aber nicht mit dem Rest meiner Familie, und meinem alten Leben tun und mit jedem Tag, der verstrich wurde mir schmerzlicher bewusst, dass ich zwar eine Adresse hatte, mich aber verlorener denn je gefühlt hatte. Millionen von Menschen kamen und gingen in alle Himmelsrichtungen und die eine Person, nach der ich mich am tiefsten sehnte, war nirgendwo zu finden. Mehr Therapie und die Einführung von Antidepressiva waren die Folge, änderten aber nichts an meiner Situation – nichts und niemand konnte das.

Ich war vom Großstadtleben total überfordert. Die berüchtigte Kluft zwischen den Armen und Reichen wurde plötzlich zur Realität. Schwarze Männer und Frauen, die kaum ausreichend warme Kleidung hatten, um ihre Körper vor den eisigen Minustemperaturen zu schützen, schliefen auf Luftschächten in den Bürgersteigen zischen den Hochhausschluchten damit sie nicht in der Nacht erfroren. Unbeirrt von ihrem Leid kamen weiße Menschen in edlen Designerklamotten und Schmuck aus ihren Townhomes und Eigentumswohnungen um mit ihren Chihuahuas in winzigen Hundejäckchen an Designerleinen Gassi zu gehen. Klar sah ich auch den ein oder anderen armen weißen Mann oder eine wohlhabende schwarze Frau, aber das war eher selten. Die meisten Weißen trafen sich mit Weißen, Hispanier mit Hispaniern und Schwarze mit Schwarzen. Wenn das Thema zur Sprache kam, versuchten die Meisten ihre Angst vorm Unbekannten zu vertuschen, als Unbehagen runterzuspielen oder verschrieben ihre vollkommen abgeschotteten Leben dem Zufall. Ich fragte mich ernsthaft, *Wie konnten Mama und Dad sich da jemals verlieben?* So sehr ich mich auch bemühte, ich konnte mir einfach nicht vorstellen wie sie vor Jahren zusammen in Chicago gelebt hatten. Ich war mir nicht mal sicher, wo ich selbst hingehörte. Meine engsten Freunde kamen entweder selbst auch aus einem fremden Land oder waren stolz darauf, dass ihre Großeltern oder Urgroßeltern aus Polen, Irland, Italien oder Griechenland kamen. Diese etwas mehr „herkunftsbewussten" amerikanischen Freunde schienen zu vergessen, dass genau das der Fall für die herrschende Mehrheit war. Der Begriff „All-American-Girl", „All-American-Boy" wurde nur dann benutzt, wenn die Hautfarbe ins Muster der vorherrschend weißen Kultur passte. Arisch und „All American" unterschieden sich kaum und das obwohl die einzigen „All-Americans" nur die Ureinwohner Amerikas, die „Indianer" waren.

Das Columbia College organisierte internationale Events für die Studenten, aber es brauchte viel Überredungskunst, mich dort hinzubugsieren. Ich verabscheute dieses seltsame Gefühl der Zusammengehörigkeit, der unsere vollkommen unterschiedlichen Lebensstile und Erlebnisse außer Acht ließ und unsere vielseitigen Gruppen zu einer Petrischale für kulturelle Feinfühligkeit machte.

Meine Freunde in Elgin und Hoffman Estates, wo Marie wohnte, kamen aus Mexiko, Italien, Deutschland, Nigeria, Polen oder hatten einen afroamerikanischen Background. Wir hatten uns alle ganz zufällig kennengelernt und ich fühlte mich in diesem Potpourri sehr wohl. Mit einer Ausnahme kamen wir immer alle gut miteinander zurecht. Der Italoamerikaner, in den ich mich Hals über Kopf verliebt hatte, brach während eines Gesprächs mit einem anderen eng befreundeten Italoamerikaner vor Lachen fast in Tränen aus. Er zitierte Sprüche aus *A Bronx Tale*. Die Zitate endeten immer gleich: «…aber sie war Schwarz! Hahaha ...»

Es war als stünde die Welt, die ich nicht verstand, plötzlich in Flammen. Ich sagte nichts – hätte nichts sagen können wenn ich gewollt hätte. Ich wollte nicht allen den „Spaß" verderben, indem ich offen und öffentlich zugab, dass er für mich bereits ordentlich verdorben war. Ich wollte nicht glauben, dass der Typ, den ich so sehr mochte, sich derart ignorant verhielt und mir gegenüber vollkommen unsensibel war. Auch wollte ich nicht, dass die anderen wussten, wie sehr es mich verletzte und sorgte mich, dass sie es verurteilen würden, dass ich beleidigt war, und stattdessen blöde Witze bevorzugten. Meine Augen begutachteten neugierig die feinen Gesichtszüge „meines" Schwarms und ich wunderte mich, *In der Zeit, in der wir uns jetzt kennen, hast du mich immer so gesehen?*

Vielleicht war ich immer schon in seine „Freundschaftszone" eingeordnet gewesen, weil er sich immer vorhielt, „–aber Clarissa ist Schwarz."

Ich beschwerte mich nicht, weil eine der üblichen Antworten mit Sicherheit gewesen wäre, „Oh, sorry. Offensichtlich bist du damit nicht gemeint. Du bist ja gemischt." Oder noch toller: „Ach komm, mach dich mal locker."

Hätte Aschenputtel ihrem Prinzen dabei zusehen müssen, wie er sich vor ihren Augen in einen faltigen, formlosen Kürbis verwandelte, hätte sie meine Gefühle nachvollziehen können. Zusammen wären wir an dem Entschluss angelangt, dass keine gute Fee in der ganzen Welt das wieder hätte gut machen können.

Ich steckte in einem komplizierten Prozess, war dabei zu lernen diese Frau im Spiegel mit dunklerer Hautfarbe kennenzulernen. Sie war eine Frau, die genau wie jede ihrer Schwestern ständig nach Perfektion oder wenigstens nach dem momentan Erreichbaren strebte – äußerlich und innerlich – nur um sich außerhalb ihrer zugewiesenen Farbwelt geduldet zu wissen. Das Problem dabei war, dass ich in den Zwischenraum dieser Welten gehörte. In zwei Welten hineingeboren worden zu sein, kam mit der implizierten Einladung, kreuz und quer über die Trennwände der Farbwelten zu tanzen. Dort oben kann man lernen, die Matrix auf besondere Weise zu erahnen, sie dem eigenen Willen untertan zu machen, damit sie einen dort hinbringt, wo man hin will. Um die zu werden, die ich wirklich war – ungehindert vom Unterbewusstsein der Menschen und ihren Regeln, musste ich dieses Kunststück beherrschen lernen. Falls es mir nicht gelang, bedeutete das den Absturz in die tiefsten Schubladen des Zwischenraums. Und irgendwie wurde mir endlich klar, dass nur die wirklich zu tanzen lernen, die zuerst zu lieben gelernt haben. Ich fand heraus, dass zu lieben bedeutete, meine Mitmenschen vollkommen anzunehmen und das genauso, wie sie in ihrem Innersten sind – dem einzigen Ort der so neutral, wie meine Hautfarbe unschlüssig im Hinblick auf meine Herkunft ist. Aber ich war noch nicht so weit und das Unbehagen der Zuschauer und ihr Widerwillen, meinem „Tanz des Lebens zwischen den Farbwelten" zu applaudieren verriet mir, dass sie es auch nicht waren. Ständig versuchten sie, mich auf eine Welt, eine Schublade mit einem fetten Label zu beschränken und bohrten, „Aber mit wem identifizierst du dich mehr, den Weißen oder den Schwarzen? Deiner Mutter oder deinem Vater?"

Ich hatte noch nicht verstanden, dass wenn ich die Welt als Auster erfahren wollte, ihr keinen Teil in mir verschreiben durfte und mich stattdessen dem Wesentlichen hingeben und nach einem vollkommen anderem Muster leben musste. Aber noch hatten sich die Dinge nicht dorthin gehend verlagert und deswegen bedeutete „gemischt" zu sein, langfristig keinen bestimmten Platz in den Farbwelten für mich beanspruchen zu können.

Zuerst wuchs ich in Bad Sassendorf mit meiner braunen Haut von meiner weißen Umgebung gut akzeptiert auf, aber dann wurde ich als reisende junge Erwachsene unaufhörlich den unterschiedlichsten Kulturen und ethnischen Gruppen zugewiesen. Die meisten Menschen die ich traf, waren sich unserer menschlichen Vorliebe dafür, alles in Stein geschrieben zu wissen, nicht bewusst und ihrem Instinkt widerstandslos unterlegen. Anstatt sich an Stereotype zu klammern, musste man in lebendige, atmende Beziehungen investieren, die uns dazu bewegten die jeweiligen Umstände in Betracht zu ziehen. Ich erlebte, welche festgefahrenen Optionen die Welt einem jungen, braunen deutsch-amerikanischen Mädchen wie mir anzubieten gewillt war: Ich sah mich selbst als weiß *und* schwarz, nannte mich oft der Einfachheit halber in Gesprächen „gemischt". Aber für den alltäglichen Gebrauch gab es nur zwei Kästchen anzukreuzen – schwarz *oder* weiß – und Ausnahmen gab es nur im Einzelfall wenn mein „Zwischenraum-Status" im Austausch für mein Schweigen temporär gewährt wurde.

Meinem italienischen Freund zuzuhören half mir einzusehen, dass ich entweder ein stilles, konformes, ambivalentes Mitglied der Gruppe sein oder mitlachen konnte, um mich denen, die die Unterhaltung dominierten, anzupassen und quasi ein „weißer Trittbrettfahrer" werden. Oder aber, ich konnte die Chance ergreifen, meine eigenen Gefühle zu ehren und mich bemühen meinen Freunden gegenüber auszudrücken, wie mich dieser „Scherz" getroffen hatte, was mich direkt als Schwarze eingeordnet hätte. Was mir nicht einleuchtete war jedoch, dass meine Gefühlswelt tatsächlich wichtig ist und Wert hat. Indem ich alles verschwieg, sprach ich meinem Innern alle Rechte ab und beraubte meine Freunde der Möglichkeit, Frieden herzustellen oder besseres Verständnis für einander zu entwickeln.

„Aber sie war Schwarz“ schürte Ängste in meinem Leben, von denen ich nicht wusste, dass ich sie hatte. Mir wurde schmerzlich bewusst, wie viele Einschränkungen mein „Zwischenraum-Status“ potenziell mit sich brachte. *Sie war groß, wunderschön und elegant, aber sie war Schwarz. Sie war die heißeste, umwerfendste Frau auf der Welt, wäre eine hingebungsvolle Frau, eine leidenschaftliche Geliebte, tolle Hausfrau und wundervolle Mutter, aber sie war Schwarz. Sie war immer die klügste in jeder Klasse, sie gewann den Pulitzer, aber sie war Schwarz. Sie hatte die längsten, schlankesten Beine, die er je gesehen hatte, langes gewelltes Haar und Augen, die eines Königs wert waren, aber sie war Schwarz.*

Ich könnte „Wonder Woman“ höchst persönlich sein und trotzdem wäre es nie genug für „Mr. Italy“, den gutaussehenden Bösewicht, der meine Hoffnung mit nur vier simplen Worten ausradiert hatte. Egal wie oft ich auch die Welt rettete, er würde in mir nie mehr als eine Freundin sehen.

Ich war die Schwarze Frau, die ihren Mund nicht aufmachte, weil sie nicht als streitlustig gelabelt werden wollte, und ich war die Weiße Frau, die weiter zu ihrer Gruppe gehören wollte. Ich war die junge Frau, die nicht an die Lüge der „Rasse“ glaubt, die *gar kein* Label will und lernen musste, auf dem unsichtbaren Drahtseil zwischen den verschiedenen Farbgrüppchen Chicagos zu laufen. Von dort aus konnte ich den eisernen Vorhang der City sehen, der die Augen der Herzen anderer bedeckte und vor der Wahrheit, dass alle Menschen gleichwertig geschaffen werden, verschloss. Ich war eine junge Frau mit der ganzen Welt in ihren Adern, die einfach nur sie selbst sein wollte.

Jeder schien mit diesen Dingen Schwierigkeiten zu haben, meine Familie war da keine Ausnahme. Ihre Gleichgültigkeit mir gegenüber verstärkte nur meinen Eindruck der Welt mit ihrem unnachgiebigen Drängen auf Grenzen und Einschränkungen. Ich bin mir sicher, sie hätten einer meiner Mitbewohnerinnen zugestimmt, die fand, dass ich „ganz schön hell für eine Schwarze“ war oder mich „zu Weiß verhielt“. Wir beide waren RAs, *resident assistants*, und teilten uns als Ansprechpartner für unsere Mitstudenten ein Zimmer und mussten miteinander klarkommen. Wir gerieten in einen lauten Streit, der erst dann endete, als unsere Aufseherin, die ebenfalls schwarz und mit meinem Gegenüber befreundet war, versuchte, zwischen uns zu vermitteln. Als sie meine Mitbewohnerin fragte, was sie eigentlich an mir so störte antwortete diese, «Ich weiß nicht, sie hört komische Musik und trägt komische Klamotten ... sie ist einfach nicht wirklich Schw–»

Ich sah nicht, wie das Ganze noch zu retten war, kündigte kurz darauf und zog aus. Was meine Beziehungen mit Jungs anging, war ich ähnlich konsequent und lehnte jeden Typ ab, der mich wissen ließ, dass er auf der Suche nach „etwas exotischerem" war. Generell behandelten die Leute in der Stadt Dating und Sex ganz anders, als ich es bisher irgendwo, wo ich vorher gelebt hatte, bemerkt hätte. Auf unserem Uni-Campus hatten wir GLBTQ Gruppen. Leute suchten sich den Stadtteil zum Wohnen aus, der am besten zu ihren sexuellen Vorlieben passte und eine meiner Freundinnen „datete" Mädels, bis sie sich eines Tage in einen Mann verliebte und heiratete. Es ging ständig um Sex, Menschen stritten sich deswegen, machten deswegen miteinander Schluss und vertrugen sich wieder, um mehr davon zu bekommen. Falls jemand alleine übrig blieb, riet man ihnen mit Nachdruck die eigene Sexualität in einem der vielen Sexshops zu erkunden – ähnlichen „Rat" konnte man in Soest allerdings auch bekommen.

Das Collegeleben war ein unerwähnter Krieg, in dem ein Königreich des Lichts mit dem der Dunkelheit in einem Kampf um meine Seele kollidierte. Der ohrenbetäubende Schlachtruf der Nächte hielt mich oft wach.

Ich weigerte mich nach den Regeln zu spielen. Ich interessierte mich nicht für einen unsichtbaren weißen oder afroamerikanischen Code. Selbst wenn ich es versuchte, würde ich letztlich wieder disqualifiziert, weil ich nirgendwo hundertprozentig dazu gehörte. Alles was ich je als Kind gelernt hatte, war meinem Herzen zu folgen, aber das war ja kaputt. Ich mochte immer noch Rock und Alternative, hörte Hip Hop und R&B oder Vivaldi, Chopin und Beethoven. Ich verlor mich in Filmmusik, wie von *Cider House Rules, Batman Begins, Amélie* und, natürlich, *Herr der Ringe*. Hans Zimmer, Howard Shore, Yann Tiersen, und Paul Newman wurden zu meinen Helden, die meinen Hunger, meine Qual und Wut ohne Worte perfekt inszenierten.

Meine Garderobe bestand hauptsächlich aus europäischer Kleidung und meine Freunde beschrieben das Ganze oft als „eklektisch". Ich liebte es mich in mehreren „Schichten" einzukleiden, weil ich meine rundlicheren Stellen kaschieren konnte und mich damit sicherer fühlte.

Ich ergriff jede Gelegenheit zum Feiern beim Schopf und trank so viel wie eine Frau, die fest daran glaubte, dass es am Grund von jedem Fass, jeder Dose und Flasche einen Schatz zu bergen gab. An einem „guten" Freitagabend rauchte ich dazu noch zwei Packungen Kippen – solange ich genug Geld für all das hatte. Ich wusste, dass ich mich im Anschluss, oft bis weit in den nächsten Tag hinein, übergeben würde, aber der Gedanke zu Hause zu bleiben und mich mit mir selbst zu beschäftigen, trieb mich immer wieder in die Bars.

Meine Auswahl an Typen schlug mir ebenfalls auf den Magen, nicht selten fiel es mir erst mit nüchternem Kopf auf, wie sehr. Sie waren oft selbst so kaputt, dass ihnen mein Elend Energie gab und zogen mich immer weiter runter, bis sie sich besser fühlten. Und ich ließ es zu, brannte darauf immer mehr von mir, meinem Schmerz, wegzugeben.

Die Netteren waren so von meinem Ballast überfordert, dass es sie in die Flucht schlug, sobald sie bemerkten, mit wem sie sich wirklich eingelassen hatten. Von all den verschiedenen Arten der Zurückweisung, die ich zu der Zeit erlebte, war diese am schwierigsten für mich, weil ich mir das, was in den letzten Jahren passiert war, nicht immer so ausgesucht hatte. Dennoch konnte ich diese Jungs verstehen, *Ich würde auch abhauen, wenn ich könnte.*

Ich versteckte mich innerlich vor allem und jedem, suchte nach einem Ausweg und Trost in der Welt von Bands wie Korn, System of a Down oder Audioslave. Das Kampftrinken wurde zu Essgelagen, besonders dann, wenn das Geld knapp wurde. Emotional war ich von dem abhängig, mit dem ich gerade zusammen war, verbog mich vollkommen, wenn dies bedeutete, dass ich nicht alleine sein musste. Ich „liebte" diese jungen Männer mit der gleichen Verzweiflung und Intensität wie ich bis ins Maßlose trank, rauchte oder futterte.

In den Sommermonaten betreute ich Columbias internationale Studenten, um ihnen zu helfen sich in der Stadt und auf dem Campus zurechtzufinden und lachte mich innerlich angesichts dieser Ironie manchmal kaputt. Wir hatten viele professionelle Künstler, die am College lehrten und ich freundete mich mit einer von ihnen an. Sie kam aus Schweden und alles an ihr faszinierte mich. Tone sprach fließend Schwedisch, Englisch und Spanisch, strahlte massenhaft Energie aus und verstand es, das Leben voll auszuschöpfen. Sie lachte laut und stürzte sich oft mit einem herzhaften „Olé" in den nächsten Punkt auf ihrer Agenda. Sie hatte funkelnde blaue Auge und blondes, gewelltes Haar, nichts als Liebe für jeden, der ihr begegnete und liebte es über alles zu tanzen. Sie lud mich und meine Begleitung zu ihrem Geburtstag ein, den sie in einem von Chicagos Salsa Clubs gebührend feiern wollte. Ich bewunderte sie, weil es nichts gab, was sie je runter zu ziehen schien. Sie tanzte unbekümmert bei Events im Chicago Grant Park und ich – ich hatte nicht mal einen Begleiter für ihre Party.

Am Tag ihres Geburtstags war ich gerade auf den Campus unterwegs, als mir ein Typ über den Weg lief, den ich erstmals getroffen hatte, als ich noch RA war. Er grüßte immer mit einem breiten Lächeln und hatte *Schwung.* Andy war über 1,85 m hatte hellbraunes, kurzes, gelocktes Haar und war einfach total süß. Jetzt wo ich unbedingt einen Tanzpartner brauchte, hatte ich die perfekte Ausrede, als er an mir vorbei lief und ich stammelte los, «Hey! Ehm ... sieht man dich auch mal wieder. Wie geht's?»

«Hey! Ich hab mich schon gewundert wo du steckst. Hab sogar nach dir gefragt.»

«Echt? Das ist jetzt vielleicht ... Weißt du eine Freundin von mir feiert heute Abend in einem Salsa Club Geburtstag und ich ...»

Er zwinkerte mir zu, «Suchst du jemanden, der mitkommt?»

Ein paar Stunden später saßen wir zusammen in einem für Tones Geburtstag reservierten Teil des Clubs, aßen Appetizers und hatten ein paar Drinks umgeben von ein, zwei Dutzend ihrer besten Freunde. Meine ganze Aufmerksamkeit galt Andy, der mitflirtete und rumblödelte, als wären wir schon jahrelang miteinander befreundet. Er hatte ein blaues und ein grünes Auge, was ihn für mich zu etwas ganz besonderem und nur noch unwiderstehlicher machte.

Wann immer er mich ansah fühlte ich mich seit langem wieder zauberhaft. Er nahm mich bei der Hand, küsste sie und zog mich auf die Tanzfläche, «Dann wollen wir doch mal sehen, ob wir das auch hinkriegen.»

«Warte, weißt du, wie man Salsa tanzt?»

«Keinen Schimmer», lächelte er. «Und du?»

Wir mussten so lachen, dass die Leute uns ansahen, als wären wir total voll oder verrückt. Aber Andy und ich tanzten unseren Tanz. Er wackelte mit den Hüften und lief dabei keinerlei Gefahr, uns selbst zu ernst zu nehmen.

«Was hältst du von diesem Move?»

«Ähm, ich weiß nicht, ob man das als Salsa bezeichnen kann.»

«Ach ja!? Und wie sieht's mit dem hier aus?»

Er zog mich näher an sich, fing an richtig zu führen und bevor wir uns versahen, machten wir die richtigen Schritte. Mit jeder Drehung, die er initiierte, mit jeder Berührung meiner Taille kam ein Held zum Vorschein, der ganz wie von Zauberhand plötzlich eine Seite in mir zum Vorschein brachte, von der ich nicht wusste, dass es sie gab. Für einen Moment vergaß ich alles um uns herum, inklusive der Tatsache, dass meine Mutter nicht mehr lebte.

Tone und ihr Bruder John tanzten an uns vorbei und riefen, «Olé! Ihr zwei seid so niedlich zusammen! Ihr seid bestimmt schon eine ganze Zeit lang zusammen, oder?!»

«Das ist unser erstes Date», sagte Andy und drückte meine Hand, zog mich wieder an sich heran und legte sein Kinn für einen kurzen Moment zwischen den Songs auf meinen Kopf. Die Nacht endete mit einem einzigen lieblichen Kuss bevor ich ins Taxi stieg.

Andy und ich gingen danach auf ein paar Dates. Wir trafen zu Mittag auf dem Campus und konnten auch beim Schlange stehen das Flirten und Küssen nicht lassen. Eine der Kassiererinnen neckte uns, «Aw, look at you. Ihr zwei seid einfach zu niedlich.»

«Vielen Dank, ma'am», erwiderte Andy ohne seine Augen von mir abzuwenden. «Ich hab echt Glück gehabt.»

Er hatte wirklich nicht das Geringste mit jedem anderen, den ich je gedated hatte, gemeinsam. Er zeigte sich allen gegenüber liebenswürdig und bescheiden und nahm auf meine Gefühle und Gedanken Rücksicht, gab mir das High, das ich seit Jahren suchte. Ich konnte nicht glauben, jemanden wie ihn endlich gefunden zu haben, «Vielleicht bist du ja nur so nett, weil du eins von zehn Geschwistern bist.»

Er zwinkerte mir zu, «Wie hätte ich das sonst überlebt?»

Ich hatte gerade erst eine richtig kranke Beziehung mit einem anderen Filmstudenten hinter mir und sehnte mich so sehr mit jemandem wie Andy, der es immer gut mit mir meinte, zusammen zu sein. Er lud mich auf ein romantisches Dinner bei einem Italiener in Lake View ein, nicht unweit von Wrigley Field, wo wir stundenlang quatschten und uns Hals über Kopf ineinander verliebten – oder zumindest dachte ich das.

Wir gingen an dem Abend noch zu ihm und es kostete mich jedes Quäntchen Selbstkontrolle, mich ihm nicht vollständig hinzugeben. Innerlich schrie ich, aber äußerlich gab es nur ein gehauchtes, «Ich möchte dieses Mal alles richtig machen.»

Ich mochte ihn zu sehr. Als ich wieder aufwachte, prasselte der Regen gegen das Fenster direkt über seinem Bett und verkündete den angebrochenen Morgen. Er hielt mich in seinen Armen und meinte mit sanfter Stimme, «Weißt du, es gibt keinen Ort auf der ganzen Welt, an dem ich jetzt lieber wäre.»

Keiner von uns beiden musste früh zur Uni ... auch war ich nie so dankbar für die Umarmung eines anderen gewesen. Ich wusste ja nicht, dass sie nur geliehen war. Der leichte Chicago Herbstschauer wurde zu einem ausgewachsenen Regenguss und wir schliefen beide wieder ein. Irgendwann mussten wir uns dann doch auf den Weg zur Uni machen und mit einem Kuss versprach er mir, «Babe, ich schulde dir einen ganzen Regentag im Bett.»

Wiederwillig schälte ich mich aus den Federn, um mich wieder anzuziehen und stolperte dabei über eine Zeichnung, die auf den Fußboden gefallen war. Es war das Portrait eines richtig hübschen Mädchens und ich bekam ein seltsames Gefühl im Magen. «Andy, Ich wusste gar nicht, dass du Zeichnen kannst?»

«Wie kommst du denn darauf? Ich kann Strichmännchen und das war's.»

«Aha? Und wer ist dann das hier? Wo kommt das her?»

Ich hielt ihm die Zeichnung hin.

«Oh, das? Das ist ein Selbstporträt?» Seine Stimme ging am Ende des Satzes hoch, als sei er sich nicht ganz sicher.

«Hm, versteh ich nicht.»

«Verstehst was nicht?»

«Warum sollte dir irgendein Mädchen ein Bild von sich geben?»

Das beständige Klopfen der Regentropfen gegen die Fensterscheibe erzählte mir alles, was er nicht konnte oder wollte.

«Andy? Wer ist das?»

«Meine Freundin hat das gemacht ...»

«Das ist doch jetzt nicht dein Ernst, oder? Deine Freundin?»

Wieder sprach das Unwetter für sich. Ich suchte so schnell es ging meine Sachen zusammen und rannte hinaus in den Regen.

Schon kurze Zeit nach der plötzlichen Trennung von Andy, vermisste ich ihn mehr, als ich aushalten konnte und ich rief ihn letzten Endes an. Er willigte ein, sich mit mir auf dem Campus für eine Tasse Kaffee zu treffen. Der Kontrast zwischen seinem grünen und seinem blauen Auge fiel mir an diesem Tag weniger deutlich auf. Er gab zu, «Ich weiß, ich hätte 's dir sagen sollen. *I'm so sorry*.»

«*What*? Wie konntest du mir das antun? Ich hab wirklich geglaubt, dass du endlich der Richtige bist und du ... Für dich muss das ja alles ein riesen Spaß gewesen sein!»

«*No! I just* ... ich wollte einfach nur mit dir zusammen sein.»

«Aber wie denn?»

Ich wollte voller Verzweiflung, dass er wieder zu meinem Leben gehörte, nach nur ein paar Tagen des Stillschweigens. Ich brauchte mehr von dem, was wir miteinander geteilt hatten, ich war auf den Geschmack gekommen und konnte nicht sein ohne zu wissen, dass er mich auch wollte – selbst wenn ich mich bis zur Unkenntlichkeit verstellen musste. Ich wollte wissen, «*Well* ... Naja, vielleicht ... kannst du uns ja beide daten?»

«Versteh ich nicht. Was meinst du damit?»

«Du schuldest mir einen Regentag!»

Der Boden tat sich auf und das Lachen der letzten Tage und Wochen verschwand. Donner grollte die Hochhausschluchten hinunter und der Regen fing von vorne an. Wir saßen uns beide von der Stille bedrückt gegenüber bis wir Tränen in den Augen hatten. Andy rettete uns beide: «*I'm sorry*. Ich kann das nicht. Ich wüsste nicht, wie das gehen soll.»

Bis ich endlich zur Chicago Hochbahn gelangte, war ich bereits durchnässt und meine Haare trieften. Ich konnte meine Tränen nicht länger unterdrücken, hoffte, dass es nicht weiter auffiel und schimpfte auf der Zugplattform vor mich hin, «*Fuck you, rain! Nobody needs you now!*»

Andy war der einzige Typ, mit dem ich mich je traf, der nicht einmal zu bemerken schien, dass wir nicht die gleiche Hautfarbe oder Background hatten. Für eine gewisse Zeit wirkte er genauso bedingungslos in mich verschossen, wie ich in ihn. Ich erhaschte mein Spiegelbild im Zugfenster und fragte mich, *Wer bist du eigentlich? Was wenn er dem Ganzen zugestimmt hätte?*

Danach gab es nur noch Jungs, Alkohol, Tabletten und Zigaretten, gelegentlichen Sex und Essen. Ich war ein Egel der immer nur schrie, „Mehr! Mehr!“ Ich vermischte *Uppers und Downers* (Antidepressiva, Schmerztabletten und Fusel) mit völliger Gleichgültigkeit. Bis ich eines Nachts in meinem Apartment in Wicker Park ein Messer an meine Pulsadern setzte. Einer der Typen, den ich regelmäßig sah, hatte nachdem wir miteinander intim waren, Schluss gemacht. Nach einigen Drinks und Pillen schien dies das logische Ende nach einem richtigen Scheißtag zu sein. Die Mars Volta Platte von meinem Mitbewohner drehte sich immer noch auf dem Teller, obwohl von ihm selbst keine Spur war und das Rauschen und Knacken aus den Lautsprechern verstärkte meine Selbstkritik, «Ich *hasse* dich. Weißt du, wie sehr du mich anwiderst? Ich halt 's einfach nicht mehr aus.»

Das Messer wollte mich beim besten Willen nicht schneiden und ich befand mich plötzlich an einem Ort, an dem ich einen Gott, an den ich nicht vollends glaubte, anflehte, «*Fuck*! Warum kannst du mich nicht einfach sterben lassen?»

Meinem katholischen Verständnis nach gab es nur eine Endstation für Leute wie mich und die Hölle war der einzige Ort, der noch schlimmer als Chicago gewesen wäre – egal wie allein und verletzt ich war. Ich brach zusammen, flehte diesen weit von mir entfernten Gott um Gnade an – falls man diese bekommen konnte – dass er mir dieses Leben, das ich leidenschaftlich hasste, nehmen würde. Ich ärgerte mich ungemein, dass all mein Betteln unbeantwortet blieb und rief, «Was für ein sadistischer Witz ist das hier? Warum hast du meine Mutter geholt und zwingst mich hier zu bleiben.»

*

Eine meiner Professorinnen an der Columbia war auch deutsch-afroamerikanisch und es faszinierte mich, einer Frau zu begegnen, die mir eine ungefähre Idee davon gab, wie ich mit Anfang 30 aussehen könnte. Rachel hatte kurze, dunkelblonde Locken, blonde *Curls*, hellbraungrüne Augen, perfekte Zähne und eine samtige Stimme, die an Halle Berry erinnerte. Ich hatte eine Zahnspange, lange dunkelbraune Locken, die sich wie ein stoischer Vorhang anfühlten und zu viel Speck auf den Hüften. Rachel wirkte als sei es ihr gelungen sich dem Druck zwischen den Farbwelten entzogen zu haben, aber ich verstand nicht wie. Ich hielt ihre Stärke und Entschlossenheit für unerreichbar.

Mit der Zeit lernten wir uns ein wenig besser kennen. Ansatzweise hatte ich jemanden gefunden, an der ich mich etwas orientieren konnte. Sie riet mir, «Es wird immer Leute geben, die versuchen werden dich zu bedrängen eine Seite auszusuchen. Einige von ihnen werden versuchen, das was sie in dir sehen auszunutzen oder werden es dir übel nehmen, dass dein Aussehen etwas „verträglicher“ ist für die, die keine Veränderungen in den Farbwelten mögen.» Ich hatte keinen Zweifel daran, dass sie von den *Gatekeepers* sprach, jenen Menschen, die auf Menschen wie Rachel und mich herabsahen, weil wir uns trauten, geradezu dafür geschaffen waren, auf den Trennwänden zwischen den Farbwelten zu tanzen. Nicht, dass es sonst niemand konnte ... ich glaube wenn wir erstmals einen inneren Kompass entwickelt haben und uns dazu entscheiden, ihm zu folgen, können wir das alle. Ich selbst wusste noch nicht, ob ich es tun würde.

«Clarissa, *trust me*. Du musst immer du selbst sein», sagte Rachel und schaute mir fest in die Augen.

Ich horchte in mich, *Und wer genau ist das bitte?*

Das College-Leben in Chicago fing endlich an besser zu werden, als ich anfing in einem deutschen Schuhladen zu jobben. Die Besitzerin war ursprünglich aus Deutschland und die Tatsache, dass sie Chicago zur Wahlheimat gemacht und dies auch überlebt hatte, machte mir Mut.

Eine der Stammkundinnen war eine deutsch-polnische Amerikanerin. Katrina und ich freundeten uns schnell an und sie bot mir schon bald darauf an, bei ihr und ihrer Familie zu wohnen, um besser über die Runden zu kommen. Katrina wohnte mit ihrem Mann und dem jüngsten dreier Kinder in einem der gut betuchteren Stadtteile Chicagos – das Leben in Wilmette fiel anfangs so leicht. Katrina brachte mir bei, wie man anständig Wäsche macht, die Kochwäsche weißer bekommt und welchen Wert es hat die Hausarbeit untereinander aufzuteilen. Ihr zuzuhören war ungefähr so, als erzählte sie mir von den Gepflogenheiten einer schwererreichbaren Zivilisation, «Das gehört sich einfach so, wenn man zusammen lebt. Jeder muss seinen Beitrag leisten.»

Wir gingen manchmal in ihrem Club schwimmen oder fuhren für ein langes Wochenende in ihrer Strandvilla nach Holland, Michigan. Ich hatte noch nie mit jemandem, der so reich war zu tun. Ich genoss die gesunden Mahlzeiten, die uns nach Möglichkeit alle zusammen an den Tisch brachten, genau wie das Glas frische Milch und Schokokekse nach dem Abendessen. Meine Studentenkost aus Cornflakes und Nudeln hing mir längst zum Hals raus; ich trank und rauchte sogar weniger. Was aber nicht hieß, dass ich Gefahr lief ganz damit aufzuhören. Oft plauschten Katrina und ich während wir die letzte Zigarette des Tages auf der Veranda rauchten – mal mit Blick auf Lake Michigan, mal unter der ausladenden Buche im Vorgarten. Katrina war vehement, «*You see*, egal worum es geht – zu viel sollte man sich nie gönnen, egal ob Alkohol oder Kekse.» Sie zeigte auf meine Hüften, «Beim Schwimmen ist mir aufgefallen, dass du da unten ganz schön in die Breite gehst.»

Die Abläufe im Haus waren minutiös strukturiert, allem eine bestimmte Uhrzeit angedacht: Hausarbeit, Wäsche, Kochen, Schule, Arbeiten, Gartenarbeit und Familienzeit. Katrina und ihr Mann hatten alle ihrer drei Kinder adoptiert und trotz der ungewohnten Strukturen fühlte ich mich wie das vierte im Bunde. Mich endlich mal nicht um Essen oder Miete sorgen zu müssen, mich nicht mehr zu wundern, warum meine eigene Familie mich nicht kennenlernen wollte, machte den Sommer zum Besten seit Langem. Katrina hatte gerade eine mehrere Millionen Dollar teure Stadtvilla im South Loop Chicagos fertig stellen lassen und weil sie noch nicht bereit war umzuziehen, wohnte solange ihre älteste Tochter dort und für das Sommersemester sollte ich ihr Gesellschaft leisten. Katrinas Tochter war eine selbstbewusste und kühne junge Frau, die Economics und Italienisch an New Yorks Columbia College studiert hatte. Sie brachte mir bei, wie man in der City mit Kleid und Helm bekleidet Roller fährt und, vor allem, wie man die Dampfsauna in meinem en-suite Badezimmer bediente. Sie stellte mir die Musik von Sufjan Stevens vor und schleppte mich mit auf die Chicago Market Days und die Pride Parade.

Ich liebte es mir wahlweise das Rad oder die Rollerskates zu schnappen um ans Seeufer Lake Michigans zu fahren, der praktisch vor unserer Haustür lag. Einmal im Monat schlossen wir uns der *Critical Mass* an und fuhren während der Rush Hour am Freitagabend mit dutzenden von Radfahrern als geschlossene Gruppe durch die Straßen Chicagos, um ein Bewusstsein für unnötige $CO^2$-Belastung zu schaffen. Wir gingen ins Open-Air Kino im Park gegenüber oder zum Jazz-Brunch Sonntagvormittags im winzig kleinen Café des vietnamesischen Museums. Ich fing an abzunehmen, weil ich besser aß und aktiver war und meine Sommerkurse an der Columbia machten sich wie von selbst.

Zu der Zeit sah ich nicht viel von meiner Cousine Marie und ich zog es vor in Downtown zu bleiben. Wenn ich es doch mal schaffte sie zu besuchen, irritierte es Katrina immer etwas davon zu hören, besonders dann, wenn ich mit zur Kirche gegangen war. Sie zuckte mit den Schultern, «Jeder so, wie er mag ... ‚*To each his own*' wie die Amerikaner sagen.»

Sie hielt offensichtlich nicht viel von Religion oder Glauben. Nicht, dass ich das tat, aber vollkommen dagegen war ich auch nicht. Ihr Mann ging sporadisch zu einer katholischen Kirche an der Straßenecke ihres Hauses in Wilmette, aber ich ging nie mit. Ich zog es immer noch vor mit Katrinas Ältesten und ihren Mädels um die Häuser zu ziehen und kümmerte mich nach wie vor wenig um die Wechselwirkungen mit meinen Antidepressiva.

Im kommenden Herbst sollte ich meinen Abschluss an der Columbia machen und überlegte, ob ich nach dem Studium nach New York oder Los Angeles ziehen sollte. Es war die Standardfrage für Schauspielstudenten: Theaterkarriere in New York oder zum Film nach L.A.? Auch hier gab es „Trennwände“: die ernsthaften Schauspieler, die die's wirklich drauf hatten, zogen aus, um die Bretter, die die Welt bedeuten, in New York zu erobern. Die anderen machten das, was ihre Eltern ihnen rieten oder ließen deren Albträume Wirklichkeit werden und zogen nach Hollywood – Heimat der Plastikmenschen, der unechten und oberflächlichen.

Wenn ich mich für L.A. entschied, so hätte sich ein Teil von mir so gefühlt, als hätte ich dieses Klischee und alles Schlechte, was mir je nachgesagt wurde, ein Stück weit bestätigt. Ich erinnerte mich zurück an den Tag, an dem ich vor meinem Fernseher in Deutschland saß. Ich war höchstens sechs Jahre alt und schaute mir einen Beitrag zu den Oscars an und wusste, was ich werden wollte. Ich hatte aber nie den Mut es, wenn mich mal jemand danach fragte, was ich mal werden wollte. Hätte Omi noch gelebt, hätte sie gewollt, dass ich die Apotheke übernahm.

Es gab so viele Mädchen, die Schauspielerin werden wollten und mir fiel auf, dass ich mit ihnen so viel gemeinsam hatte, wie mit den blonden Mädchen in meiner Ballettklasse in Deutschland als ich acht war.

Damals konnte ich nicht in Worte fassen, was mein kleines Herz durchmachte, kannte keine der Labels, die wir heute benutzen würden, aber meine Seele verstand, dass die Kindheit ein Ort war, wo meine Träume erstickten.

Als Kind war ich zu körperlichen und ausdrucksstarken Aktivitäten hingezogen gewesen, fühlte mich dabei lebendig und ich war gut darin. M.J. und ich probierten alles aus, Reiten, Voltigieren, Schwimmen, Tennis, Basketball, Judo ... Ich tanzte damals liebend gern und wie viele kleine Mädchen dachte ich daran Ballerina oder Model zu werden. Aber anders als die zierlichen deutschen Mädchen im Ballettunterricht, sah ich nicht so aus wie auf den Bildern, die wir kannten und war so von mir enttäuscht, dass ich mich nicht traute meinen Träumen nachzugehen und begann sehr befangen zu werden. Ich bekam mit, wie mein älterer Bruder auch zu Übergewicht zu neigen schien und wie ihn seine Mannschaftskollegen hänselten. M.J. schien immer das zu tun und anzunehmen wozu er Lust hatte, egal was andere davon hielten. Er ging unbeirrt durch seine MC Hammer und Mr. T-Phase bevor er sich von Mama oder mir Sachen „auslieh“, die wir danach in die Tonne kloppen konnten. Ich fand nie heraus, ob er sich je in seiner dunkleren Haut unwohl fühlte, war extrem genervt von seinen ständigen Selbstversuchen und dass oft ein Shirt oder Rock plötzlich vollkommen ausgeleiert wieder im Schrank lagen, bewunderte aber, wie er immer auf den Füßen zu landen schien.

Bei meiner letzten Tanzaufführung war ich schätzungsweise fünf Jahre alt. Für diesen Tanz mussten wir alle um einen übergroßen Kochtopf im Kreis laufen und schlugen gelegentlich Purzelbäume, als ein Dschungeltourist, der sich verlaufen hatte als Hauptmahlzeit hereingeführt wurde. Ich hatte mich so darauf gefreut, dass meine Mutter kam, um mir beim „tanzen“ zuzusehen – bis unsere Lehrerin uns die Kostüme präsentierte. Sie brachte uns schwarze lockige Perücken und sehr dunkle braune, fast schwarze Gesichtsfarbe und raschelnde Strohröcke, die wir über unsere schwarzen Einteiler ziehen sollten. Ich wollte eine Primaballerina sein, keine Wilde und während sich die Kinder munter die Gesichter vollschmieren ließen, blieb meins so wie es war. Die Vorführung endete für mich, als ich irgendwann vollkommen verwirrt von der Bühne rannte.

Ob es ums Tanzen ging, die schnellste der Klasse beim Sprinten oder der Captain meines Basketball Teams zu sein – wann immer ich etwas besonders gut konnte, gab es immer jemanden, der das sofort damit in Verbindung brachte, wie ich aussah, bzw. auf die Herkunft meines Vaters. Als Kind warf das, glaub ich, keine Fragen auf, die ich hätte formulieren können und ob es jemanden gegeben hätte, der mir hätte helfen können, über den Dingen zu stehen und trotzdem das zu machen, was ich liebte.

Ich wurde über die Jahre immer mehr befangen bis ich irgendwann alles aufgab, worin ich überdurchschnittlich gut war. Keiner meiner Siege schien je damit in Verbindung zu stehen, wer ich wirklich war oder welche Fähigkeiten und Talente ich hatte, sondern damit, wie die Leute mich in Momenten der Anerkennung sahen. Unbewusst musste ich entschieden haben, nichts mehr besonders gut zu machen weil alles, was dann ins Scheinwerferlicht geriet, meine Hautfarbe war.

Mit dieser Verletzung und negativen Verträgen mit mir selbst ging die Frage, wo ich nach meinem Abschluss hingehen würde nicht nur um die Location, sondern es galt zu entscheiden, wie ich nachher gesehen werden würde und ob ich damit einverstanden war Stereotype zu repräsentieren. Weder die Welt des Theaters, noch die von Film und Fernsehen boten Rollen für ethnisch uneindeutige Charakter-Darsteller. Geschweige denn für jene, die sich weder 100%tig amerikanisch anhörten, noch attraktiv genug waren, um von dieser Tatsache abzulenken.

Für Katrina war die Angelegenheit natürlich viel simpler. Die meinte, ich solle in Chicago bleiben und jobben, um den Berg an Studienkrediten abzuarbeiten, dies sei die offensichtlichere Wahl. Aber ich wollte davon nichts wissen und wünschte mir, diese zauberhafte Zeit des Luxus und Leben der oberen Zehntausend würde nie zu Ende gehen.

Ich freundete mich auch mit Katrinas Nachbarin, Simone an. Sie war eine bildschöne, hellhäutige afroamerikanische Lady um die Fünfzig. Elegant, kultiviert und steinreich – so reich, dass ich fast automatisch an *Oprah* denken musste. Wir machten zusammen Besorgungen und gingen zu Geschäften, die ich alleine nie besucht hätte, weil ich mir dort nichts leisten konnte. Man fragte uns, «Sind sie Mutter und Tochter?»

*Vielleicht wäre ich dann nicht so eine Katastrophe geworden? Sie hätte bestimmt dafür gesorgt, dass meine Frisur am Foto Tag immer gut aussah. Vielleicht würden mich dann die Schwestern von meinem Dad auch mögen?*

Vier Jahre waren vergangen seit ich mich in Neuseeland verliebt hatte, fünf seit Mama gestorben war. Das erste Mal seit ich Wellington verlassen hatte, fühlte ich mich durch die Unterstützung, die ich in Katrinas Familie fand „okay“. In vielerlei Hinsicht bewunderte ich diese deutsch-polnische Amerikanerin und liebte es, gelegentlich als viertes Kind bezeichnet zu werden. Ich genoss es, einen Eindruck des sorglosen Lebens zu bekommen, aber gegen Ende des Sommers sollte sich schon wieder alles ändern.

Ich hatte mir mal wieder von Katrinas Ältesten das Fahrrad geliehen, um damit die paar Blocks zur Uni und zurück zu fahren. Als der Unterricht vorbei war, musste ich feststellen, dass sich das Rad einfach nicht mehr richtig fahren ließ, plötzlich kaum noch schalten wollte und meine *Story* fiel auf taube Ohren. Ein paar

Tage später lieh ich mir Katrinas Audi und fuhr in der Nähe der Schokoladenfabrik durch eine Baustelle, aus der ich mit zwei platten Reifen wieder raus kam. Ich schaffte es nicht einmal zur Uni und nachdem ich Katrina informiert hatte, kam der Abschleppdienst ihres Autoclubs, um den Wagen in die Werkstatt zu bringen. Als ich nach Hause kam, war Katrina fuchsteufelswild und bestand darauf, dass der Typ in der Werkstatt ihr gesagt hatte, die Reifen seien regelrecht aufgeschlitzt worden. Außerdem ließ ich den Roller aus Versehen fallen, zerbrach eine der Lieblingstassen der Tochter, während ich gedanklich bei einer Karriere in L.A. war ... plötzlich brachte ich allen nichts als Ärger.

Trotzdem durfte ich mitkommen als Katrinas Mann uns zu einer Rundfahrt auf einer Yacht auf dem Lake Michigan mit seinen Partnern und ein paar Angestellten einlud. Mein Verhältnis zu meiner „Adoptiv Familie“ sollte bald auf die Zerreißprobe gestellt werden. Einer der Gäste war äußerst gut aussehend, charmant und überaus nahbar. Wir unterhielten uns ganz entspannt und ich befand meine erste Fahrt auf einer Yacht als Erfolg. Die meisten der Gäste begleiteten uns im Anschluss zur South Loop Villa für eine kleine Soiree und ich mischte mich weiter munter unter das Volk. Katrina ermahnte mich mit gedämpfter aber vehementer Stimme, «Ich würde sagen, du hast schon genug getrunken. Ich habe dich beobachtet.»

«Ich hab eigentlich–»

«–*Oh, don't give me that crap.* Sparen wir uns das. Pass lieber auf, dass du uns nicht blamierst.» Sie nickte kurz in Richtung des gutaussehenden Mannes. «Du weißt schon, dass meine jüngere Tochter ihn interessant findet?»

Sie stürmte aus dem Zimmer und für den Rest des Abends versuchte ich außer Sicht zu bleiben. Wenn sie mit den wichtigeren Gästen und ihrem Mann oben auf der Dachterrasse war, gesellte ich mich zu den Leuten, die unten auf dem Balkon standen. Winzige Gartenlichter entlang der eisernen Reling verrieten nichts von dem, was passiert war und der Duft der Hibiskus Bäume lag in der abendlichen Luft. Ich ertastete die fast samtigen Blätter einer Blüte und atmete tief durch, als mich eine Männerstimme von hinten überraschte, «Eine wunderschöne Nacht in der City.»

Ich drehte mich um und schaute dem Mann, der mittlerweile zur verbotenen Frucht geworden war, mitten ins Gesicht. Er reichte mir ein Glas Champagner, «Ich dachte ich hätte dich nach der Cruise mit der Yacht verloren.» Er schenkte mir ein ansteckendes Lächeln. «Ich heiße übrigens Grant.»

«Aha, Geheimnis gelüftet. Ich hatte gehofft, du würdest früher oder später hier unten auftauchen.»

«Hoffentlich hab ich dich nicht zu lange warten lassen?»

Ich hing an jedem seiner Worte, das ihm über seine Lippen kam und Grant stellte sich neben mich an die Reling. Gelegentlich berührte er wie zufällig meinen Arm oder meine Taille. Ein kurzer Gedanke an Katrina leuchtete mir ein und verblasste wieder und ich kicherte mädchenhaft über was auch immer Grant sich gerade begeisterte.

Er schlug vor, « Wie wäre es mit einem Spaziergang?»

«Einem Spaziergang?» Ich spielte mit. «Warum nicht.»

Betrunken vor Begeisterung einer heißen Sommernacht in Chicago schafften wir es kaum, bis um die nächste Straßenecke. Seine Küsse ließen mich schnell vergessen, dass ich Katrina nicht länger zu gefallen wusste und jedes bisschen seines Verlangens nach mir verwarf jeglichen Gedanken an L.A., meine Vergangenheit und all die Sachen, die ich an mir hasste – Fehler und Langzeitprobleme inklusive.

Es war die erste Nacht, in der ich mir wünschte, ich müsste nicht in die schöne Villa im Loop zurückkehren, aber ich war mir sicher, Katrina würde meine Abwesenheit nicht lange dulden. Grant und ich gingen danach auf ein Frühstücksdate und dabei sollte es bleiben.

Kurz darauf entschied Katrina, ihre Ältesten vor meiner *Bahn der Zerstörung* in Sicherheit zu bringen und ich zog zurück nach Wilmette für unser Grand Finale: Ich hatte sehr spät arbeiten müssen und hatte so das Abendessen verpasst. Als ich nach Hause kam, saß Katrinas Mann am Küchentisch, hatte immer noch seinen altmodischen Anzug und Krawatte an und seine Lesebrille um den Hals. Er schaute die Nachrichten auf dem kleinen schwarz/weiß Fernseher auf dem Tisch und bediente sich an dem, was Katrina vorgekocht hatte und einer Flasche Wein. Ich lehnte ab, aber er bestand darauf, dass ich zumindest etwas mit ihm aß. Er hatte bereits deutlich mehr Wein als Essen zu sich genommen und als ich mir seinen hervorstehenden Bauch so ansah wusste ich instinktiv, dass es Katrina nicht erfreuen würde, falls sie mich beim Essen mit ihrem Mann erwischte.

Ich stopfte mir schnell ein paar Bissen in den Mund, um in Ruhe gelassen zu werden und in mein Zimmer zu gehen und genau in dem Moment stand Katrina plötzlich in der Tür. Kein Wort kam aus ihr heraus. Ich entschuldigte mich für den Abend und ging nach oben. Am nächsten Morgen las sie mir dann die Leviten, « *How dare you?* Wie kannst du es wagen, dich mit 'ner Flasche Wein und meinem Mann hinzusetzen, um das Abendessen zu genießen, für das ich mich abgeschuftet habe?»

Es folgte eine Zusammenfassung all der Dinge, die kaputt gegangen waren. «Was stimmt eigentlich nicht mir dir? Du machst einfach alles im Haus kaputt! Erst schlitzt du mir die Reifen auf und jetzt das! Du scheißt einfach auf jede Möglichkeit, die wir dir anbieten. Was sag ich da? Nicht nur auf deine, die von meinen Töchtern auch!»

«Von deinen Töchtern?»

«Was bildest du dir ein, dass du einfach mit einem Mann ausgehst, an dem meine Tochter interessiert ist? Und wofür? Um wie wilde Tiere rumzumachen? Geht wenigstens außer Sichtweite.»

Mir fiel die Kinnlade runter. Dann schoss ich zurück, «Ich mochte diesen Mann und er mochte mich auch, weißt du! Meinst du nicht er kann selbst entscheiden, wen er lieber mag?»

«Mach dich nicht lächerlich!»

Mir drehte sich der Magen um und mir wurde bewusst, dass es nichts mehr zu sagen gab.

Ein paar Tage später erzählte ich meiner Cousine Marie, was passiert war und sie bot mir an, wieder bei ihr und Royal einzuziehen. Auch sie stellte mich auf die Probe. «*You know* ... Du weißt schon, dass unsere Tanten spekulieren, oder?»

«Spekulieren? Worüber denn?»

«*Well*, sie fragen sich, warum du nach all den Jahren in Deutschland immer wieder hierher zurückkommst? Vielleicht willst du ja Geld oder vielleicht bist du ja hinter Royal her ... sagen sie.»

«Wow! Das ist doch nicht dein Ernst? Was hab ich je einer von ihnen getan? Du hast ihnen gesagt, dass das albern ist, oder?!»

Es sah also ganz so aus, als wäre Chicago vollkommen fertig mit mir, war es vielleicht schon immer gewesen, und irgendwie hatte ich mittlerweile selbst genug von ihr. Ich fand einen Job und ein Zimmer zur Miete in Santa Monica und hoffte, dass meine Kindheitsträume endlich wahr würden. Ich machte meinen Abschluss und zählte die Tage bis zu meinem Umzug nach Kalifornien.

Meine Cousine war mittlerweile zu einer internationalen ökumenischen Kirche gewechselt und erzählte mir ständig wie vielfältig die Gemeinde doch war und dass ich unbedingt einmal mitkommen musste. Als sie sagte, wir würden anschließend mit Pfannkuchen und Bacon Frühstücken gehen, gab ich nach. Der Typ, der das Podium umkreiste, erinnerte mich an eine Art iranischen Pierce Brosnan und redete von Heiligen und irgendeinem Salz. Er sagte, «Soll ich dir erzählen warum du hier bist? Du bist hier um Salz zu sein – der Geschmacksverstärker, der die göttlichen Empfindungen auf dieser Erde zum Vorschein bringt. Wenn du deine salziges Aroma verlierst, wie sollen die Menschen

Göttlichkeit erfahren? Ihr seid dazu berufen einen Unterschied zu machen, Leute.»

Ich schaute im Raum umher und war erstaunt zu sehen wie aufmerksam ihm alle zuhörten, applaudierten und ihm sogar Antworten zuriefen. Ich interessierte mich mehr dafür, ob dieser Typ verheiratet war. Von ein paar Kursen an der Columbia abgesehen war dies das erste Mal, dass ich in einem Auditorium voller Menschen saß, die so vielfältig waren, dass ich theoretisch überall auf der Welt hätte sein können. Afroamerikanische ältere Damen mit großen Hüten, weiße Männer mit maßgeschneiderten Anzügen, asiatische Familien, Grüppchen von Teenagern mit hoch gegelten Haaren und Zahnspangen, afrikanische Männer mit edler, farbenfroher Tracht – sie alle waren gekommen, um derselben Stimme zuzuhören. «Es war nie so gedacht, dass du ein fades Leben führst, oder eins das Tag ein, Tag aus schmeckt wie japanische Ramen-Nudeln und saurer Wein. Lasst euch nicht von Sorgen unterkriegen bis ihr vollkommen vergesst, wer ihr seid. Erlaubt es euren Problemen nicht, euch eures Geschmacks zu berauben.»

Sie beteten alle zusammen und ich musste an meine letzten Tage in Wellington zurückdenken – an das kleine Mädchen, das gestolpert und gefallen war. Ich sah sie vor mir knien, wie sie dort mit ausgestreckten Armen erwartete, dass ihr Dad auftauchen und sie retten würde. Plötzlich fiel mir wieder all das ein, was in meinem Leben schiefgelaufen und immer noch schrecklich war; der Schmerz, die Angst und der Verlust, verbale und körperliche Übergriffe, der durch mich betriebene Raubbau an meiner Gesundheit, die Einsamkeit, der fehlende Vater und die verrückten Tanten; die Abscheu vor mir selbst und die Hoffnungslosigkeit, die klaffenden Löcher in mein Herz gerissen hatten und nichts – keine Drinks, kein Essen und kein Mann – vermochten je diesen zeitlosen Abgrund aufzuschütten. Egal wie sehr ich mich darum bemühte. Mein Herz schlug so schnell, dass ich dachte, es würde jeden Moment den Geist aufgeben.

Tausende von Kilometern war ich gereist, war davongerannt, tausende von Lügen schossen mir durch den Kopf, bis sie mir selbst über die Lippen kamen, nach tausenden von Drinks und Zigaretten, Pillen und Partys, bedeutungslosem Sex, Depression und ständiger Zurückweisung, entschied ich mich, meine Arme ein letztes Mal hoch zu heben und betete mit dieser bunten Truppe und dem *007-Style*-Pastor. Endlich wurde alles still. Kein Fiepen oder Summen, keine Glaskuppel, keine ohrenbetäubenden Lügen oder Schmerz mehr.

*Wie ist das möglich?*

Frieden legte sich auf und um mich, durchtränkte mich und gab mir die innere Gewissheit in Geist und Seele, dass die Dunkelheit und Höllenfeuer, das ich erlebte, nie für mich bestimmt gewesen waren. Klar, ich war in die große weite Welt hinausgestolpert, durch Deutschland, Europa, Neuseeland und Teile der USA. War, wo ich auch hinkam, gestürzt. Und doch, nach all den Jahren der Enttäuschung, Ablehnung und dem unabänderlichen Gedanken, entweder nie genug oder viel zu viel für andere zu sein, bereit für einen neuen Anfang.

Die Augen meines Herzens öffneten sich und verstanden, dass selbst in den dunkelsten Momenten meiner Verzweiflung, jemand anders genau wusste, was ich durchmachte: er fing mich auf, als ich hörte, dass meine Mutter gestorben war, er reiste mit mir durch ganz Neuseeland, seine Gegenwart brach durch das Dach meines Mietwagens, um mich zu trösten, als mein Herz zu sehr weh tat. Er war sich nicht zu schade, mein Haar zu halten wenn ich mal wieder die Nacht damit verbrachte mein Klo in Chicago, Wellington, L.A. oder Soest zu umarmen. Er beschützte mich, wenn ich betrunken und allein durch die Straßen trottete, wusste, wo er mich finden konnte, wenn ich mal wieder durch ein Raster im Collegeleben gefallen war und verpasste keinen Regentag im Bett mit mir. Er stupste zärtlich mein Kinn, wenn ich von meinem Aussehen deprimiert war und Erinnerungen an Klassenfotos und Tanzaufführungen mich erdrückten. Er flüsterte Lieblichkeit in mein Herz hinein, als ich schon fast zu zerbrochen war, um ihm noch zuzuhören, «Du bist absolut zauberhaft und wunderbar gemacht. Du bist meine Tochter, du bist meine Braut, du ist meine Geliebte, mein Zuhause, meine Liebe, mein Verlangen und ich bin deins.» Die wahre Liebe, wie sich jetzt zeigte, war immer zum Greifen nah gewesen.

# 12. Boulevard geplatzter Träume

Drei Jahre hatte ich in Chicago verbracht und bereitete mich darauf vor ein neues Kapitel meines Lebens in den Staaten als College Absolvent aufzuschlagen. Ich hatte ein Einkommen, Krankenversicherung, bezahlten Urlaub und eine nette Mitbewohnerin in Santa Monica, Kalifornien. Endlich stand ich in der „*Real world*“, dem wahren Leben. Das Collegeleben mit seinen Plünderattacken und Totalschäden hatten sich bereits sehr *wahr* angefühlt, genau wie die Spannung zwischen den Farbwelten. Ich war mir nicht sicher, ob ich noch sehr viel mehr *Realness,* die volle Dröhnung aus dem Erwachsenenleben vertragen würde.

Die Arbeitswelt wirkte auf mich wie ein Ort, an dem alles außer der Realität diskutiert wurde. Die Leute in L.A. waren zu ausgepowert oder zu beschäftigt, um sich noch ein weiteres Päckchen aufzuladen, und sei es auch noch so klein. Besonders dann, wenn die Angelegenheit außerhalb der regulären Arbeitszeit stattfand – wann auch immer diese im Einzelnen stattfanden.

«Mann, ich hab keine Kapazität», wiegelten Politik und soziale Agenda ab.

Jeder pochte immer darauf Toleranz entgegengebracht zu bekommen – und das ungeachtet dessen, ob die verteidigte Meinung vernünftig war oder nicht. Für jemanden, der in Europa, dem Geburtsort einiger großer Denker und Künstler wie Beethoven und Brecht, aufgewachsen war, machte ein derart unreflektiertes Verhalten keinen Sinn.

Los Angeles war ein kolossales Trugbild: Es schien als hätte Gott Millionen von Seifenblasen ausgeatmet und diese tanzten nun eine wilde Choreograph. Wem ich auch begegnete, sie alle besaßen eine Blase mit ihrem Namen darauf, aber weil die Seife in der Sonne so flimmerte, konnte man ihn fast nie lesen. Man konnte nie mit Sicherheit sagen, ob die Menschen darin gefangen waren oder, ob sie zufrieden waren, wenn sie in ihren glitzernden Seifenblasen durch die Luft zu gleiten und dabei zu funkeln schienen wie ein typisch amerikanischer Weihnachtsbaum oder ein Billboard in Las Vegas.

Vor lauter Glitzern, Gepurzel und Dahintreiben vergaßen die meisten nur zu gern, dass tausende der Bläschen um sie herum verschlungen wurden oder platzten. Jede Minute, den ganzen lieben langen Tag lang gerieten Menschen in den Strudel der Obdachlosigkeit und strandeten auf den Palisaden, einem mit Palmen angelegter Grünstrich in Santa Monica. Jede Blase konnte schon im nächsten Augenblick zerplatzen und wenn es passierte, wischten sich die umherstehenden Menschen die Spritzer, die sie abbekommen hatten, aus dem Gesicht und wandten ihre Augen ab, als wäre nichts geschehen, als könnte es ihnen selbst nie passieren.

Seit ich 2004 in die USA gekommen war, landeten verschiedene Krankenhäuser in Los Angeles regelmäßig in den Schlagzeilen weil sie Obdachlose, die dringend weitere medizinische Zuwendung benötigt hätten, einfach Mitten in Skid Row, einem total verwahrlosten Teil der Stadt mit tausenden und abertausenden von Obdachlosen, abgesetzt hatten. CNNs Top Journalist, Anderson Cooper berichtete mehr als einmal über das Leid der Menschen und welchen Missständen sie ausgesetzt sind in seiner Show *60 Minutes*. Meldungen von Wiedergutmachungen und Entschädigungen gab es noch seltener. Aber einmal, so hieß es, wurde ein Krankenhaus in Montebello zu einer Geldstrafe in Höhe von $200,000 USD verdonnert weil der zivilrechtlichen Klage aufgrund von „*Patient dumping*", also dem Absetzen von zahlungsunfähigen Patienten an öffentlichen Plätzen, stattgegeben wurde. So veröffentlichte die Associated Press eine Story, in der das Los Angeles Police Department, einen besonders abgebrühten Vorfall zur Anzeige gebracht hatte: Ein Krankenhaus entledigte sich eines seiner Patienten, einem obdachlosen Querschnittsgelähmten, indem sie ihn mit einem ihrer ambulanten Fahrzeuge auf Skid Row „absetzten". Berichten zu Folge „ließen sie diesen Mann, dessen Krankenhaushemdchen von einem gerissenen Kolostomie-Beutel besudelt war, einfach auf der Straße krabbelnd zurück.»

Es wäre mir ein Leichtes gewesen, jedes Mal wenn ich an einem Bettler oder „Penner" in Santa Monica vorüberging, einfach mit den Achseln zu zucken und stillschweigend weiterzugehen. Manche von ihnen gaben einen beißenden, faulen Geruch von sich. Ganz so, wie die Menschen, die im Untergrund von Chicagos U-Bahnsystem lebten und sich weigerten ans Tageslicht zu kommen und lieber unterm Radar blieben und zwischen der roten und blauen Linie hausten. Als Studentin begegnete ich vielen von ihnen im Transit zwischen Rot und Blau ... dass sie dort lebten, bedeutete, dass sie dort *alles* machten. Kaum etwas sagt so viel über den Stand unserer Gesellschaft aus, wie eine mit Fäkalien beschmierte Wand.

Mein Dad war inzwischen abgetaucht. Meine letzten zwei Jahre am Columbia College hatte ich gar nichts mehr von ihm gehört ... *Was, wenn er jetzt auch tot ist? Hätte er sich nicht sonst mal gemeldet?* Solche Gedanken schossen mir durch den Kopf, als man mir meinen Bachelor of Honors in Chicago überreicht hatte... In Santa Monica entwickelte sich die Befürchtung, *Was wenn er auch irgendwo in der Straße liegt?* Ich sah schon die Schlagzeilen vor mir: „Schwarzer U.S. Veteran gestrandet in den Straßen Deutschlands."

Die Leute in L.A. und in den *Palisades* erzählten mir, dass die Obdachlosen regelmäßig mit Bussen über Santa Monicas Stadtgrenzen hinaustransportiert wurden, damit sie die Touristen nicht störten. Alles, was ich dazu finden konnte, war ein öffentliches Statement der Nationalen Koalition für Obdachlose: „Die Polizei von Santa Monica City transportiert jeden [Obdachlosen], der berauscht aufgefunden wird, in ein Ausnüchterungszentrum 5 Meilen außerhalb der Stadt, in Culver City." Ich fand auch heraus, dass die Zahl der Obdachlosen in L.A. jährlich zwischen 8,000 und 11,000 Menschen schwankt. Es ist die größte, stabile, obdachlose Bevölkerung in den USA wo tausende Busse, Taxis, Polizeiautos und Krankenwagen, die die geplatzten Träume und zerborstenen Seifenblasen zwischen den *Palisades* und Skid Row hin- und herbewegen.

Als ich 2002 das erste Mal in die USA flog, hatte ich nichts von schillernden Seifenblasen geahnt, oder von der ständigen Reibung zwischen den Farbwelten, dem starken Kontrast zwischen Reich und Arm oder dem Glamour, der alles zu vertuschen suchte. Alltagsprobleme, denen gegenüber Chicago bereits immun war, überforderten mich. Die vielen Menschen, die auf der Straße lebten, Armut, diskriminierende Politik und Ungerechtigkeiten verband ich nicht mehr nur mit Filmen oder Statistiken. Ich erlebte, wie die hauptsächlich von Afroamerikanern bewohnten Nachbarschaften in Chicagos Southside (wo die Familie meines Vaters lebte) nach einem Sturm einige Tage ohne Strom auskommen mussten. Die Lichter der North Shore in Katrinas vorwiegend weißer Nachbarschaft leuchteten noch in der gleichen Nacht wieder auf. Das absolute Horrorszenario für ein deutsches Mädchen, das gerade aus dem Flieger gestiegen war, wäre gewesen, wenn man mir kurz vorm Aussteigen die Augen verbunden und mich ohne Vorwarnung an der Ecke South Halsted und West 77th rausgelassen hätte – von einem Entwicklungsland unterschied sich der Anblick nicht.

Der Müll lag hier auf den Straßen und erinnerte daran, dass sich selbst zum Arbeiten niemand her traute. Wer hier umherwanderte sah nicht so aus, als hätte er oder sie ein bestimmtes

Ziel – ganz so, wie die leeren Pappkartons und Dosen, die die Straßen hoch und runter kullerten, bis sie irgendwann von einem Auto oder schwerem Fuß geplättet wurden. Dieser Teil der Farbmatrix war wie ein zwanghaft verschwiegener Appendix, der keinen Platz in der Realität Chicagos hatte. Nur in der Statistik existierte er als einer der ärmsten und am stärksten kriminalisierten des Landes. Die Menschen stecken hier fest, weil sie von hohen Farbtrennwänden umgeben vergessen haben, dass ihr Leben wertvoll ist und von den Erblasten der Sklaverei belastet, glauben alle genauso enden zu müssen, wie die weggeschmissenen Kartons und Dosen.

Bei den Obdachlosen, die man Downtown antraf, sah die Sache etwas anders aus. Passanten ignorierten normalerweise, wie sie an den Straßenecken standen und mit Teils zahnlosen, von Drogen gezeichneten Stimmen und dem unverkennbaren Geruch schmerzender Füße und billigem Fusel, der aus ihren Poren kam.

Die, die keine Ahnung hatten, was es kostet sich wieder aufzuraffen, oder den Sprung in die nächste Seifenblase zu schaffen, um erneut (etwas erleichtert) durch die Gegend treiben zu können, fauchten, «Ekelhaft! Besorg dir mal 'nen Job, du Nigger.»

In Chicago gab es auch *Patient Dumping* und die systematische De-Institutionalisierung von Menschen mit geistigen Erkrankungen ohne Krankenversicherung. Viele protestierten dagegen, weil sie darin ein Vorspiel auf eine langfristige Versorgungsreform sahen. Dennoch ließ der Bürgermeister, Rahm Emanuel sechs der zwölf Kliniken für geistige Erkrankungen am 9. April 2012 schließen.

Manchmal suchte ich gezielt nach denen, die in dem Unterbauch der Stadt auf Lower Whacker Drive gestrandet waren. Gebrochene Frauen, deren Namen niemand mehr wissen wollte, kamen „unter Tage“ auf der Suche nach einem Versteck – einige von ihnen mit Kindern, in der Hoffnung, es durch die bevorstehende Nacht zu schaffen. Männer, die nur ein Schatten ihrer selbst, in unergründlichem Gestank und Schmutz getränkt waren, drifteten und wüteten in einem vergrabenen Königreich aus Schande und Zerfall.

Oben, in der darüber erhabenen Welt, gingen die Menschen ihrem geregelten Leben nach, stapeln Seifenblase und Seifenblase in ihren Eigentumswohnungen, sammelten sich im Vorübergehen im Chicago Symphonie Orchestra und beschwerten sich zwischendurch, an den „faulen, immer um Geld bettelnden Schwarzen" vorbeigehen zu müssen.

Rückblickend, war mein Uni-Leben in Chicago eine unförmige Masse, die keinem Muster folgte oder eine klare Richtung verfolgte. Die Leute dort hatten ganz verschiedene Hintergründe, Nationalitäten, Hautfarben, Religionen und sexueller Orientierung, kamen aus unterschiedlichen sozialen Schichten und ethnischen Gruppen. Werbung an jeder Straßenecke und in jeder öffentlichen Toilette bewiesen, wie beliebt die Realitätsflucht war und der Kapitalismus zu gefallen suchte. Niemand schien eine Stimme zu haben, die echt klang, definitiv oder absolut war. Wir hatten vergessen, was richtig war und niemand wollte falsch liegen.

Der Umzug nach L.A. würde schon bald all meine Schwierigkeiten verdeutlichen. Ich verbrachte Sylvester in Santa Monica mit meiner neuen 50-jährigen Mitbewohnerin und ein paar von ihren Freunden, inklusive einer der Mütter, die gerade 90 geworden war. Es war nicht wirklich das, was ich mir als Filmschulabsolvent vorgestellt hatte, aber zu meiner großen Überraschung spielte unser Altersunterschied zwischen den Bio- und veganen Gerichten, der Hippiemusik, dem Lachen und den nachdenklichen Worten und Neujahrswünschen keine Rolle. Wir alle hatten irgendwann Opfer bringen und den Verlust eines geliebten Menschen verarbeiten müssen.

Dieser Abend sollte uns, wie ich hoffte, in ein besseres 2007 schicken. Eine der Frauen war in der Türkei aufgewachsen und ihre Muttersprache war Französisch und wenn ihr Partner sie bat uns etwas vorzusingen, sang sie für uns Edith Piafs wohl am meisten berühmtes Lied, „*No, rien de rien, Je ne regrette rien.*"

Es gab nichts zu bereuen. Jene Worte klangen nach absoluter Freiheit von Enttäuschungen und wurden in Zukunft zu meinem Credo.

Am folgenden Neujahrstag ging ich die *Palisades* entlang in Richtung der California Intervention Bridge zum Strand hinunter. Ich summte immer noch Piafs Melodie wie ein Echo ohne Silben. Ich stiefelte am Fahrradverleih vorbei und der asphaltierte Weg verlief sich irgendwann im Sand unter meinen Füßen. Die ersten Sonnenstrahlen aus 2007 fielen auf mein Gesicht, küssten meine Arme und brachten mich zum Lächeln. Der scharfe, fast faulige Geruch des Ozeans überraschte mich zwar, aber ich ließ es mir nicht nehmen dennoch meine Schuhe auszuziehen, um zu spüren, wie der Sand unter meinen Füßen das Alte davon rieb. Ich wollte von vorne anfangen, hoffte, dass ich in den kommenden 365 Tagen glücklicher werden würde, als in den verstrichenen 2000 Nächten. Das Sonnenlicht tanzte und funkelte auf den Wellen die kamen, um die Spuren der Wasserläufer, kleine Steine oder achtlos weggeworfener Müll wegzuspülen – von Muscheln war aber nichts zu sehen. Mein Atem wurde tiefer, je länger ich den auf den Strand krachenden Wellen lauschte.

Ab und zu gewann ein spielendes Kind meine Aufmerksamkeit, besonders ein circa vier Jahre altes kleines Mädchen. Die Spitzen ihres langen dunklen Haars schienen nass zu sein, als hätte sie ihren kleinen Kopf einmal zu oft über den Wellen baumeln lassen. Sie trug ein blaues, langärmliges Hemd und eine weiße Strumpfhose – von einem Rock oder Kleid war weit und breit nichts zu sehen. Sie lachte und lächelte mich an, gerade als ihr das Wasser bis auf ihren kleinen Popo klatschte. Ich fing an zu lachen und spürte eine aufrichtige Freude in mir aufsteigen, die mich erleichterte und mich mit vor- und zurückschwingenden Armen herumlaufen ließ und ich sang, *No, rien de rien … Je ne regrette rien.*“

Nichts zu bereuen.

Ich sammelte ein paar weiße Steine, die am Strand verstreut lagen und mich an Diane Keatons wunderbaren Charakter in *Something's Gotta Give* erinnerten. Genau wie sie, war auch ich zu einer Sammlerin von Einzigartigkeiten geworden. Irgendwie machte mir das aber nichts aus. Ich war zufrieden dort zu sein, wo mich niemand kannte, noch meine Familie oder meine Vergangenheit. Nicht einmal ich selbst musste ständig daran denken... es sei denn, ich sah einen Obdachlosen oder jemanden, der schwerkrank war.

Das kalte Wasser umspielte meine Knöchel und erinnerte mich an den Tag, an dem ich in die Brandung am neuseeländischen Cape Reinga hineinstrotzte – meinem Zufluchtsort am anderen Ende des Pazifiks, den ich nie vergessen konnte.

Meine kalifornische Seifenblase sollte noch zerplatzten, bevor das Jahr vorüber ging. Das Leben in und um L.A. bestand aus 10-stündigen Arbeitstagen im Verkauf und Abenden im Restaurantservice. Der einzige Weg mit dem Stress aus meinen zwei bis drei Jobs (gleichzeitig) umzugehen, war Alkohol – und noch mehr Alkohol. Fast jede Nacht ging ich nach der Arbeit raus, verbrachte die dunkelsten Stunden auf der Jagd nach Beute und war gelegentlich so lange unterwegs, bis es wieder Zeit war den Laden zu öffnen.

Ständig hatte ich zu wenig Geld und als es Zeit wurde, damit anzufangen meine Studentenkredite zurückzuzahlen, konnte ich mir kaum meinen 1 Dollar teuren Bagel leisten. Mir fehlte das Geld für weiteren Schauspielunterricht und ich wurde schnell ernüchtert von einer Welt, in der Beziehungen kalkuliert und zielgerichtet, oberflächlich und kurzlebig waren. Mein Männerdrama ging immer weiter und ich beherrschte die Kunst mich denen anzunähern, in deren Nähe ich nichts verloren hatte.

Die Partys zu denen ich ging waren außer Kontrolle. Der Höhepunkt dieser wilden Nächte war vermutlich die „ABC Party“, oder „*Anything But Clothes Party*“ zu der meine Arbeitskolleginnen und ich alles tragen durften, außer tatsächlichen Kleidungsstücken. Leute trugen stattdessen große Poster, Kochschürzen und dergleichen. Ich entschied mich für zwei luftgepolsterte FedEx Umschläge, die von einem Geschenkband zusammengehalten wurden, das wie eine Korsage zu gezurrt wurde. Ein Blick in den Spiegel und ich befand, «Was für eine geniale Idee.»

Konsequenzen waren nicht wirklich etwas, das mich interessierte ... Als jeder sein Techtelmechtel für die Nacht gefunden hatte – mit Ausnahme von einem kleinen „Paket" – und es nichts mehr zu trinken gab, entschied ich mich mit dem Auto nach Hause zu fahren. Erst als ich fast in eine Straßenlaterne auf einer Verkehrsinsel bretterte, leuchtete es mir ein, «So geht es nicht weiter.»

Ich sah plötzlich ein, dass meine engste Verbindung zur Filmindustrie darin bestand, dass ich Stars wie Mel Gibson zum Dinner Tisch führte, Jason Momoa und Lisa Bonet auf dem Wochenmarkt begegnete, mit Scott Eastwood und Freunden feierte, Hillary Swank begegnete, als ich aus der Tiefgarage meines Jobs fuhr oder versuchte die Pornostars, die am anderen Ende des Flurs wohnten, zu ignorieren. Angst und ein geringes Selbstwertgefühl durchlöcherten meine Gedanken und hielten mir jedes dumme Wort vor, das je zu mir gesagt wurde. Mitunter auch eine der wenigen rassistischen Beleidigungen, die mir in Deutschland je vorgeworfen wurden, *Affenfresse, Affenfresse.*

Mir graulte es davor, einmal so zu enden, wie meine Nachbarn – mit der falschen Filmrolle, ohne Freunde oder Familie, die noch zwischen mir und Skid Row stehen würden, wenn meine bekloppte Seifenblase mit einem Knall zerbersten würde. Ungefähr zur gleichen Zeit meldete sich mein Bruder M.J. bei mir. Er schrieb mir eine E-Mail, „Tut mir leid, wie alles zwischen uns gelaufen ist. Ich vermisse dich. Du bist hier immer willkommen."

Verzweifelt hoffte ich, wir könnten uns wieder vertragen und ich buchte den nächsten bezahlbaren Flug nach Deutschland. Ich wusste nicht, was ich erwarten sollte, fand aber auch nicht, dass es sich lohne, um irgendetwas in L.A. zu kämpfen. Ich lernte zu akzeptieren, dass ich nie den „perfekten" älteren Bruder gehabt hatte, noch war ich die perfekte Schwester gewesen. Ich sah es als Fakt an, nicht als einen Grund zum Streiten – ein Friedensangebot nach Jahrzehnten von Missverständnissen, Misstrauen und Fehlinterpretationen, die unser beider Leben überschatteten. Häufig wunderte ich mich, warum ich nicht für einen kleinen Moment innehielt, anstatt so schnell auf M.J.s E-Mail zu reagieren.

In Deutschland angekommen, verstand ich mich anfangs gut mit meinen Brüdern. Lucas, war gerade 16 geworden, unsere Abende mit Freunden in Soest waren voll von Gelächter, deutschem Bier und Schnaps. Wir saßen in M.J.s Wohnküche und um uns herum sammelten sich leere Flaschen und überquellende Aschenbecher auf der Anrichte und auf jedem Beistelltisch.

M.J. saß neben mir während ich mich mit seiner Verlobten, Elke, unterhielt. Als sich M.J. eine Kippe von ihr schnorren wollte und vor mir über den Tisch langte, zuckte ich zusammen.

«Was hast du den für 'n Problem», lachte er in sich hinein.

«Ach! Nichts. Muss wohl am Jetlag liegen», wich ich aus.

Fast vier Jahre war ich weg gewesen, weitere 3.5 Jahre waren vergangen, seit meine Mutter verstorben war. Ihre Abwesenheit tat immer noch weh und die Erinnerungen daran, wie ich mit ihr durch die Straßen meiner Heimat spazierte, nervten mich. Aber ich genoss das langsamere Tempo und vermisste es nicht, an jeder Ecke ein paar Obdachlosen zu begegnen, wie in Chicago oder Santa Monica. Allerdings war es nun durchaus möglich, dass ich meinem Vater begegnen würde... ich wusste ja nicht, wo er war.

Ich flog lediglich noch einmal nach L.A. um meinen Mietvertrag und meine Jobs zu kündigen und packte innerhalb von eineinhalb Wochen ein, was ich mitnehmen konnte. Ich wartete nicht mehr auf den großen Durchbruch, sondern kämpfte mich nach Luft schnappend aus meiner Seifenblase heraus und nahm einen tiefen Atemzug von Nostalgie und guten Aussichten.

Ich zog bei meinem Bruder und seiner Verlobten ein, aber es dauerte nicht lange, bis Streitereien und handfeste Konflikte sich zurück in die gewaltige emotionale Leere zwischen M.J. und mich drängten. Während einem unserer letzten Streits schrie er, «Was meinst du damit, du dachtest du seist hier willkommen?»

«Das hast du doch in deiner E-Mail geschrieben!» Schrie ich zurück.

«Bist du bescheuert, oder was? Ich hab dir nie geschrieben. Du bist doch diejenige, die...»

Innerhalb weniger Sekunden kamen wir zum gleichen Schluss: «Moment mal... Elke! Elke?»

«Ja, deine Verlobte ist schon was ganz Feines!» Spottete ich. «Herzlichen Glückwunsch.»

«Fuck you, ey! Als ob ich mich über diesen Scheiß hier freuen würde?! Wenn's nach mir ginge, brauchst du dich hier nie wieder blicken lassen! Verpiss dich!»

«Fuck me? Fuck you, dude! Du bist doch sowieso nur ihre kleine Bitch.»

«Ah ja? Wenigsten ist sie keine Hure.»

«Den Part übernimmst du bestimmt auch bestens. Warum kannst du nicht einfach zugeben, dass es dir leid tut?!»

«Bist du total durchgeknallt? Was soll mir denn bitteschön leidtun?»

«Du hast mich damals gewürgt ... du ... du krankes Arschloch. Du hast uns alle terrorisiert!»

«Was laberst du? Ich hab mich nie mit einem von euch gestritten.»

«Willst du mich verarschen, oder was? Die Türen, die du eingetreten hast, oder der Tag, an dem ich nicht atmen konnte weil du deine Hände um meinen Hals geschraubt hast–»

«Wie gesagt, ich weiß nicht wovon du redest.»

«Genau. Omi und ich riefen einmal sogar die Bullen, aber nur um ihnen zu sagen, was für ein netter Typ du bist, ne?! Hör' doch auf!»

«Ich soll aufhören? Ich war damals auf Drogen. Ich erinnere mich an den Scheiß nicht mehr, dass weißt du ganz genau. Also fick dich doch! Dich und deine vorgehaltenen Kleinigkeiten!»

Ich beneidete ihn für seine einfachen Ausreden. Ich dachte ich hätte ihm verziehen aber mein zitternder Körper hatte nichts vergessen. Alles was ich in meinem Herzen fand, war Fassungslosigkeit und ein Funken Mitleid, aber wann hat das jemals jemandem genützt. Menschen, die wir liebten, starben weil ihre Gesundheit nicht wiederhergestellt werden konnte und wir warfen *unsere* einfach ins Klo. Mama und Omi waren tot und ihr Wissen war mit ihnen gestorben und jetzt leugnete die einzige andere Person, die außer mir wusste, was alles in unserem Haus hinter geschlossen Türen vorgefallen war.

«Vorgehaltenen Kleinigkeiten? Du und Elke, ihr könnt euch beide ins Knie ficken, du blöder Wixer!»

Meine alte Freundin Stella ließ mich eine Zeit lang bei ihr wohnen, bis ich einen Job als freie Reporterin und Redakteurin bei unserem lokalen Radiosender fand und in eigene Wohnung ziehen konnte.

Mein Herz war jedoch in Chicago zu Hause, bei den Kiwis in Wellington und gehörte zu einer Reisenden, einer Nomadin. Ich war zu einer Expatriation geworden, die irgendwie zurück in der Heimat gelandet war und ihre Umgebung mit den Augen einer Amerikanerin sah: Ich bemerkte vor allem den charmant-platten Humor und die trockene, sture Art der Soester. Ich lief durch die alten Straßen, vorbei an mir gut bekannten Plätzen, und entdeckte das schöne Kopfsteinpflaster für mich neu, die Kirschbäume und Magnolien im Frühling und die blühenden Ranken, die begonnen hatten die Sandsteinwände hochzuklettern. Straßencafés erweckten wieder zum Leben und die Leute unterhielten sich über den bereits im Januar gebuchten Sommerurlaub. Es wimmelte nur geradezu an Fahrrädern, ganze Familien waren zusammen unterwegs und amüsierten mich mit zufällig mitgehörten Gesprächsfetzen: «Schatzie, tut mir leid. Ich weiß auch nicht, wo der Papa wieder hin will. Trampel einfach schneller.»

Ich verspürte eine Hassliebe mit diesem gutbürgerlichen Treiben, das mich plötzlich wieder eingeholt hatte. Der Mittelaltermarkt, kleine Feste und die jedes Jahr wiederkehrenden Auszeichnungen, Fußballspiele und, natürlich, die Schützenfeste, die wie immer im ganzen Kreis Soest stattfanden.

Der Wind verfing sich in den tiefen Schluchten zwischen den Wahrzeichen unserer Stadt, dem alten Rathaus und dem St.-Patrokli Dom, und das Echo der schweren Kirchglocken zwängte sich durch die Gassen. Soest wäre nicht Soest gewesen, hätte ich nicht wenigstens eine ältere Dame erspäht, die vermutlich jeder vom Sehen her kannte und auf ihrem Rad an mir vorüber flog, wie eine Hexe, die fest entschlossen war, sich nicht von ihrem Weg oder Zeitplan abbringen zu lassen.

*Gong, gong, gong,* läuteten die Glocken unaufhörlich als wollten sie Gefahr im Verzug signalisieren. Ich kämpfte mich weiter gegen den böigen Wind vor, als mir plötzlich eine Dokumentation von Miranda July einfiel. In ihrem Film befragt sie unter anderem wahllos ausgesuchte, fremde Menschen, wessen Lieblingsperson sie wohl wären und ich dachte, *Ich hab' nicht die geringste Ahnung, was ich ihr antworten würde. Man, ich hoffe, das fragt mich nie jemand.*

Der Wind zerrte und zupfte an meiner Kleidung, als es anfing zu regnen und ich fragte mich, *Was war mit Mama und Omi? Ich glaub schon, dass sie mich lieb hatten, aber ich war bestimmt nicht ihre Lieblingsperson. Von den Jungs war sie nie eingewiesen worden ... Und Dad?*

Ich erinnerte mich an die vier Jahre, in denen wir nicht miteinander gesprochen hatten. Niemand wusste, was mit ihm geschehen war, nachdem er Bad Sassendorf verlassen hatte, also endgültig aus unserem Haus ausgezogen war, während ich noch in Chicago studierte. Schließlich gelang es mir, ihn über seine

Krankenversicherung zu finden. Ich hisste mit regenbenetzten Lippen, «Falls ich seine Lieblingsperson sein sollte, hat er echt 'ne beschissene Art, mir das zu zeigen.» *Hätte er sich sonst nicht mal gemeldet? Er hat vielleicht nicht einmal an mich gedacht.*

Er war ein Mann, der seine Frau verloren hatte, seine Kinder, seinen Job, sein zu Hause, sein Auto und seine Freunde, bis er irgendwann auf der Straße stand – seine Geschwister und seine Mutter weit weg in Chicago. Die Geschichte meines Vaters zu kennen, wenn auch nur zum Teil, öffnete mir die Augen hinsichtlich der Tatsache, dass sich hinter jedem Obdachlosen mehr verbarg, als der Schein vermuten ließ.

Als ich nach vier Jahren der Ungewissheit meinen Dad anrief, erkannte ich seinen schweren Akzent, oder besser gesagt, sein „Deutlisch": eine eigenwillige Mischung aus deutschen und englischen Worten, die jeweils den Akzent der anderen Sprache trugen – fast so als wüsste er nicht mehr, wo er hingehörte. Kinder denken sich ja auch manchmal Fantasiesprachen mit ihren Freunden aus und mit meinem Dad zu reden war nicht viel anders – es brauchte sehr viel Geduld und ein imaginäres Wörterbuch. In perfektem „Deutlisch" sagte er, «Ich *used to dreamt of getting myself on a plane to Chitown to search for me Mädschen, my little girl.*»

Seine Worte klangen leer und unterstrichen die Realität, die wir beide kannten – Obdachlose haben kein Geld für Flugtickets, Bustickets, Telefonkarten oder sonst irgendwelche Karten.

Das letzte Mal als ich in einen Zug stieg, um meinen Dad zu besuchen war ich zehn – zehneinhalb, hätte mich jemand gefragt. Ich stand an irgendeinem Bahnhof und wartete auf ihn, bis mir irgendwann klar wurde, dass er nicht kommen würde. Nichtsdestotrotz, nach Jahren der Teilnahmslosigkeit einigten wir uns auf einen Ort und eine Zeit, um uns zu treffen und unsere Stimmen konnte über unseren zaghaften Hoffnungen und zerbrechlichen Erwartungen nicht vertuschen – und dass obwohl sie in einem einzigen Augenblick enttäuscht werden konnten.

Wie sich herausstellte war M.J. Senior nach Düsseldorf gezogen. Das Rote Kreuz hatte ihn von der Straße geholt. Der Job, den er danach gefunden hatte, reichte gerademal für ein Zimmer gegenüber vom Bahnhof. Aber das war mir egal. Ich sah es als Möglichkeit mal aus Soest heraus zu kommen. In Düsseldorf gab es Läden für jedes Budget und hohe Gebäude, die den Himmel weiter erscheinen und mich durchatmen ließen. Menschen aller ethnischen Gruppen, Formen, Größen und Sprachen umgaben mich, das bunte Treiben, dass nur Pendler und Touristen zusammen erzeugen können, belebte meine Seele und brachte ein wenig Freiheit. Das schicksalsträchtige Gefühl, das mich damals begleitete als ich meine Heimat das erste Mal verließ, existierte also immer noch.

Die prüfenden Blicke der Bourgeoisie meines Heimatorts verblassten langsam, während ich mit meinem Dad den Rhein entlang spazierte. Die längste Theke der Welt erinnerte mich an einen Urlaub in Ibiza – Boote machten sich zum Auslaufen bereit und ältere Touristen hörte man schon aus der Ferne mit ihren Schirmen und Krücken, *klick, klick, klick*. Die Sonne kämpfte sich durch die Wolken, M.J. Sen. legte seinen Arm um mich und meine Schultern verspannten sich. Er lächelte, gefolgt von einem tiefen Seufzer und erzählte mir, «Hier fühl ich mich *quite* wie in Chicago. Wenn du deinen Kopf drehst, *sideways*, genauso, sieht's so aus wie in Chicago, *doesn't it*?!»

«Ich vermisse es auch. Ich überlege in letzter Zeit oft, ob ich zurückziehen und dort meinen Master machen soll–»

Dad nahm seinen Arm zurück und wand sich ab, also fügte ich schnell hinzu, «–aber ich muss echt noch sehen.»

Auf der Kö angelangt, hakte ich mich wieder bei ihm ein. Ich gab zu, «Ich kann verstehen, dass es dir hier gefällt. Das einzige was noch fehlt ist das Wrigley Building.»

«*Really*?" Dad runzelte seine Stirn. «*Mansch*, klingt als hätte sich die Stadt sehr verändert seit ich weg bin.»

*Nach fast 30 Jahren kann man das bestimmt so sagen.* Michael Senior war, seitdem er Chicago mit meiner Mutter (mit M.J. Junior und mir im Schlepptau) verlassen hatte, nie dorthin zurückgekehrt. Ich fing an mir gedanklich Notizen zu machen, *Das heißt ‚Mensch' nicht ‚Mansch', Dad. Warum musst du immer –*

«–Ich erinnere mich noch daran, wie ich das erste Geschenk für deine Mutter kaufte. Ich glaube, es war zum Geburtstag... es war eine goldene Uhr.»

Er machte nicht *immer* Fehler wenn er was zu sagen hatte. Anders als sonst, genoss ich, dass er über meine Mutter sprechen wollte. Ab und zu teilte er ein kleines Geheimnis und brachte sie so für einen vergänglichen Moment zum Leben.

«Dad, ich weiß immer noch nicht, warum wir damals zurück nach Deutschland gegangen sind. Ich meine, irgendwie bin ich ja froh... jetzt wo ich einige Zeit in Chicago gelebt habe... Das Aufwachsen wäre dort bestimmt nicht einfach gewesen, aber ob es dort jetzt so schlimm war wieder gehen zu müssen... Vielleicht erzählst du's mir irgendwann einmal?»

«Tja, well ...ich nehm' an ich muss es dir ja bald mal sagen. War nicht die Schuld deiner Mutter.»

Unsere Arme hakten aneinander wie zwei seltsam verkantete Kleiderbügel. Ich versuchte einzulenken, «Mir geht's nicht darum zu wissen, wessen *Schuld* es war.»

«Ich hab mich nicht wohl gefühlt da, *you see? Everyone being nosy and in your business all the time*», beklagte sich mein Dad über die Neugier anderer.

«Meinst du deine Familie?»

«Die auch, aber mehr die Nachbarn, Fremde...»

«Ich verstehe nicht, was du meinst.»

«Du musst dir vorstellen. *People back then?* Damals ging alles um *Roots.*

«*Roots? Back to da roots*, oder was?»

Wir mussten beide lachen.

«Nein, *Roots,* der Film von Alex Haley. *It changed things.* Die Leute damals redeten viel über *interracial* Ehe. Ein schwarzer Mann mit einer blonden Frau ... die Leute wollten nicht offen zugeben, dass sie außerhalb der eigenen Rasse Beziehungen hatten oder wollten nicht die von andern sehen. Vielleicht zu Hause, aber nicht in der Öffentlichkeit. Und deine Mutter, *you know, she could be* ... sie war manchmal sehr naiv, was das Leben in einer schwarzen Gemeinde betraf.»

«Wie? Was meinst du damit?

«Ich wollte ihr keine Angst macken. Ich konnte es ihr nicht sagen, ich passe lieber auf sie auf. Du wolltest ja nicht, dass was Schlimmes passiert. Wenn du eine blonde Frau in ihr Auto einsteigen siehst ... alleine? Und irgendein schwarzer Kerl beobachtet sie, und vielleicht ein zweiter, oder dritter, oder vierter ...»

«Oh!» Ich schnappte nach Luft.

«Aber sie hatte alle gut gemacht. Sie hat ihre Beruf geliebt ... aber dann bin ich immer zur Rennbahn gegangen ... hab viel Mist gebaut. Ich konnte nicht… ich musste da raus.» Die Worte fielen aus seinem Mund, er nahm seinen Arm zurück und richtete seine Augen in Richtung Bahnhof.

In den letzten Jahren hatte ich nicht daran gedacht, je wieder in Deutschland zu leben und jetzt wo ich es tat, schien mich die Vergangenheit schnell wieder einzuholen. Fressattacken und ungesunde Liebschaften und Beziehungen waren auch hier weiter Teil meines Lebens. Aber ich fuhr nicht mehr betrunken mit dem Auto – ich nahm stattdessen mein Fahrrad und eierte damit abends gelegentlich über das Soester Kopfsteinpflaster.

Zwar hatte ich gehofft, endlich alles haben zu können, was ich mir nach meinem Umzug aus L.A. wünschte – Familie, Freunde und nun noch vielleicht eine Karriere beim Radiosender. Aber das Jahr ging schnell voran und ich musste zunehmend merken, wie Unrecht ich doch hatte. Lucas und mir fiel es schwer eine neue Basis zwischen ihm als Teenager und mir als Erwachsenen zu finden, selbst als Bruder und Schwester. M.J. Junior und ich redeten nicht mehr miteinander, keiner von uns wollte den ersten Schritt machen. Ich war es leid ständig still schweigen oder meine Augen abwenden zu müssen, nur um einen weiteren Vorfall zu vermeiden; Ich gab den Kampf um seine Akzeptanz, und die aller anderen, endlich auf.

In vielen Nächten, wenn das Leben verstummte, erschreckte mich der Gedanke, als eine deutsche Katzen Lady zu enden, die sich immer noch in der gleichen Bar seit der Abi Zeit einen hinter die Binde kippte. Es jagte mir fast genauso viel Angst ein, wie der 23.Oktober 2002, als ich gerade im WC des Flughafens in Amsterdam hockte und kurz davor stand, eine Reise ins unbekannte Exil zu wählen und letztlich Ex-Patriotismus dem Tod vorzog.

Wieder einmal buchte ich einen Flug nach Chicago, packte zwei Koffer und zog im Dezember 2008 wieder bei meiner Cousine Marie und ihrem Mann Royal ein. Die Gebete, die ich in ihrer Gemeinde einst gebetet hatte, waren nur noch eine verblasste Erinnerung. Und doch war ich im tiefsten Innern fest davon überzeugt, dass wenn sie mir gar nicht erst über die Lippen gekommen wären, ich es nie lebendig aus L.A. hinausgeschafft hätte. Und somit nahmen die Gebete langsam zu und aus einigen Wochen in Chicago wurden Monate, aus Monaten Jahre, die verstrichen, ohne meine Brüder, meinen Dad oder eine meiner Freundinnen in Deutschland zu sehen. Ein ganzes Jahrzehnt war nun vorüber, seit dem Tod meiner Mutter und Oma im Jahr 2001. Ich war tausende Kilometer zwischen Neuseeland, Mittelerde, Deutschland und den USA gereist und hatte mich daran gewöhnt, lange Strecken ohne Kontakt nach Deutschland hinter mich zu legen. Je mehr ich mich in der Gemeinde meiner Cousine verwurzelt fühlte, desto mehr entschloss ich, meine Zukunft und Bestimmung nicht länger wie eine Nomadin vom Nordwind bestimmen zu lassen, noch von den Dingen die andere Menschen in mir sahen, oder nicht sehen wollen; ich sah endlich ein, dass mich

Gnade, zusammen mit einer senfkorngroßen Portion Glauben, schon weit gebracht hatten. Wie jede Ex-Patriotin fing ich an dem Verlangen meines Herzens zu folgen.

2011 ging es dann doch auf Besuch nach Europa. Bevor ich mich jedoch auf den Weg nach Deutschland machen würde, blieb ich ein Weilchen in Paris, bei einer Freundin, die nach Frankreich versetzt worden war. Ich saß in einem französischen Café, schaute zum Fenster hinaus und bemerkte ein riesiges Billboard auf der anderen Straßenseite. Ich hatte das Plakat mit dem gemischtethnischen, attraktiven Pärchen bereits überall in der Stadt gesehen: Ein blonder Mann der an seinem Schreibtisch im Home-Office sitzt und die junge dunkelhäutige Frau mit Korkenzieherlocken, die lachend auf seinem Schoß sitzt. Die Menschen, die sich zu Hause in den USA über einen Werbespot mit einer gemischtethnischen Familie beim Frühstück aufregten, hatten in Paris scheinbar noch nichts zu melden – und wenn doch, interessierte es niemanden. Hier gab es keine Animositäten zwischen einem weißen und einem schwarzen Amerika, um das sich die Werbungsmenschen hätten sorgen müssen.

Ich starrte lange auf das Billboard und konnte meine Gedanken selbst mitten in Paris vorerst mit nichts anderem ablenken. Ein Mann saß vor dem Café an der Bushaltestelle und seiner Kleidung nach zu urteilen, war er schon eine ganze Zeit obdachlos gewesen, ganz sicher jedoch arm und eventuell *nicht ganz da*. Als ich ihn so ansah, überkam mich eine Woge der Dankbarkeit – hatte ich doch auf meinen Reisen immer nur Segen gefunden. Ich war von einer Seifenblase befreit worden, war dem „Zwischenraum-Status" der „Farbwelten" zumindest vorerst entkommen, entschied selbst, wo ich leben wollte und wohin ich nicht zurückkehren wollte. Mein Herz wurde still und die Worte von Edith Piafs bekanntem Lied fanden ihren leisen Weg zurück auf meine Lippen, «*Non, rien de rien. Non je ne regrette rien.*»

Nichts zu bereuen.

# 13. Brücken und Verbindungspunkte

Ich stieg in den schnittigen TGV-Zug von Paris nach Frankfurt und je näher ich kam, desto mehr Druck verspürte ich in der Magengegend. Ich verbrachte ein paar Tage mit Penelope, meiner alten Freundin aus Studienzeiten, und machte mich danach auf den Weg nach Düsseldorf, wo ich meinen Dad und Lucas treffen würde.

Ich freute mich schon darauf, mit meinem Dad zu frühstücken und den Tag mit ihm zu verbringen. Er wohnte immer noch im CVJM und weil dort keine Übernachtungsgäste erlaubt waren, checkte ich in einem Hotel ein. Ich zog meine Lieblingsleggins an, eine hübsche schwarze Tunika, meine Brandy-farbenen Kenneth Cole Stiefel, die mir Marie geschenkt hatte, und einen dazu passenden, breiten Gürtel. Ich glättete mein Haar, legte das neue Make-up auf, das ich mir erst vor Beginn meiner Reise gekauft hatte und fragte mein Spiegelbild, *Findet er mich eigentlich hübsch? Nicht perfekt, aber zumindest hübsch ...*

Ich stieg in den Fahrstuhl und auf dem Weg in die Lobby musste ich mich sehr zusammenreißen, damit mir mein aufgeregtes Herz nicht aus der Brust sprang. Dad und ich waren innerhalb der letzten Jahre in Kontakt geblieben, schrieben kurz vor meinem Besuch täglich. Dad hatte sich sehr bemüht, mich finanziell zu unterstützen, vielleicht um die Jahre nach der Scheidung wieder gutzumachen. Ich fand, dass ich dafür viel zu alt war, wusste sein Bemühen aber doch zu schätzen, fasste langsam neues Vertrauen zu ihm und hörte mir seine LKW-Fahrergeschichten an, auch wenn ich sie schon mal gehört hatte – manchmal mit mehr, manchmal mit weniger Geduld. Beide von uns hatten dem Moment des Wiedersehens entgegengesehen – oder zumindest nahm ich das an.

Als ich auf ihn zugehen wollte, hielt er mich für einen Moment auf Armlänge entfernt. Er sagte, «Warte ma'. Mansch! Du siehst dieses Mal irgendwie ganz anders aus. Du glühst ja richtig. Woher kommt das?»

Ich hielt meine Tränen zurück, als er mich umarmte und mir einen Kuss auf die Wange gab. Die Leute und das Personal in der Lobby schauten uns an, teils lächelnd, teils mit gerunzelter Stirn. Wir hatten beide vollkommen unterschiedliche Herausforderungen im Leben und genauso unterschiedliche Wege mit ihnen umzugehen.

Gegen Spätnachmittag gesellte sich Lucas zu uns, um zum Abendessen zu gehen. Es war so surreal zu sehen, wie er im Auto seiner Pflegemutter, Julia, vorfuhr. Als er ausstieg, warf er eine Zigarette auf den Boden und irgendein Heavy Metal Song war voll aufgedreht. Ich war sprachlos. *Das letzte Mal, dass ich mit ihm im Auto gefahren war, ging es an den Möhnesee, um ihm zu sagen, dass er jetzt ein Pflegekind war ...*

Wie die meisten deutschen Kids in seinem Alter, war sein Style lässig, fast Skater-mäßig, setzte sich aber aus teuren, gepflegten Klamotten zusammen, die vermuten ließen, dass sich Julia immer noch um seine Wäsche kümmerte und die Garderobe finanzierte. Mit einem mulmigen Gefühl wurde mir bewusst, dass ich in seinem Alter nicht viel anders gewesen war, dass M.J. und ich ihm das Partymachen fast in die Wiege gelegt hatten. Aber ich war stolz auf ihn – er hatte sich nicht selbst aufgegeben und das obwohl es damals mit Sicherheit für einen erschütterten Neunjährigen ein Leichtes gewesen wäre.

Ich drückte ihn und strahlte, «Das gibt's doch gar nicht. Lucas, du bist ja richtig erwachsen geworden... Ich bin so stolz auf dich.»

Lucas fuhr mit Dad und mir in ein entspanntes, griechisches Restaurant, dass so ziemlich jede Küche Europas anzubieten hatte. Das kleine Filet, das ich bestellt hatte, war schnell verputzt und meine Gedanken wanderten zurück in die USA und meine geliebten riesigen T-bone und durchwachsene Ribeye Steaks. Aus heiterem Himmel sagte mein Dad plötzlich, «Lucas, *you know*, *your* Mutter war immer eine sehr verunsicherte Frau gewesen. Auf jeden Fall, seit sie bei diesem Doktor war gewesen.»

Mein Herz sankt in die Tiefe als ich sah, wie lauter Fragezeichen über Lucas' Kopf auftauchten. Er fragte, «Was denn für 'n Doktor? Was meinst du?»

Ich unterbrach, «Dad, das ist doch wohl nicht dein Ernst. Muss das jetzt unbedingt sein?»

Ich selbst kannte nicht einmal die Wahrheit hinter der Geschichte, die mein Dad einfach so auf den Tisch geknallt hatte. Aber das störte ihn nicht. Er redete weiter, «Deine Mutter und ich, wir haben ständig Witze darüber gemacht. Sie hat ihren Hintern selber immer „Reisverschlussarsch“ genannt.

«Hör' auf, Papa!» Fuhr ich dazwischen. «Was glaubst du eigentlich, was du hier machst? Lucas weiß davon nichts und ich bin mir sicher, dass das hier nicht die beste Art und Weise ist, davon zu erfahren.»

Mein Dad schmiss seine Gabel auf den Teller, «Du kannst mir doch nicht – niemand sagt mir –»

«–das ich wovon erfahre?" Bohrte Lucas weiter.

Ich schüttelte mit dem Kopf. «Ich glaub das jetzt einfach nicht ...» Am Liebsten wäre ich aufgestanden, hätte den Tisch umgeschmissen und hätte mal so richtig die Peitsche knallen lassen. Stattdessen, klammerte ich mich am Tischtuch fest, «Lucas, was mein Dad so taktvoll sagen möchte, ist glaube ich, dass Mama mal eine Schönheits-OP hatte ... oder so was.»

«Oder so was?»

«Naja...sie hatte so schlimme Narben davon behalten. Ich war mir nicht sicher, ob sie die Wahrheit erzählte.»

Ich erinnerte mich an die ganzen Jahre, in denen ich mich als Kind immer über ihren Po gewundert hatte und als Teenager hatte ich irgendwann angenommen, dass man ihr das aus irgendeinem anderen Grund angetan hatte. Ich konnte nicht begreifen, wie eine Schönheits-OP jemanden unglücklicher als vorher machen konnte.

«*Well*, Dad! Jetzt wo du das Thema aufgebracht hast... Du weißt doch bestimmt mehr als ich. Erleuchte uns!»

«Ehm … *yeah, well, you see* ... Eure Mutter fand ihren Hintern immer zu groß und wollte unbedingt, dass Omi die Papiere für die Operation unterschrieb, weil sie noch zu jung war.»

«Ich versteh das nicht.» Räumte Lucas ein. «Warum waren die Narben so schlimm?»

«Die Ärzte früher waren noch nicht so gut.»

«Wieso? Wie schlimm war es denn?»

Dad blieb stumm.

Ich übernahm, «Du warst bestimmt noch zu klein Lucas... Mama hasste es mit uns schwimmen zu gehen, weil sie die ganze Zeit dachte, das die Leute ihre zwei großen Narben über beiden Pobacken sehen würden. Sie fühlte sich etwas wohler, als die Badeanzüge mit längerem Bein in den 90er Jahren wieder in Mode kamen. Da bist du ja gerade mal auf die Welt gekommen ...»

«Hmn, okay? Verstehe ...”

Und so klärte sich eins unserer Familiengeheimnisse, ganz mir nichts dir nichts, beim Abendessen und räumte mit Jahren des Zweifelns auf. Vorbei war es nun mit den Horrorvorstellungen, dass ihr etwas noch schlimmeres passiert war. Aber als wir unsere Jacken anzogen, warnte mich meine innere Stimme, dass das schlimmste noch kommen sollte. Ich überhörte, wie mein Dad zu meinem Bruder sagte, «Lucas, egal was irgendjemand *Anderen* sagt, deine Mutter war eine ganz tolle Frau, das Beste, was mir je passiert ist.»

Dad hatte plötzlich einen Kloß im Hals und schaffte es aber doch, ein paar weitere Worte herauszupressen: «Ich werde es immer bereuen, sie verlassen zu haben.»

Wie auf ein Stichwort, fiel mein Gesicht in sich zusammen und ich brach in Tränen aus. Ich versuchte mein Gesicht hinter meinen Tränen zu verbergen und stürmte zur Tür hinaus, vermied es aber, zu rennen weil ich keine noch größere Szene machen oder jemanden umrennen wollte. Mein Dad und Lucas folgten mir stillschweigend in einiger Distanz nach draußen.

Dad sagte, «Es tut mir leid, falls ich was *falsche* gesagt habe. Ich werde deine Mutter nicht mehr erwähnen, okay?»

«Das ist doch ... gar nicht ... das Problem», schluchzte ich. «Weißt du überhaupt, wie lange ich darauf gewartet habe, dass du mal sowas sagst? Zu hören, dass du es bereust, uns verlassen zu haben?»

«Was? Ich dachte, das weißt du schon. Ich hätte dich nie verlassen. Weißt du nicht, dass ich dich immer irgendwann finden würden, egal wo – sogar in Neuseeland, Alaska, oder ... oder am Nordpol?»

«Woher soll ich das denn wissen? Du hast nie 'was gesagt. Du warst einfach nicht da!»

Zwanzig Jahre hatte es gebraucht, bis das kleine Mädchen von damals ein paar Antworten bekam, hörte, dass es nichts mit ihr zu tun hatte, dass ihr Dad sie einfach irgendwann am Bahnhof stehen gelassen hatte. Als 30-jährige Tochter hatte ich keine Wunder in meiner Heimat erwartet, aber *eines* war dann doch mitten auf dieser Straße in Düsseldorf passiert.

# 14. Die Tochter meiner Mutter

Wie eine wütende Glucke hatte uns der Tod aus unserem Nest geschubst, um zu schauen, ob wir schon fliegen konnten. Ich war noch nicht so weit und stürzte in die offene See und wippte in den Wellen auf und ab während der Sturm des Lebens weiter und weiter tobte. Panisch ruderte ich mit den Armen, schaute in alle Richtungen und suchte verzweifelt nach einer Rettungsleine, von der ich nicht einmal wusste, wie sie aussah.

Mein kurzer Besuch in Deutschland war mir noch frisch im Gedächtnis, als ich einigen meiner Verwandten in Chicago gegenübersaß. Ich fand, dass wir uns seit meiner Rückkehr als Studentin in 2004 schon ein ganzes Stück angenähert hatten. Ich konnte nur schwer abschätzen, wie viel sie über mein Leben wussten – wenn es auch nicht viel gewesen sein konnte. Noch schwieriger war zu sagen, was sie von mir hielten – aber auch das war vermutlich nicht viel.

Meine einzige „Gewissheit" war die Angst, die tief in meiner Seele verankert war, dass ich dazu verurteilt wäre auf den Boden des Ozeans herabzusinken. Wenn es mir nicht gelingen konnte, meine Familie für mich zu gewinnen, bliebe ich dort für immer verloren. Für sie, so nahm ich an, war mein Leben ein einziges Schiffswrack – ein feuerrotes Lichtsignal auf See, seit meine Existenz in Deutschland in Flammen aufgegangen war. Dennoch hatte es diesbezüglich nie eine Reaktion gegeben. All die Jahre waren sie für mich ein unscharfer Punkt in der Ferne gewesen – versteckt, dann entblößt, dann wieder versteckt – wie graue Finnen die zwischen den Wogen hervor blitzen. Ob die Finnen eine verspielte Gruppe Delphine waren oder hungrige Haie, konnte ich nicht beurteilen – dafür musste ich mich erst näher als mir lieb war heran wagen.

Neun lange Jahre in den USA waren bereits vergangen, bevor ich mich fast von den Fitzgeralds akzeptiert fühlte. Zum ersten Mal traf ich mich mit ihnen ohne meine Cousine als „Anstandsdame“ dabei zu haben. Bisher hatten Grandma und ihre Töchter mit fester Entschlossenheit demonstriert, dass sie mich aus ihrer kleinen Familien-Farbwelt heraushalten wollten und reichten mir keine Rettungsboje. Alles was blieb, war ein schmerzhaft unnachgiebiger Fetzen Hoffnung.

Als die Einladung kam, zu Thanksgiving zu ihnen zum Essen zu kommen, funkelte sie so verführerisch wie ein zugefrorener See für ein Kind, das gerade ein Paar Schlittschuhe geschenkt bekommen hat. Ich war so sehr vom See angezogen, dass ich mir nicht die Zeit nahm zu prüfen, ob das Eis das Gewicht meiner Naivität tragen würde. Ein paar sorglose Pirouetten waren attraktiver, als mich um irgendwelche Warnungsflaggen entlang des Eises zu kümmern und so wäre ich schließlich fast bei meiner Familie am Tisch gelandet.

Wie Omi, hatte Grandma Millie graue Locken – aber ihre kleinen Locken waren natürlich, ohne Dauerwelle. Auf dem Weg zu ihrem Haus dachte ich an ihre neugierigen, lieben braunen Auge, die mich das letzte Mal durch Gleitsichtgläser angeblinzelt hatten. Sie trug ihre Brille an einer dünnen goldenen Kette, die hinter ihren Ohren hinab, über ihre Schulterknochen auf ihre Wollweste fiel. Omi hatte auch zu ihren Lebzeiten verschiedene Westen getragen. Für einen Moment erinnerte ich mich an den typischen Geruch aus Seife und Weichspüler, zusammen mit ihrem Lieblingsparfüm, das sich im Laufe der Jahre schon fast in ihre Haut integriert zu haben schien, ganz so, als müsse sie es gar nicht mehr auftragen, bevor sie aus dem Haus ging. Grandma Millie allerdings war ganz anders. Sie ging nicht mehr viel aus dem Haus und wirkte, als wäre sie fast vollständig von ihrem Haus und ihrem großen Sessel absorbiert worden.

Meine Erwartungen waren aufgrund der Einladung zu Thanksgiving noch nie so hoch gewesen, wie an diesem Tag, aber ich musste mich nach meiner Ankunft zunächst noch etwas gedulden. Als Grandma Millie von ihrem Nickerchen erwachte, fragte sie nach den Küssen und Umarmungen, die Dad an sie ausrichten ließ. Grandma und ich plauderte eine kleine Weile und Sparkles, eine ihrer zwei Katzen, saß neben mir auf dem Bett. Wie mir gesagt wurde, stromerte sie gerne durch die Nachbarschaft wenn Grandmas Leben für sie vorübergehend uninteressant war. Sparkles schnurrte und warf sich auf den Rücken und neigte ihren Kopf mal nach links, mal nach rechts.

Grandma warnte mich, «Wenn du sie streichelst, wird sie dich beißen. Sie macht das nur, um dich zu umgarnen.»

«Wie hinterhältig», flüsterte ich der Katze ins Ohr. Sparkles war so großzügig diesen Affront auf ihr Abstandsbedürfnis zu ignorieren und tat so als hätte sie nichts bemerkt.

Ich wandte mich wieder Grandma zu und holte mein Manuskript aus meiner Handtasche, «Grandma, hier ist eine Kopie von einem Entwurf, den ich mal an einen Verlag geschickt habe. Ich hatte leider nichts anderes, das ich dir so kurzfristig hätte mitbringen können.»

«*Thank you*, Clarice. *That is so nice of you. I'm going to read this.*» Sie versicherte mir, dass sie es lesen würde, auch dann, wenn sie etwas länger dauern könnte.

Dann traf es mich wie der Schlag, *Vielleicht ist das, was ich schreibe, etwas zu ehrlich. Was wenn sie sauer wird? Vielleicht interessiert es sie gar nicht zu wissen, wie das Aufwachsen in Deutschland war. Immerhin nennt sie mich immer noch Clarice.*

«Oh, du hast uns was von deinen Schreibereien mitgebracht», Tanate Samyra spazierte ins Zimmer.

Sie nahm Grandma den Verlagsentwurf aus der Hand und blätterte durch. Sparkles' Schwanzspitze zitterte, wie die einer Klapperschlange.

«*Yeah, you know* … Grandma hatte mich darum gebeten und ich dachte, es wäre schön für sie... mich so besser kennenzulernen?»

Ich mochte nicht, wie meine Stimme am Ende des Satzes nach oben ging, als würde ich nichts mit absoluter Gewissheit sagen können.

«Wie lieb von dir», antwortete Samyra ohne aufzusehen. Meine Augen folgten ihr aufmerksam dabei, wie sie im Zimmer ihre Kreise zog.

Ich studierte die sanften Gesichtszüge ihres lieben Gesichts, ihre lebhaften Augen und freundliches Lächeln. Ihre Haut war samtig und braun, wie die meines Vaters, ihre Nase war flacher als seine, wodurch sie etwas breiter schien. Sie wog etwas zu viel für ihre Größe und sah aus, als gäbe sie tolle Umarmungen wenn sie wollte und könnte dich halten, bis die ganze Welt um dich herum nur noch aus Regenbogen und Schmetterlingen bestand.

Ich quatschte mit Grandma bis sie wieder schläfrig wurde. Als ich aufsah, hatte Samyra das Zimmer verlassen und ihre Stimme hallte aus dem Flur hinter mir, «Also, wie waren die Deutschen denn? Sie haben mit euch „Wer hat Angst vor 'm schwarzen Mann“ gespielt?»

«*Yeah*, hatte ganz vergessen, dass die Story auch da drin steht?»

«Also, warum würden sie das einem kleinen braunen Kind wie dir antun», fragte Samyra, die jetzt wieder in Grandmas Zimmer stand. «Da warst du noch im Kindergarten, oder? Waren die sich bewusst, was sie da machten? Die wussten doch, dass dein Daddy schwarz ist, oder nicht? Ich meine, haben sie absichtlich versucht, den weißen Kindern solche Ängste einzubläuen? In Kindergarten, *right? Did they know what they were doing?* Ich nehme mal an, dass es bei euch kaum schwarze Männer gab.»

Sparkles' Schwanz schlug von einer Seite ihres Körpers zu anderen, wie ein Geigerzähler.

Ich lachte nervös in mich hinein.

«Haha, *well* ... ich glaube die Leute waren einfach nur ignorant. Sie haben das bestimmt nur als einfaches Fangenspiel angesehen, so wie das amerikanische „Haie und kleine Fische" ... Nur, dass es kein Hai war, der hinter ihnen herjagte?»

«Also jetzt, das ist doch einfach nur grausam. Warum würde jemand so etwas einem Kind antun?» Samyra seufzte und wanderte wieder aus dem Zimmer. Sparkles machte es sich noch einmal auf ihrem Rücken gemütlich und zog dabei ihre Vorderpfötchen bis an ihr weißes Kinn und rosa Näschen. Das Fell auf ihrem Bauch sah so weich aus. Auf mich wirkte sie aufrichtig, als hätte sie nur darauf gewartet, dass eines Tages die richtige Person zum Kraulen vorbeikommen würde.

«Wenn ich du wäre, würde ich das immer noch nicht machen», sagte Grandma mit geschlossenen Augen. «Ich hab dir doch gesagt, sie macht das nur, um dich anzulocken. Ihre Krallen sind richtig scharf.»

Sparkles sprang auf und hielt dann inne, hielt ihre Augen auf die Schlafzimmertür meiner Grandma gerichtet. Tante Heavenly waltze ins Zimmer und die Luft wurde dünn.

«So, ich hab ungefähr sechs Seiten aus deinem Entwurf gelesen–» platze es aus ihr heraus. Als sich unsere Augen trafen hielt sie kurz inne. «–hier ein paar Seiten, da ein paar Seiten... und ich muss mich echt wundern. Warum erzählst du von diesem Spiel?»

Ich kam nicht dazu, zu antworten.

Sie bohrte weiter, «Also, versuchst du damit etwas Empathie zu bekommen? Ich meine, das wäre ja eine Sache, aber es scheint mir, das du nur auf Sympathie aus bist – und das ist einfach... nun ja, ich will ja nicht unhöflich sein, aber das ist doch einfach nur armselig. Warum erzählst du davon?»

«Es ist Teil meiner Geschichte ... eine Anekdote? Es ist halt so passiert.»

Ich schaute meine Tante an und war sehr beunruhigt, wohin diese Diskussion führen würde. Im Gegensatz zu Samyra wirkte Heavenlys Körper eher bedrohlich als beruhigend. Sie war größer als ich, also vermutlich mindestens 1,80m. Sie sah auf jeden Fall so aus, erinnerte stark an Tyler Perry's Madea (ein sehr erfolgreicher afroamerikanischer Filmemacher und Produzent, der sich auf satirische und stereotype Charaktere versteht). Wie bei Madea, hätte ich nicht abschätzen können, welche Kleider oder BH-Größe sie trug. Die Anspannung, die im Raum spürbar wurde, erinnerte mich daran wie es war, in M.J.'s Nähe zu sein und ich konnte bereits vorhersagen, dass es auch hier zu einer Entgleisung kommen würde, die ich überleben würde, oder auch nicht. Meine ursprüngliche Perspektive schlug also um, von „Ich werde endlich Grandma richtig kennenlernen" auf „Du musst es hier wieder heraus schaffen, ohne dich zu streiten."

«*But still* ... Ich kann nicht verstehen, warum du auf Sympathie aus bist.» Heavenly blieb beharrlich.

*Okay, scheinbar hört sie mir nicht zu.*

«Schwarze Leute werden sich darüber kaputt lachen. *I mean*, so etwas liegt doch schon längst hinter uns.»

Sie hielt das Manuskript hoch und wedelte damit umher als hätte sie gerade erst mit dem Warm-up begonnen.

Sparkles hockte jetzt direkt auf der Bettkante neben mir als bereitete sie sich auf den Absprung vor, legte sich dann aber doch wieder hin.

«Das ist doch langweilig. Keiner will so etwas heute noch lesen. Als ich aufwuchs gab's bei uns schon Chatham und Pill Hill. Wir lebten überwiegend nach Rassen getrennt. Es gab also niemanden, der uns diskriminierte. Ich bin nur zweimal in meinem Leben als *Nigger* beschimpft worden und da war ich schon über

48 Jahre alt. Das war das praktische an der Trennung – alle haben dich in Ruhe gelassen.»

*Wait! Willst du mir damit sagen, die Trennung nach sozialen und ethnischen Gruppen war von Vorteil?*

Die Unterhaltung erinnerte mich an die Story über einen Tiger, der mal in einem kleinen Käfig gelebt hatte – der Pastor aus Maries Kirche erzählte sie gelegentlich. Der Tiger lief Tag, ein Tag aus von einer Ecke in die andere – jeden Tag, jede Woche lang. Einige Jahre verstrichen und endlich durfte der Tiger in ein riesiges Gehege mit enorm viel Auslauf umziehen, damit er sich nach Herzenslust die Beine vertreten konnte. Trauriger Weise jedoch, tigerte die Raubkatze weiter vor dem Zaun hin und her, weil sie nicht erkannte, welche Freiheit ihr zustand.

Meine Tanta schien auf ähnliche Art und Weise von einem unsichtbarem Muster eingeschränkt, «Ich glaube du solltest erst einmal studieren, was es überhaupt bedeutet schwarz zu sein. *Yeah*, warum planst du nicht einen kleinen Ausflug zum Afroamerikanischem Museum, damit du mal siehst, wo du herkommst und worüber du schreiben solltest?»

«Es ist wirklich ein schönes Museum, Clarice», meldete sich Grandma zu Wort.

«*Ma, I bet you* ... sie hat im ganzen Leben noch nichts über die Geschichte der Schwarzen gelesen. Oder hast du das, vielleicht? Siehst du, als deinen Eltern nach Deutschland gezogen sind, riss diese Verbindung ab. Vielleicht solltest du das Buch lieber nur in Deutschland veröffentlichen. No, no, no. Du musst erst noch lernen, was es bedeutet Schwarz zu sein.»

«Aha, du willst mir also erzählen, dass ich erst Geschichte studieren und beweisen muss, dass ich einer bestimmten Rasse angehöre, damit ich meine eigene Geschichte teilen darf? Meine Stimme hat also keinen Wert? Es tut mir leid, aber da muss ich dir widersprechen ... bei allem Respekt. Es ist nicht mein Anliegen, die Geschichte von jemand anderem zu schreiben.»

Ich konnte damit einfach nicht länger hinterm Berg halten. Ich war fassungslos angesichts ihrer deutlichen Animosität. Wie viele Bücher müsste ich noch lesen, wie viele Museen besuchen oder wie viele Jahre in Chicago leben, bis sie es für nötig hielt, mich diejenige sein zu lassen, die ich bereits war? Aber Heavenly war noch nicht fertig.

«*You see*, wir haben dieses Land aufgebaut», schnaufte sie, «Wir haben diese Nation stark gemacht und wir haben dafür gesorgt, dass sie die Gesetze geändert haben, damit uns niemand mehr sagen kann, dass wir nicht hierhin gehören. Keine andere Rasse war so lange versklavt und konnte das überleben. Schau dir doch die Indianer an, die haben's nicht geschafft. Deswegen sind so viele von ihnen Alkoholiker.»

*Aaaaach so ... du meinst damit die Native Americans, glaub' ich ... In unseren Schwarzen Gemeinden gibt's keine Probleme? Wie steht's um die jungen Männer, die in unseren Straßen sterben, erschossen werden, bevor sie siebzehn werden, geschweige denn 30? Und was ist mit der Prostitution, der Sexsklaverei – nicht am anderen Ende der Welt, sondern überall in Chicago, Vegas, Miami, L.A., Atlanta?*

«Du musst dir den Weißen Mann, das System mal ansehen –»

«–*Wie bitte? Wen?*»

«–und Eins verstehen. Weiße neigen genetisch dazu Rassisten zu sein.»

*Klar, Mama und Lucas, Omi ... ich bin vermutlich auch gefährdet. Mein Gott, ich kann nicht fassen, was ich mir anhören muss.*

«Schau dir doch die Geschichte an. Wie sonst hätten die Weißen sonst eine andere Rasse derart lange versklaven können, Generation um Generation. Es wurde vererbt, es ist krankhaft.»

«Moment mal! *Wait a minute.* Willst du wirklich behaupten, alle Weißen sind Rassisten», schoss es mir über die Lippen.

«Es *muss* einfach irgendein Gen dafür geben, es ist erblich.»

*Ich frage mich, ob du die gleiche Unterhaltung mal mit meiner Mutter gehabt hast.*

Sparkles fauchte, sprang vom Bett und versteckte sich unter Grandmas Sessel. Tante Heavenly redete einfach weiter. Es schien, als wäre genug Zeit verstrichen, dass sich eine Raupe in ihren Kokon verpuppen und in einen Schmetterling verwandeln könnte, um mit einem Flügelschlag in die große Freiheit zu entkommen. Ich sehnte mich nach einem solchen Kokon, damit ich die Verbitterung und den Schmerz, die Heavenly zu diesen Schlussfolgerungen bewogen haben mussten, nicht mehr spüren konnte. Wie sonst wäre sie an einem Punkt angelangt, an dem die einzig logische Erklärung, für etwas so grundlegend Unrechtes wie Rassismus und Sklaverei, die *Gene* waren. Jetzt hatte ich sie am Hals und da mir sicher keine Flügel wachsen würden, machte ich mich auf die nächste Runde gefasst.

«Heavenly, wenn ich eins davon gelernt habe, in anderen Ländern gelebt zu haben und um die Welt gereist zu sein, dann ist es die Tatsache, dass Rassismus farbenblind ist. Jeder ist dazu in der Lage sinnlosen Hass zu verspüren. Ironischer Weise interessiert es Rassismus nicht, wen er sich untertan macht.»

«*Oh, please.* Hör doch auf.»

«Es ist wie ein Parasit. Er ergreift jeden, der ihn lässt und macht es sich dann in den Herzen der Menschen bequem. Es interessiert ihn nicht zu welcher Kultur oder ethnischen Gruppe der Wirtskörper gehört. Er nistet sich bei jedem ein, der fremdenfeindliche Gedanken fassen und die Trennungen weiter aufrechterhalten kann. Die kleinen Füchse verderben die Weinberge – manchmal bedarf es nicht mehr als eines unbedachten Kommentars über Schwarze. ‚Die können alle richtig gut tanzen und singen' Oder vielleicht ein nicht gerade dezentes Vorurteil gegen Hispanier ‚Sind ihre Eltern legal in den USA?' Oder die ‚klauenden Zigeuner', die ‚knauserigen Polen', die ‚faschistischen Deutschen' ... such dir was aus.»

«*Ma, check this out.* Ist sie nicht schlau, unsere Kleine? Willst du mir sonst noch irgendwas beibringen?»

«Na ja, ich finde, dass Denkweisen und blöde Witze manchmal wie eine Art Tradition einfach von einem Familienmitglied ans nächste weitergegen werden. Manchmal färbt 's auch von Freunden oder Kollegen ab. Ein anders Mal entstehen diese Gedanken ganz beiläufig, weil jemand die Tatsache, dass es nur *eine* menschliche Rasse gibt, ignoriert. Am Ende läuft es immer wieder auf Angst, Unwissen oder beides hinaus.»

Für einen Moment schweiften meine Gedanken beim Blick aus Grandmas Fenster ab. Ich fragte mich gerade, was es wohl mit einer Raupe anstellen würde, wenn man sie zu früh aus ihrer Verpuppung befreite als Heavenly mich schlagartig zurückholte. Sie sagte mit Nachdruck, «Aber der schlimmste Rassist von allen war dein Daddy!»

*What?*

«Und ich sage dir, das ist auch der Grund, warum er Chicago verlassen hat. Er hasste es Schwarze um sich herum zu haben und deswegen verträgt er sich auch nicht mit Junior. Er sieht es in ihm auch. Selbst als er vor fast 30 Jahren in den Flieger nach Deutschland stieg, gab er noch rassistisches Zeug von sich.»

«*Are you serious?* Das ist doch wohl nicht dein Ernst.Darum ging es dir also die ganze Zeit? Wenn du sauer auf ihn bist, brauchst du das nicht an mir auslassen!»

*Ich muss hier weg, sofort.*

Heavenly provozierte mich weiter, «Was wirst du antworten wenn dir jemand sagt, deine Geschichte ist langweilig?»

«Was meinst du damit?»

«Wenn jemand sich nicht damit verbunden fühlt ... ich fühle mich nicht damit verbunden.»

«Ich finde das in Ordnung. Jeder hat seinen eigenen Geschmack und es wird sich vielleicht nicht jeder angesprochen fühlen.» *Vor allem nicht so jemand wie du?*

«Würdest du nicht wissen wollen, was sie denken? Leser wollen sich verbunden fühlen. Ich fühle mich nicht damit verbunden.»

*Dafür, dass es dich gar nicht interessiert, regst du dich aber ganz schön darüber auf.*

Ich schaute auf meine Uhr und stand auf. Heavenly rannte mir ins nächste Zimmer hinterher.

«Was wirst du dann sagen?»

«Weißt du, ich habe das Manuskript für Grandma mitgebracht – damit *sie* es lesen kann. Nicht damit du's auseinander nimmst.»

«Ich finde es *langweilig*! Hast du dem nichts entgegenzusetzen?»

Plötzlich dachte ich an all die Jahre, die ich bereits in Chicago lebte. Seit dem Tod meiner Mutter hatte ich in dieser Stadt gelebt, ohne dass einer meiner engsten Verwandten einen feuchten Kehricht darum gegeben hätte. Ich malte mir aus, wie meine blonde und blauäugige Mutter in einer fast ausschließlich von Schwarzen bewohnten Nachbarschaft wohnte, bis sie sich dazu entschied, uns in Deutschland aufwachsen zu lassen. Weit weg von den Spielschulden meines Vaters und den ständig lockenden Pferderennbahnen. Aus vorherigen Unterhaltungen wusste ich, dass Dads Familie oft mit meiner Mutter gegessen hatte – nicht nur an Feiertagen, sondern auch bei BBQ's in der Nachbarschaft. Vielleicht hatten sie meine Mutter sogar als Teil ihrer Familie gesehen und doch, nicht einer von ihnen hat es je für nötig gehalten, mir für den Verlust meiner Mutter sein Beileid auszusprechen – als ob sie sich begegnet wären oder es ihnen nichts bedeutet hätte.

All die Jahre meiner Kindheit in Deutschland wunderte ich mich, wie die Geschwister und die Mutter meines Vaters wohl waren. Alles was man mir gesagt hatte war, dass sich mein Großvater zu Tode gesoffen hatte und einer meiner Onkel an Aids gestorben war. Zwar hatte ich bereits während meiner Zeit am Archigymnasium gelernt, Briefe an meine Familie zu schreiben, bekam aber nie eine Antwort – ich hatte nie eine Chance bei ihnen. Das Verlangen zum Fitzgerald-Clan dazu zu gehören polterte durch meine Seele mit einer unvorhersehbaren Agenda, bis es irgendwann zur Gewissheit wurde, dass es für mich kein *Beverly*

*Hills 90210* Leben geben würde. Wie so viele meiner deutschen Freunde hätte ich alles dafür gegeben, in den Staaten leben zu dürfen, dort wo jeder Teenager einen eigenen Schließschrank hatte, schon mit 16 Autofahren durfte und einen Porsche 365 Speedster fuhr, wie Luke Perry, alias Dylan McKay.

Mehr als zehn Jahre waren seither vergangen und jetzt wo ich endlich von Angesicht zu Angesicht mit meiner Tante reden konnte, gefiel es mir ganz und gar nicht, was sie zu sagen hatte. Nicht etwa, weil sie damit drohte, den Traum einer unerfahrenen Jugendlichen zerplatzen zu lassen, sondern weil sie mit mir redete, als wäre ich immer hinter einem dieser blöden Schränke mit Zahlenschloss her.

Zugegeben, ich war neugierig gewesen, wo uns diese Unterhaltung hinführen würde, aber je mehr Zeit verstrich, desto geladener wurde ich. Den gleichen Hass, den ich oft zwischen M.J. und mir verspürt hatte wenn wir uns stritten, füllte auch jetzt meine Lungen mit so viel Hitze, dass ich dachte ich würde ersticken.

*Ich werde Dir nicht die Genugtuung geben mit dir zu streiten, Heavenly. Komme, was wolle.*

M.J. hatte mir schon eindrücklich bewiesen, dass man vor einigen Leuten erst dann Angst haben muss, wenn ihnen die Worte ausgehen und sie vor nichts zurückschrecken, auch dich zum Schweigen zu bringen – nicht einmal wenn sie dafür beide Hände um deinen Hals legen mussten. Ich schaute meine Tante an und erkannte genau diese Art von Aggression in ihren Augen wieder.

– „*Oh, see the fire is sweepin' our very street today, burns like a red coal carpet, mad bull lost its way*" – die Songlyrics von einem Lied der Rolling Stones spielten in meinem Kopf.

Auch Wut kochte in meinen Adern und schubste mich hin und her zwischen meinem *Survival*-Instinkt zu gehen, und dem Verlangen meinen Dad nicht zu enttäuschen.

Mir leuchtete schon ein, dass es vermutlich keine weiteren Unterhaltungen geben würde – zumindest nicht über dieses Thema.

Ich brannte darauf hochzugehen, ihr zu sagen die Klappe zu halten und ihre Meinung für sich zu behalten. Auch kam mir der Gedanke meine Einstellungen oder das, was ich geschrieben hatte, vor ihr zu rechtfertigen, aber entschied mich dagegen. *Ich verteidige mich doch nicht vor dieser blöden Kuh dafür, dass es mich gibt.*

– „*War, children, it's just a shot away, it's just a shot away*" – Sie verbal in Stücke zu reißen, so wie ich es oft mit meinem älteren Bruder gemacht hatte, klang sehr verlockend.

*Aber sie ist größer und schwerer als ich.*

Was ich jedoch auf keinen Fall wollte war, dass sie, wenn sie mal an mich zurückdenken würde, mich als wütend in Erinnerung behielt, so wie sie es ja nun war. All die Jahre, in denen ich mich nach der Anerkennung und Akzeptanz meiner Familie gesehnt hatte. Und nun war für mich klar, dass der bloße Gedanke einmal wie sie zu werden, mir zuwider war.

Ich schaute Heavenly ins Gesicht und sagte mit einer Stimme, die so ruhig wie nur irgend möglich war, «Also, ehrlich gesagt. Ich würde dir antworten, dass es mir egal ist. Du hast deine Meinung und ich stimme dir zufällig nicht zu. Es ist eine Autobiographie. Ich werde meine Story nicht ändern, nur damit sie dir besser gefällt. Das kann ich nicht machen.»

«Was meinst du damit? Ist dir egal? Das kann dir doch nicht egal sein!»

– „*War, children, it's just a shot away, it's just a shot away. War, children, it's just a shot away, it's just a shot away*" –

Ein Schatten legte sich über ihr Gesicht – genauso, wie es bei meinem Dad passierte, bevor er seinen Gürtel herausholte, um mich und meinen Bruder zu disziplinieren. Heavenly hatte diesem Schatten nichts entgegenzusetzen und neigte ihren Kopf in die Tiefe wie ein Bulle, der jeden Moment den Matador aufspießt. Ich sah, dass Manuskript vor meiner Tante Anne auf dem Esstisch liegen. Sie saß ganz ruhig da, scheinbar ohne uns zu bemerken, und las, was eigentlich nur für die Augen meiner Grandma bestimmt gewesen war. Dass sie es je zurückbekommen würde, bezweifelte ich. Anne war die kleinste von den drei Schwestern im Haus und ebenfalls untersetzt. Für einen Augenblick dachte ich daran, ihr das Manuskript einfach aus der Hand zu reißen.

*Wenn Grandma es nicht lesen darf, dürft ihr das auch nicht!*

Heavenly brüllte, «Weißt du was? Du bist nicht einmal Schwarz! Ganz sicher nicht Afroamerikanerin. Für mich bist du eine deutsche Christin, die nicht einmal hier aufgewachsen ist.»

–„*Rape, murder!*"–

Mit versteinertem Gesicht zog ich meine Jacke an und ging in Richtung Tür, in der Hoffnung, dass niemand bemerken würde, dass mir der Atem weg blieb und mein Herz blutend auf den Boden gefallen war.

«Ach, gehst du schon», spottete Heavenly.

Anne schaute auf und mischte sich ein, «Du kannst sowas nicht zu ihr sagen, Heavenly. Du hast ihr noch nicht einmal was zu essen gemacht.»

*Genau! Was ist eigentlich jetzt mit den verdammten Mac'n Cheese. Und wo zur Hölle ist der mit Ananassaft angemachte Schinken?*

«Keine Sorge, Anne. Sie wollte eh gerade gehen.»

Ich griff nach dem Entwurf auf dem Tisch und fischte verzweifelt nach einer Lösung, über die sich mein Dad nicht beschweren konnte, sollte er je von diesem Desaster erfahren, «Wisst ihr, ich wollte das mit Grandma teilen. Es war nie meine Absicht mich zu streiten.»

«*No, please.* Ich bin fast durch», sagte Anne. «Kann ich es zu Ende lesen?» Dann flüsterte sie, «Ich find's eigentlich ganz gut. Ich bin fast am Ende.»

*Ist eigentlich jeder in diesem Haus verrückt?*

Ich entschuldigte mich und ging die Treppe hinunter zum Gäste-WC. Die Haut auf meinen Wangen brannte, in meinem Kopf drehte sich alles und ich fühlte mich fast genauso verloren wie damals, als ich gerade nach Chicago gezogen war.

Heavenlys abgefeuerten Worte lagen mir immer noch in den Ohren, als ich mich im Spiegel betrachtete. *Fuck! Shut the fuck up!*

Ich wünschte mir ein Kissen herbei, in das ich hätte hinein schreien können. Ich dachte daran zurück, wie meine Reise damals in einem WC in Amsterdam begonnen hatte. Je länger die Worte meiner Tante nachhallten, desto lauter wurde das alte Fiepen, das ich schon lange nicht mehr gehört hatte.

Ich spritzte mir Wasser ins Gesicht und ließ es über meine Handgelenke laufen. Innerlich fühlte ich mich, als würde ich jeden Moment in Flammen aufgehen und während das Summen lauter wurde, machte ich mir selbst Vorwürfe. «Ich hätte es echt besser wissen müssen ... eine Einladung zu Thanksgiving? Wäre ja auch zu schön gewesen.»

Heiße Tränen liefen meine Wangen hinunter. «Gott, das kann doch nicht das Ende sein. Ich werde nicht weinen. Ich werde ihr nicht den Gefallen tun. Bitte, Gott!»

Das Summen wurde wieder stumm. Ich putzte meine Nase, tupfte meine Achseln, die vor lauter Angstschweiß nass geworden waren, und korrigierte meine Wimperntusche, die nun verlaufen war.

Ich ging noch einmal in Grandmas Zimmer, um ihr auf Wiedersehen zu sagen. Sie sah vom Fernseher auf und fragte mich, «Du gehst schon? Hast du was gegessen?»

*Bitte Gott, lass mich nicht wieder losheulen.*

«Baby, ist alles okay?»

«*Yeah*, Grandma.»

Als ich sie umarmte, griff sie fest zu und küsste mich auf die Wange. Ich hoffte, dass meine Brille die ausgebüchsten Tränen verbergen würde und sagte ihr leise ins Ohr, «*I love you*, Grandma.»

Heavenly und Anne hockten beide am Esstisch – Anne mit dem Manuskript und Heavenly starrte auf ihren Laptop. Von dem Schatten auf ihrem Gesicht war nichts mehr zu sehen.

Sie stichelte, «Du weißt, ich bin dir nicht böse, oder?»

«*Whatever*. Ich muss los.»

«Wir reden halt so miteinander, aber davon verstehst du ja nichts. Du kennst unsere Kultur nicht. Als ich meinen Abschluss in Psychologie gemacht habe–»

*– War ja klar. Ausgerechnet die, die sich mal irgendwo auf die Bank legen sollte. Nicht zu fassen.*

«Ich habe mit vielen Menschen gearbeitet. Ich verstehe was davon.»

«Wovon? Hiervon?» Platzte es aus mir heraus. «Von diesem Fitzgerald-Wahnsinn? Das kenn ich schon, glaub mir. Ich will damit nichts zu tun haben.»

«Ich wollte nur mal sehen, wie du reagierst. Nicht jeder kann damit umgehen. Aber du bist stark. Ich möchte, dass du mal Erfolg hast. Aber du siehst die Verbindung immer noch nicht. Wusstest du, dass wir es einzig und allein deswegen aus der Sklaverei herausgeschafft haben, weil wir an Gott geglaubt haben? Du, Mama, ich – uns gibt es weil *sie* ihren Glauben gefunden hatten und ich wollte, dass du das weißt.»

«Und du hättest mir das nicht einfach sagen können? Warum musstest du–»

«–Weil du stark genug bist», beharrte Heavenly. «Du kannst jeden Schwarzen auf der Straße fragen, warum es sie heute gibt. Jeder wird dir sagen, dass Gott dafür verantwortlich ist.»

«Moment mal. Willst du mir sagen, als Schwarzer glaubt man automatisch an Gott? Hast du dich mal mit den Leuten draußen unterhalten? Wenn meine Freunde und ich die Leute in den Straßen aufsuchen, ist das nicht gerade deren Message – egal wie alt oder welche Hautfarbe.»

Ich umarmte Anne zum Abschied und meinte, «Ich muss jetzt wirklich los.»

Es gab keine Spur von Tante Samyra und alles, was aus Grandma Millies Zimmer zu hören war, war der Fernseher. Ich versuchte mich friedlich aus dem Staub zu machen, aber Heavenly konnte es einfach nicht lassen, «Bist du sauer? Gut. Ich krieg immer viel geschafft wenn ich sauer bin.»

Ich suchte nach meinem Autoschlüssel.

«Du solltest es besser wissen, als die Sonne über deinem Zorn untergehen zu lassen. So steht's im guten Buch.»

«Willst du mich verarschen? Damit ist gemeint, dass ... weißt du was? Vergiss es!»

Ich sprang in mein Auto und hatte mich innerlich kaum noch im Zaum. Ich biss die Zähne zusammen und knirschte. «Ich werde dich nicht gewinnen lassen.»

Ich hörte Heavenly immer noch von den Stufen vor dem Haus herunter rufen, «Übrigens, wusstest du schon, dass deine Urgroßmutter Cherokee-Schwarzfußindianerin war?»

Ich gab Gas. Sobald das Haus außer Sichtweite war, explodierte ich: «Was bitte war das gerade? Was zur Hölle ist nur gerade passiert? Ich wusste es! Sie hat mich nie gemocht! Die Menschen in den 60er Jahren marschierten auf den Straßen für Freiheit, mussten Gott weiß was durchhalten. Und, und ... und für was? Damit Leute bei Rassentrennung nostalgisch werden und an eine genetisch bedingte Neigung zum Rassismus glauben?»

Ich fuhr beinahe über rot und trat gerade noch rechtzeitig auf die Bremse. Ich malträtierte das Lenkrad mit meinen Fäusten bis es wehtat und schrie die Luft an, «Ich möchte dir so verdammt gern die Fresse polieren!»

Ich fuhr den Martin Luther King Drive entlang in Richtung Expressway, war aber viel zu sauer, und fuhr rechts ran. Ich rief eine meiner engsten Freundinnen an, «C.J.! She is crazy! Sie ist total verrückt! Mir dreht sich der Magen um, mir ist richtig schwindelig. Ich könnte explodieren. Fuck! Oh! Entschuldige meine Wortwahl!»

Mit ihrer gewohnt heiseren Stimme redete C.J. mir zu, «Ganz ruhig, Schwesterchen. Immer langsam.»

C.J. war in Maywood, in der sogenannten *Hood* aufgewachsen, und hatte bereits mehr als ein paar Tage Regenwetter durchstehen müssen. Sie hatte ungefähr die gleiche Hautfarbe wie ich – mehr Milch als Kaffee – mit grünbraunen Augen, einer zierlichen Figur, wie ich sie sonst nur selten gesehen hatte, und gerade mal 1,52m groß. Sie wüsste ganz genau wie es sich anfühlte, mal als zu dunkel und dann wieder als zu hell angesehen zu werden.

Sie sagte zu mir, «Schwesterherz, du hast keine Zeit für so ein belangloses Zeug. *You can only do you.* Du bist um die Welt gereist und hast mehr erlebt – Gutes und Schlechtes – als die meisten in unserem Alter. Du kannst nur du selbst sein. Und die Probleme, die du hattest? Du hast dich nicht kleinkriegen lassen. Du hast dich nicht davon verbittern lassen, also tu jetzt gar nicht erst so als ob!»

Ich holte tief Luft. Dann meinte C.J., «Du bist mutig, schön und gescheit. Du weißt dich durchzuboxen, also tu jetzt nicht so, als hättest du vergessen, wie's geht. Dein Glück hängt *nicht* von *ihnen* ab. Dir steht noch Großes bevor und du wirst mehr geliebt, als du begreifen kannst. Du bist so ein Segen. Du bist jemand! Nein, Clarissa. Du wirst so geliebt. Wenn die sich nicht benehmen wollen, ist das ihr Problem, nicht deins.»

Ich schwieg, ließ ihre Worte auf mich wirken und musste auf einmal laut lachen. Ich prustete, «O.M.G! C.J.!»

«Ernsthaft! *O.M.G. fo'real!*»

«Süße, du weißt immer, was du sagen musst, oder?»

«Alles gut.»

«Nee, wirklich. Ich weiß, ich hab meine Macken, aber du schaust immer aufs Gute.»

«*Sis, always remember* ... in allen von uns liegen echte Schätze begraben, egal wie wir aussehen oder was irgendjemand über uns zu sagen hat, über uns denkt oder uns antut.»

Und so kam ganz unverhofft noch ein weiterer Punkt zu Omis Überlebensstrategie dazu, die aus Dankbarkeit und dem Bewusstsein, dass wenn wir unsere Augen zu machen und vor Gott stehen, wir nichts aus dieser Welt mitnehmen können, bestand. Ich entschloss einfach ich selbst zu sein, also „*to do me*".

Ich hatte die Familie meines Vaters besser denn je kennengelernt, wenn auch auf eine Art und Weise, die ich mir nicht gewünscht hatte und für einen Augenblick hatte ihre Zurückweisung mich tief verletzt. Aber ich war nicht länger bereit, mich als das naive, kleine, gebrochene Mädchen anzusehen, dass von ihrer Vergangenheit gebeutelt und ihrer Zukunft beraubt worden war. Mit jedem gereisten Kilometer hatte ich mehr Frieden gefunden und obwohl ich Omi und meine Mutter vermissen werde, so bin ich überzeugt, dass ich sie eines Tages wiedersehe. Ich war nicht mehr auf See verschollen. Auch wartete ich nicht mehr auf einen spitz-ohrigen, Flöte spielenden Helden in Strumpfhosen, der mich nach *Nimmerland* bringen könnte.

Ich war nicht mehr die pummelige Raupe, die auf ihrer Fensterbank hockte, sondern hatte durch meinen chaotisch verstrickten Kokon ein Licht gesehen, das heller leuchtete als jedes irdische Feuer. Die Flammen hatten nach dem Krebs nicht viel übrig gelassen. Dennoch gab es einen uralten Traum, der alles überlebte: Dass ich eines Tages Kinder haben werde, die nicht aufgrund ihrer Hautfarbe verurteilt werden. Die Wahrheit ist immer relevant, Gerechtigkeit und Gleichwertigkeit tauchen nicht von alleine auf und das Einzige, das beides vorantreibt ist die Liebe. Gott sei Dank, schlummert große Verheißung in der Glut.

Gott ist Liebe.

# 15. Mehr als tausend Worte

Oben: Mutige Trümmerfrau, von Peter, Richard Senior: Serie: Dresden, Deutschland nach dem Bombenangriff vom 13. auf den 14. Februar 1945.
Unten: Trümmerfrauen schwer bei der Arbeit, Deutschland (1944/45), Bundesarchiv.

Omi (oben links) mit ihrem „Zwilling“ und (unten, ganz rechts) mit ihren „Golden Girls“, Bad Sassendorf, ca. 1984.

Links:
Ich, an einem der guten Foto-Tage im Kindergarten, Bad Sassendorf, 1986

Unten:
Auf einem Sommerfest mit Schulfreunden, ca.1987.

Oben: Mein kleiner Bruder, Lucas, Bad Sassendorf, ca. 1994.
Unten: Meine Mutter (rechts) mit ihrer Freundin Angelika

Mama und ich auf dem Weg zum Abiball, Bad Sassendorf, 2000.

Links:
Sabrina und ich beim Abiball.

Unten:
Omi und ich beim Abendessen im Hof Hueck,
Bad Sassendorf, ca. 1999.

Oben: Sanddünen in der Nähe des 90 Mile Beach.
Unten: Bay of Paihia.

Milford Sound (South Island).

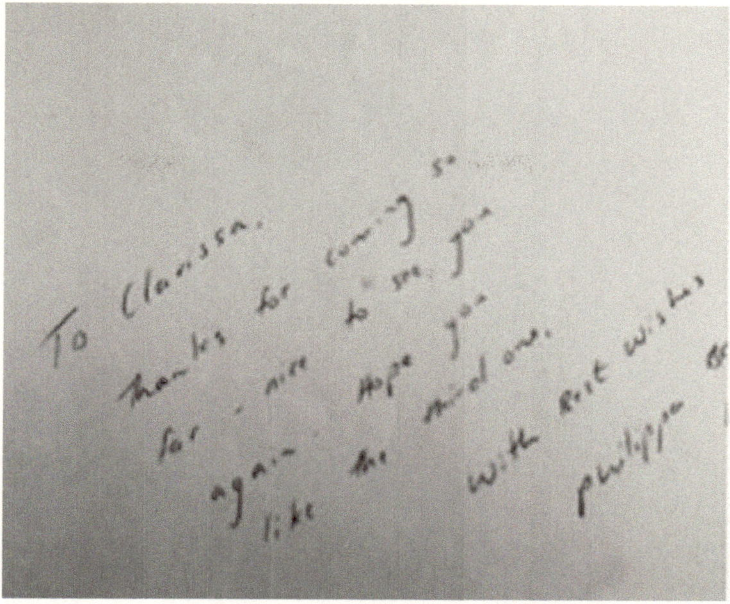

To Clarissa,
thanks for coming so
far - nice to see you
again. Hope you
like the [illegible] one.
with best wishes
Phillipa

Oben: Kleine Notiz von Phillipa Boyens.
Unten: Ausblick über Wellington, Nähe Wellington Botanic Gardens.

Waimangu Volcanic Valley.

Oben: New Zealand Arts & Crafts Institute.
Unten: Huka Falls.

Oben: Nazgûl auf dem Embassy Theater.
Unten: Lothlórien Elben bei der Herr der Ringe; Die Rückkehr des Königs Premiere in Wellington.

Oben: Lothlórien Krieger.
Unten: Māori Warriors.

Oben: Höhlentroll über dem Civic Square.
Unten: Cast und Chor für Summer Shakespeares The Tempest
(ich, hintere Reihe, Mitte).

Fotos der Chicago Skyline und Straßen.

Heimatstadt Chicago.

Oben: Hintere Reihe – Cousin Paul, Cousine Marie (Mitte), Tante Anne und Tante Heavenly, Tante Samyra (vorne) und Bria. Chicago, Thanksgiving 2002.
Unten: Mein Vater und ich beim Frühstück in Düsseldorf, May 2012.

Links:
Einschulung in Bad Sassendorf, zusammen mit Michael Junior and Senior (1987).

Unten:
Reisen waren schon immer beliebt. Vor unserem Haus in Bad Sassendorf, 1987.

# Thank You

Laura Knoerr, Ciante Jefferson, Latachi McCaskill, Rosa Acosta-ruiz – Eure Freundschaft und Hilfe bedeuten so viel. Danke, dass ihr so treu „mit mir rennt“.

Mein Dank geht auch an Reverend C.T. Vivian, einen ganz besonderen und schicksalhaften Mentor, für seine unbezahlbare Lebenserfahrung und Weisheit, wie sie nur selten in dieser Welt zu finden sind und die er so großzügig mit mir teilte. Diesem wahren Schatz unserer Zeit, einem Leutnant von Dr. Martin LutherKing Jr. zu begegnen, ließ mich erkennen, dass es in meiner persönlichen Geschichte um viel mehr geht als nur um mich.

Danke an meinen Dad, der mir ein bescheiden aussehendes Tagebuch von Deutschland bis nach Neuseeland hinterher schickte. Wer hätte gedacht, was einmal daraus wird.

An die Freunde meiner Mutter und ihre Cousinen, die ihr auch dann noch zugewandt waren, als ihre Welt immer schneller verblasste.

Und, last but not least, danke an all die Wegbegleiter, die mich auf meinem bisherigen Weg inspiriert und geformt haben.

# Bibliografie


My travel book: Corrigan, Helen, et al. Neuseeland. Trans. Brigitte Maier, and Harald von Wieckowski. London, and Munich: Dorling, 2001.

Department of Conservation. Parks& Recreation, Tracks and Walks. February 16, 2015. <http://www.doc.govt.nz/parks-and-recreation/tracks-and-walks/northland/kauri-coast/tane-mahuta-walk>

*Mercutio*, a poem by M.K. Joseph (NZ, 1914-81)

Klatell, James. „Dumping on Skid Row." May 21, 2007. 60 Minutes. CBS News. 18 April 2014 <http://www.cbsnews.com/news/dumped-on-skid-row>.

„Montebello Hospital To Pay $200K for Homeless Patient Dumping Settlement." 3 January 2014. CBS Los Angeles. 18 April 2014 <http://losangeles.cbslocal.com/2014/01/03/montebello-hospital-to-pay-200k-for-homeless-patient-dumping>

„L.A. Police: Hospital Van Dumps Paraplegic Man on Skid Row";
9 February 2007. ABC.local.go.com. 18 April 2014
<http://abclocal.go.com/kabc/story?id=5019330>.

„A Dream Denied: The Criminalization of Homeless in U.S. Cities“; National Coalition for the Homeless; 18 April 2014 <http://www.nationalhomeless.org/publications/crimreport/meanestcities.html>

<http://www.nami.org/Template.cfm?Section=About_the_Issue&Template=/ContentManagement/ContentDisplay.cfm&ContentID=137545>.

„Before the Schools, Mayor Emanuel Closed the Clinics“; Ben Joravsky; 26 March 2013; 18 April 2014 <http://www.chicagoreader.com/chicago/mayor-emanuel-closes-city- mental-health-clinics/Content?oid=9145051>.

## Über die Autorin

CLARISSA FITZGERALD ist eine multikulturelle, international tätige Autorin. Nach Abschluss ihres Studiums in Deutschland, den USA, und Neuseeland mit den Schwerpunkten Film, Fernsehen, Musik und Theater arbeitete sie in der Entertainment Industry. Innerhalb der letzten zehn Jahre hatte sie zudem Anstellungen als Texterin, Consultant, Übersetzerin, Radioredakteurin und Dialektcoach. Clarissa ist leidenschaftliche Patin des Archigymnasiums Soest, im Rahmen des bundesweiten Projekts "Schule ohne Rassismus – Schule mit Courage", einer "nachhaltigen europäischen Idee, die deutschlandweit Kinder und Jugendliche vernetzt, qualifiziert und motiviert, sich aktiv gegen jede Form der Diskriminierung zu stellen.